O SOCIÓLOGO E AS POLÍTICAS PÚBLICAS

Ensaios em homenagem a
SIMON SCHWARTZMAN

Organizadores:
Felipe F. Schwartzman
Isabel F. Schwartzman
Luisa F. Schwartzman
Michel L. Schwartzman

O SOCIÓLOGO E AS POLÍTICAS PÚBLICAS

Bolívar Lamounier
Charles Pessanha
Cláudio de Moura Castro
Elisa Reis
Eunice Durham
Francisco Vidal Luna
Helena Bomeny
Herbert Klein
João Batista Araújo e Oliveira
Jorge Balán
José Francisco Soares
José Joaquín Brunner
Maria Helena de Magalhães Castro
Maria Helena Guimarães de Castro
Nelson de Castro Senra
Sônia Rocha
Vanda Ribeiro Costa

Ensaios em homenagem a
SIMON SCHWARTZMAN

ISBN — 978-85-225-0736-8

Copyright © 2009 Felipe Farah Schwartzman, Isabel Farah Schwartzman,
Luisa Farah Schwartzman e Michel Lent Schwartzman

Direitos desta edição reservados à EDITORA FGV
Rua Jornalista Orlando Dantas, 37
22231-010 | Rio de Janeiro, RJ | Brasil
Tels.: 08000-21-7777 | 21-2559-4427
Fax: 21-2559-4430
E-mail: editora@fgv.br | pedidoseditora@fgv.br
www.fgv.br/editora

Impresso no Brasil | *Printed in Brazil*

Todos os direitos reservados. A reprodução não autorizada desta publicação, no todo ou em
parte, constitui violação do copyright (Lei nº 9.610/98).

Os conceitos emitidos neste livro são de inteira responsabilidade do autor.

Este livro foi editado segundo as normas do Acordo Ortográfico da Língua Portuguesa,
aprovado pelo Decreto Legislativo nº 54, de 18 de abril de 1995, e promulgado pelo Decreto
nº 6.583, de 29 de setembro de 2008.

1ª edição — 2009

PREPARAÇÃO DE ORIGINAIS: Maria Lucia Leão Velloso de Magalhães

EDITORAÇÃO ELETRÔNICA: Santa Fé

REVISÃO: Fatima Caroni e Marco Antônio Corrêa

CAPA: Michel Lent Schwartzman

IMAGENS DA CAPA: Mapa — GettyImagens | Foto de Simon Schwartzman — Léo Ramos

**Ficha catalográfica elaborada pela
Biblioteca Mario Henrique Simonsen / FGV**

O sociólogo e as políticas públicas: ensaios em homenagem a Simon
Schwartzman / Luisa Farah Schwartzman, Isabel Farah Schwartzman, Felipe
Farah Schwartzman, Michel Lent Schwartzman, organizadores. — Rio de Janeiro:
Editora FGV, 2009.

264 p.

Inclui bibliografia.

1. Sociologia política 2. Políticas públicas — Brasil. 3. Educação e Estado
— Brasil. 4. Schwartzman, Simon, 1939-. I. Schwartzman, Luisa Farah. II.
Schwartzman, Isabel Farah. III. Schwartzman, Felipe Farah. IV. Schwartzman,
Michel Lent. V. Fundação Getulio Vargas.

CDD — 301.592

Sumário

Prefácio   7
Maria Helena Guimarães de Castro

Sobre Simon Schwartzman   11
Eunice Ribeiro Durham

PARTE I QUESTÕES TEÓRICAS E METODOLÓGICAS

1. O Estado nacional como desafio teórico e empírico   27
para a sociologia política contemporânea
Elisa P. Reis

2. *Bases do autoritarismo* revisitado: diálogo   53
com Simon Schwartzman sobre o futuro da democracia brasileira
Bolívar Lamounier

3. Três sociólogos e um arquivo   67
Helena Bomeny e Vanda Ribeiro Costa

4. Sobre modelos, sua transferência e transformação no campo   79
da educação superior: na esteira de Simon Schwartzman
José Joaquín Brunner

PARTE II OBJETOS DE PESQUISA E POLÍTICAS PÚBLICAS

5. Desigualdade e indicadores sociais no Brasil   97
Francisco Vidal Luna e Herbert S. Klein

6. O declínio recente da pobreza e os programas de transferência de renda   117
Sônia Rocha

7. Por que a educação brasileira é tão fraquinha?   135
Cláudio de Moura Castro e João Batista Araújo e Oliveira

8. A internacionalização da formação de doutorado, o mercado de trabalho
acadêmico no Norte e a circulação de cérebros latino-americanos   155
Jorge Balán

PARTE III PESQUISA E AVALIAÇÃO EM POLÍTICAS PÚBLICAS

9. Pensando e mudando a atividade estatística brasileira   175
Nelson de Castro Senra

10. Avaliação externa em novas versões: a voz dos estudantes   199
no ensino superior britânico (2003-08)
Maria Helena de Magalhães Castro

11. Avaliação da qualidade da educação escolar brasileira   215
José Francisco Soares

12. Controle externo: a função esquecida do Legislativo no Brasil   243
Charles Pessanha

Sobre os autores   259

Sobre os organizadores   263

Prefácio

MARIA HELENA GUIMARÃES DE CASTRO

Ao longo de sua brilhante carreira intelectual e acadêmica, Simon Schwartzman trilhou longa trajetória de engajamento pessoal na defesa de políticas públicas fundamentais para a consolidação da democracia brasileira.

Este livro, organizado por seus filhos em homenagem aos 70 anos de Simon, revela não só a admiração de seus amigos, em grande medida inspirados pelas ideias e debates provocados por nosso homenageado, como também sua grande contribuição para o desenvolvimento da pesquisa em diversos campos das ciências sociais. Há poucos intelectuais no país com produção tão abrangente, que engloba desde as origens e o funcionamento do Estado e do nosso sistema político — em sua obra clássica sobre as bases do autoritarismo brasileiro — até a análise das políticas sociais contemporâneas na América Latina.

Conheci Simon nos encontros da Anpocs no início dos anos 1980. Eram tempos de muito entusiasmo e esperança com o fim do regime autoritário e a nascente transição democrática brasileira. Os novos cientistas sociais viviam um clima de animação, estimulados pelo debate sobre participação política, os novos movimentos sociais, a reconstrução do Estado, a importância da pesquisa sociológica na discussão e na formulação de políticas sociais que promovessem mais justiça social e redução das desigualdades. Naquele tempo, como aluna do mestrado de ciência política da Unicamp, chamava a atenção a sensibilidade de Simon no tocante à compreensão dos limites que turvam as fronteiras entre evidên-

8 O SOCIÓLOGO E AS POLÍTICAS PÚBLICAS

cias apontadas nas pesquisas e o difícil caminho a ser enfrentado na necessária renovação das políticas sociais do país em democratização.

Posteriormente, como sua aluna no doutorado de ciência política da USP, tive a oportunidade de usufruir melhor de seus conhecimentos e abertura permanente ao diálogo crítico. Profundo conhecedor dos autores clássicos de sociologia e ciência política, Schwartzman estimulava o debate livre de ideias, sempre atento a dois temas principais: a questão do Estado e sua burocracia e o movimento de cooptação e representação política na conformação do federalismo brasileiro. A ênfase no rigor científico e os cuidados com a pesquisa empírica eram permanentemente explorados como imprescindíveis ao desenvolvimento da análise sociológica. Aprendi muito no seu curso sobre metodologia de pesquisa e continuo aprendendo sobre políticas públicas com nossa profícua convivência profissional dos últimos 20 anos. Seus trabalhos são referência indispensável nas pesquisas de avaliação das políticas públicas.

Nos meus oito anos de MEC, à frente do Inep, Simon foi um dos nossos indispensáveis conselheiros críticos, ao lado de Vilmar Faria, Eunice Durham, Ruth Cardoso, Sonia Draibe, Claudio Moura Castro, Maria Hermínia Tavares de Almeida, entre outros. Suas críticas e sugestões foram de grande valia para ajudar a pensar a arquitetura e as estratégias de implantação do sistema de avaliação da educação brasileira. Naquela época, como presidente do IBGE, a contribuição de Simon foi decisiva para a montagem do Sistema de Estatísticas Educacionais, que passou a se articular com as bases censitárias nacionais e com as pesquisas do Ipea.

Reconto tudo isso para dizer que, além de sua grande contribuição como intelectual e acadêmico, Simon teve um papel importantíssimo na formulação das políticas de avaliação educacional, especialmente do ensino superior. Desde seus estudos e pesquisas sobre ciência, tecnologia e ensino superior no Brasil, de meados dos anos 1980 até os artigos mais recentes sobre reformas educativas na América Latina, é inegável a importância de seu trabalho para o aprofundamento do debate na reformulação das políticas educacionais. Suas críticas às vezes provocativas, mas elegantes, ajudaram enormemente a aprimorar os projetos de avaliação que marcaram a gestão do ministro Paulo Renato no governo de Fernando Henrique Cardoso.

Nesse meu longo convívio com as questões educacionais tive contatos com muitos professores e educadores, mas poucos desenvolveram tantas pesquisas sobre os mais diferentes aspectos da educação e das políticas sociais como nosso homenageado. Sua obsessão com questões ligadas à cidadania e ao acesso de todas as crianças à escola foi objeto de inúmeros livros e pesquisas, entre os quais destaco *O futuro da educação na América Latina e no Caribe*, publicado pela Unesco/Orealc e *O desafio das políticas sociais na América Latina*. A formação, a carreira e a remuneração dos professores no Brasil e na América Latina foram examinadas cuidadosamente em pesquisa recente. O impacto da universalização do acesso ao ensino fundamental sobre os demais níveis de ensino, assim como sua grande preocupação com a remodelação do ensino médio e da educação profissional, foi rigorosamente analisado em perspectiva comparada para os países latino-americanos. A ênfase nos problemas de qualidade do ensino e nos aspectos curriculares ocupou vários de seus trabalhos. Estudos sobre descentralização e reformas educacionais foram explorados em vários artigos e livros. O financiamento da educação básica e sua preocupação com a maior equidade do sistema foram também objeto de várias pesquisas. E, claro, os inúmeros estudos e artigos sobre ensino superior, ciência e tecnologia, área onde se destaca entre os maiores especialistas do Brasil e da América Latina.

Tudo isso foi fruto de uma longa e diversificada carreira. Formado em ciências sociais pela UFMG, concluiu seu mestrado em sociologia no Chile, pela Flacso, em 1963, e doutorou-se em ciência política pela Universidade da Califórnia, em Berkeley. Schwartzman esteve associado a algumas das principais instituições de ensino em ciências sociais do Brasil, tais como a Universidade Federal de Minas Gerais, a Fundação Getulio Vargas (FGV), o Instituto Universitário de Pesquisas do Rio de Janeiro (Iuperj) e a Universidade de São Paulo (USP). Foi também pesquisador visitante em algumas das mais importantes universidades do mundo, entre as quais Berkeley, Columbia, Stanford, Harvard, Oxford, entre outras. Presidiu o Instituto Brasileiro de Geografia e Estatística (IBGE) de 1994 a 1998. Atualmente, é pesquisador do Instituto de Estudos do Trabalho e Sociedade (Iets), que tem sede na cidade do Rio de Janeiro.

Em sua carreira publicou mais de 100 artigos e 40 livros, além de inúmeros capítulos de livros e artigos em jornais e revistas. Foi editor da revista *Dados*, uma das mais importantes publicações brasileiras na área de ciências sociais, e presidente da Sociedade Brasileira de Sociologia e do Comitê de Pesquisa em Sociologia da International Sociological Association.

Sua contribuição para a ciência social brasileira teve reconhecimento público ao se tornar membro da Academia Brasileira de Ciências e merecedor da Ordem Nacional do Mérito Científico. Mas nada é mais marcante na carreira de Schwartzman do que sua permanente preocupação em promover a integração do rigor científico e da perspectiva acadêmica à efetiva participação na formulação de políticas públicas.

Encerro este depoimento, citando nosso homenageado:

> O grande desafio das políticas sociais para a América Latina é fazer com que o setor público funcione de forma competente, livre das ideologias extremas da agenda do liberalismo e do participacionismo, e reconhecendo e dando a importância devida à contribuição e participação do setor empresarial e das organizações e movimentos sociais. Existem duas precondições básicas para que isto possa ser feito, um sistema econômico saudável e um sistema político democrático, legítimo e estável. A economia e a política não precedem, simplesmente, as políticas públicas, mas são fortemente influenciadas por elas. Sem uma política social competente, é difícil à economia prosperar, e ao sistema político garantir sua estabilidade e legitimidade. O trabalho de construção de um sistema público profissionalmente competente, de identificação clara dos limites e alcances das políticas sociais e das regras do jogo da participação e colaboração com o setor privado, deve começar imediatamente, e não pode ser adiado até que se deem as condições econômicas e políticas mais propícias.[1]

---

[1] "Os desafios das políticas sociais para a América Latina". Texto apresentado no Fórum Latino-americano de Políticas Sociais: Abordagens e Desafios, realizado em Belo Horizonte, pela Fundação João Pinheiro, em agosto de 2007 (p. 17).

Sobre Simon Schwartzman

EUNICE RIBEIRO DURHAM

Para mim, a carreira e a obra de Simon Schwartzman constituem um verdadeiro modelo para os cientistas sociais brasileiros. Neste livro, que é uma merecida homenagem a ele, não pretendo abarcar toda a sua obra, nem toda a sua carreira, extremamente amplas e diversificadas. Mas quero tratar do que considero algumas das características mais relevantes de seus trabalhos, tomando como ponto de referência meus primeiros contatos com seus livros e nossa colaboração na área de pesquisas sobre ensino superior.

O início de uma parceria

No início da década de 1980, eu militava na recém-criada Associação de Docentes da USP (Adusp), a primeira desse tipo no Brasil. A associação não era então um sindicato. Havia sido criada pouco depois da morte do jornalista Vladimir Herzog, na prisão dos órgãos de segurança do regime militar. Foi um movimento da liderança intelectual da USP que sobrevivera às cassações e aos expurgos da década anterior e era contrária ao regime militar. Víamos então a USP como um baluarte na luta contra o autoritarismo e acreditávamos que a política repressiva do regime era responsável pelos grandes problemas que víamos na universidade. Resistência ao autoritarismo e reforma universitária eram os grandes objetivos entrelaçados da Adusp.

Começamos então a discutir a reforma universitária que julgávamos necessária, em assembleias que reuniam professores das diversas unidades da USP e de diferentes campos de conhecimento. Não tendo, até então, participado do Conselho Universitário, foi a primeira vez que tive uma visão ampliada da complexa realidade da USP. Dei-me conta então de que, tendo vivido na universidade boa parte da minha vida, de fato sabia muito pouco não só sobre ela, mas sobre sua relação com o sistema universitário brasileiro. Acreditava que, sem esse conhecimento, era impossível conceber uma reforma.

A ignorância não era só minha. Quase todos os participantes daquelas discussões também só tinham da universidade uma visão fragmentada, adquirida na participação do movimento de reforma que antecedera o AI-5 e baseada na familiaridade de cada um com sua própria unidade e seu próprio departamento.

Comecei então a ler a bibliografia disponível e descobri o livro de Simon Schwartzman, *A formação da comunidade científica no Brasil*, publicado em 1979. Foi uma revelação, pois se tratava de um sólido trabalho de pesquisa de grande abrangência, que, para mim, situava a USP de então no longo processo de desenvolvimento e institucionalização da pesquisa científica entre nós, processo este profundamente imbricado na criação das instituições de ensino superior, mas que não se reduzia a ele. Mais do que isso — tratava-se de aplicar métodos e técnicas de pesquisa das ciências sociais para analisar (e não simplesmente criticar) o processo complexo e tortuoso de construção das instituições de pesquisa, entre as quais estava a universidade. Impressionaram-me o volume da documentação levantada e a competência com a qual os dados haviam sido utilizados na construção de um panorama amplo e multifacetado do desenvolvimento da ciência no Brasil. Além disto, o texto demonstrava um profundo conhecimento do que acontecia e acontecera no "resto do mundo". Nas discussões das quais eu participava, o "resto do mundo" se resumia praticamente ao Movimento de Córdoba, da década de 1920, à rebelião estudantil de maio de 68 na França (que eram fontes de inspirações) e ao tratado de cooperação MEC-Usaid (que era execrado).

O texto de Simon mostrou-me que, para entender o sistema universitário era preciso inseri-lo num contexto histórico-comparativo, informando-me sobre as suas origens e sua história na Europa, nos Estados Unidos e na América Latina.

Li logo depois *Tempos de Capanema*, publicado por Simon Schwartzman, em colaboração com Helena Bomeny e Vanda Ribeiro Costa, em 1984.

Trata-se de um primoroso levantamento das complexas forças sociais e políticas responsáveis pela criação do sistema universitário brasileiro durante o período inicial do governo Vargas. A reforma das universidades, como sua criação, não era uma questão simples. Era preciso compreender a complexidade das questões envolvidas.

A leitura desses textos e dos trabalhos de Burton Clark tornaram claro para mim em que consistia minha insatisfação com o debate corrente sobre a universidade, o qual, em grande parte, era caracterizado por uma tendência que denomino "denuncismo" e que ainda é relativamente comum nas ciências sociais brasileiras. Aplicada à universidade, ela consiste, em primeiro lugar, na construção de uma imagem ideal de universidade, distante de qualquer universidade real; em seguida, denuncia-se a distância entre essa universidade e aquela na qual vivíamos; finalmente, culpa-se "o governo" pela existência dessa distância. E era fácil, durante o regime militar, atribuir todos os males da universidade ao autoritarismo. Mas, com isso, nosso discurso se tornou repleto de nobres ideais e muito parco de análises sobre a universidade real.

Sem uma base em pesquisas científicas e sem referências histórico-comparativas, as propostas de reforma corriam o risco de serem ou corporativas ou ideológicas, recheadas de sonoras palavras de ordem, que mascaravam os complexos problemas da realidade institucional.

Foi este o início da minha trajetória como pesquisadora no campo da educação superior.

No primeiro trabalho que escrevi sobre a necessidade de uma reforma do ensino superior, apresentado numa reunião do Conselho de Reitores das Universidades Brasileiras em 1987, eu dizia, inspirada no Simon:

> O problema que se coloca hoje para todos aqueles que defendem o ensino superior no Brasil não é, propriamente, o de definir a universidade que queremos. Em termos gerais, há uma grande concordância sobre a universidade que desejamos; é aquela capaz de oferecer um ensino diversificado, de alta qualidade, aberta a todas as classes sociais, adequado às necessidades do desenvolvimento econômico-social do país e capaz de contribuir para a formação da pessoa e do cidadão, onde a produção científica e cul-

tural contribua para o desenvolvimento da tecnologia e para o diagnóstico dos problemas nacionais.

O problema verdadeiro está em saber por que não temos a universidade que queremos. Por diversas vezes, na nossa história, tivemos a ilusão de criar por decreto a universidade ideal, imaginando que a perfeição dos planos é, por si só, capaz de engendrar uma realidade nova. Esquecemos que a universidade, como toda instituição, é um produto histórico no qual se solidificam interesses e práticas sociais complexos e contraditórios, que não podem ser resolvidos por decreto. Por isso mesmo, a proposta de uma nova reforma universitária deve partir da análise de como chegamos a produzir essa universidade que já temos. Devemos perguntar a que interesses ela atendeu, qual o papel do Estado na sua formação e quais os grupos e categorias sociais que a sustentaram e modificaram.

Certamente, eu e Simon Schwartzman não éramos os únicos a realizar pesquisas sobre o ensino superior, mas éramos poucos, e Simon, na minha opinião, era o melhor.

A criação do Núcleo de Pesquisas sobre Ensino Superior

Logo depois disso, Simon foi convidado pelo reitor José Goldemberg, que partilhava dessa visão da necessidade de estimular a pesquisa sobre o ensino superior, a integrar o corpo docente da USP. Foi então que criamos, Simon e eu, com a colaboração de Elisa Wolyneck e o apoio do reitor, o Núcleo de Pesquisas sobre Ensino Superior (Nupes), o primeiro centro de investigações sobre esse tema criado no Brasil.

Simon era o único de nós com experiência nacional e internacional e com inúmeros trabalhos e publicações nessa área. Foi ele quem elaborou o projeto do novo centro, definiu seus objetivos e organizou as primeiras pesquisas. Seu trabalho na criação do Nupes revela muito das características e da postura intelectual que marcam sua carreira.

A valorização da pesquisa acadêmica

Em primeiro lugar, o Nupes deveria ser um centro de pesquisas de caráter acadêmico-científico. Isso queria dizer que o Nupes não deveria estar atrelado a objetivos políticos, nem da reitoria, nem do sindicato e, muito menos, de partidos políticos. As pesquisas deveriam seguir os cânones do método científico, tal como é sistematizado nas ciências sociais, e deveriam ser avaliadas por critérios próprios da comunidade internacional dos pesquisadores voltados para essa área.

Entendo essa postura como significando que as pesquisas deveriam ser precedidas por um levantamento sério e abrangente da bibliografia nacional e internacional e estarem baseadas na construção de uma sólida base de dados empíricos. A análise e a interpretação, orientadas teoricamente, deveriam ser consistentes com os dados, considerando sua complexidade e sua inter-relação.

Nos trabalhos de Simon, as análises são sempre profundas, complexas e objetivas. Introduzi, nessa interpretação do que seja uma pesquisa científica, o termo "objetivas", o que me leva à discussão do conceito de objetividade, que foi duramente criticado nas ciências sociais como constituindo um ranço positivista, e na qual o autor paira acima da realidade e tudo vê com completa isenção.

Claramente, a objetividade tal como é atribuída a essa visão algo caricatural do positivismo é impossível. Objetividade é uma questão de grau — há trabalhos que procuram uma objetividade maior e outros que se preocupam em defender posições preestabelecidas e, às vezes, dogmáticas. A pesquisa é tão mais objetiva (sem nunca sê-lo perfeitamente) na medida em que não escamoteia dados contrários às hipóteses que formulamos, em que revela aspectos inesperados e desconhecidos da realidade que estamos estudando, em que é capaz de contrariar nossas próprias convicções. É assim que a pesquisa alarga nosso horizonte de conhecimento e aprofunda a visão crítica dos temas e problemas que estamos analisando — não se trata de simplesmente denunciar, mas de entender melhor por que as coisas ficaram como são, e em que direção podem caminhar. Parte dessa objetividade que encontro nos trabalhos de Simon é obtida pela sua competência e insistência na utilização de métodos quantitativos, que costumavam ser ignorados e às vezes mesmo desprezados por muitos cientistas sociais brasileiros. Tem-se afirmado, e é parcialmente verdade, que dados estatísticos podem ser manipulados para se comprovar qualquer hipótese — podem

16 O SOCIÓLOGO E AS POLÍTICAS PÚBLICAS

também ser falsificados para obter resultados desejados. Aliás, qualquer tipo de dado, quantitativo ou qualitativo, pode sofrer esse tipo de manipulação. Mas basta ler os trabalhos de Simon para perceber o quanto, quando conscienciosamente coletados e analisados, o tratamento estatístico de dados empíricos é fundamental para controlar a excessiva subjetividade e parcialidade, revelando processos sociais mais amplos que não podem ser detectados através do uso exclusivo de entrevistas e da observação pessoal. Foi essa competência na utilização de dados estatísticos que o levou à presidência do IBGE, no qual teve uma importante atuação inovadora e atualizadora. Essa postura evitou que Simon aderisse a qualquer um dos inúmeros modismos que marcam as ciências sociais no Brasil.

A maior parte das pesquisas realizadas no Nupes utiliza intensamente as estatísticas disponíveis ou trabalha com amostras estatisticamente significativas.

A responsabilidade social do cientista

A insistência na qualidade científica e acadêmica das pesquisas e a oposição à sua subordinação a interesses políticos ou corporativos, por outro lado, sempre foram complementadas por Simon (e pelo Nupes) por uma consciência muito clara da responsabilidade social do cientista. Esta se manifesta na escolha, como tema de pesquisa, de assuntos relevantes para a compreensão da realidade brasileira e na preocupação com a formulação e os resultados das políticas públicas. Expressa-se também nas atividades de assessoria a órgãos governamentais e organizações civis de diferentes orientações políticas, desde que preservada a liberdade acadêmica do pesquisador. Simon sempre teve a coragem de assumir posições impopulares, quando suas pesquisas as justificavam. Mesmo que impopulares, suas posições nunca foram irrelevantes nem sua competência tem sido questionada. Uma demonstração dessa responsabilidade social presente em suas obras é também o profundo compromisso com o desenvolvimento do país, analisando diferentes possibilidades e probabilidades de ação transformadora. Exemplo disso foi seu papel de relator, em 1985, dos trabalhos da Comissão Nacional para Reformulação da Educação Superior, proposta por Tancredo Neves depois de sua eleição pelo Congresso Nacional para ocupar a presidência da República e instituída pelo presidente José Sarney, que o substituiu após sua morte. Muito desse relatório se deve a ele. A primeira parte contém uma análise da crise do ensino superior e propõe os princípios para uma nova política. A seguir, apresenta um conjunto de recomendações, de forma ao mesmo tempo moderada e inovadora, abrangendo as questões mais candentes presentes no debate sobre o ensino superior e introduzindo outras ainda atuais, como a natureza da autonomia universitária e suas relações com a necessidade de *accountability* e de controle público através de processos de avaliação; a avaliação como um instrumento de promoção da qualidade do ensino e da pesquisa; a insistência na exigência de mérito como critério para promoção na carreira; a necessidade de articulação do ensino superior com os graus anteriores do ensino, essencial para a democratização do acesso à universidade; a valorização da formação de professores para o ensino básico; o financiamento do ensino superior, a gestão do ensino e o oferecimento de uma formação geral nos cursos de graduação. Isso antecedeu a criação do Nupes, mas integrou muito de sua agenda de pesquisa.

Depois disso, Simon tem sido um dos mais competentes críticos de todas as propostas de reforma do ensino superior, nenhuma das quais, aliás, foi realizada. Apenas a Lei de Diretrizes e Bases (LDB) avançou nessa direção, mas, infelizmente, jamais chegou a ser plenamente implementada. Essa foi a postura que os pesquisadores do Nupes procuraram seguir.

A abordagem histórico-comparativa

Como já mencionei antes, além de obedecer aos cânones da pesquisa científica, as investigações, mesmo quando não se tratasse de comparar diretamente um ou mais países, deveriam ter uma perspectiva comparativa, isto é, levar em consideração as transformações tanto dos sistemas quanto das políticas de ensino superior que ocorriam no mundo, assim como seu contexto histórico. A pesquisa não pode se limitar a uma visão provinciana, que vê o sistema de ensino superior como uma criação autóctone e autônoma. Além disso, o novo núcleo deveria buscar uma inserção internacional, através de colaborações com centros congêneres de outros países e da publicação de resultados tanto no Brasil, quanto no exterior. A carreira anterior de Simon já seguia essa orientação.

A inserção em redes internacionais

Muito antes da atual valorização do trabalho internacional em redes, Simon já trabalhava dessa maneira e imprimiu essa orientação no Nupes. Colaborou, em estudos internacionais comparativos, com os mais importantes pesquisadores europeus e norte-americanos na área da educação superior, como Burton Clark, Guy Neave, Ulrich Teichler, Philip Altbach, entre muitos outros; participou inclusive da elaboração da *Encyclopedia of higher education* — organizada por B. R. Clark e G. Neave, e publicada pela Pergamon Press em 1992 — uma obra monumental e marco de referência nessa área de conhecimento. Na área do ensino superior, trabalhou também em estreita colaboração com outros pesquisadores latino-americanos, como José Joaquín Brunner, Jorge Balán e Hebe Vessuri (e suas respectivas equipes). Para facilitar o entrosamento dos pesquisadores do Nupes nessa rede internacional, Simon criou no Nupes um conselho consultivo externo, que incluía Burton Clark, Brunner, Teichler e Balán.

O primeiro projeto institucional do Nupes consistiu justamente na participação em uma rede de pesquisadores latino-americanos — brasileiros, argentinos, chilenos, mexicanos e colombianos — organizada por José Joaquín Brunner e pelo próprio Simon, para realizar uma análise comparada das políticas de reformas do ensino superior na América Latina. Além disso, Simon continuou a participar de outros estudos comparados com pesquisadores europeus e americanos e introduziu outros membros do Nupes nessas redes.

A interdisciplinaridade

Há uma outra questão a ser considerada que se relaciona com a carreira de Simon Schwartzman. O Nupes nasceu como um centro interdisciplinar. O termo se aplica muito bem ao recrutamento dos pesquisadores que, em diferentes períodos, participaram dos trabalhos e das pesquisas. O grupo inicial era pequeno, mas muito heterogêneo. Além de Simon, compreendia eu mesma, que sou antropóloga por formação, e Elisa Wolynek, pesquisadora da área da física, com grande experiência administrativa na universidade. Devemos incluir nesse grupo também José Goldemberg, outro físico e então reitor, que foi uma figura-chave na criação do Nupes. Ao longo do tempo, participaram das atividades outros dois físicos, além de cientistas políticos, sociólogos, estatísticos, juristas, economistas e até um odontologista (que analisou o ensino da odontologia no Brasil).

Se os termos "interdisciplinar" ou "multidisciplinar" caracterizam bem a forma de recrutamento, não sei se podem ser apropriadamente aplicados aos trabalhos que realizamos. O estudo dos sistemas de ensino superior não constitui uma disciplina científica, mas uma área temática. Pesquisadores das mais diversas formações se dedicaram a esse tipo de pesquisa, motivados por sua vivência dos problemas da universidade que, como pesquisadores, docentes ou gestores, encontraram na vida acadêmica. Em geral, é essa vivência que motiva seu interesse em explicá-los e em contribuir para o aperfeiçoamento institucional. Paradoxalmente, foi rara a incorporação de pedagogos e educadores.

É possível que um ou outro pesquisador se concentre em sua área de conhecimento, analisando, por exemplo, o ensino da odontologia ou a pesquisa nas ciências biológicas. Mas essas pesquisas não são estritamente de caráter biológico ou odontológico. O objeto é a universidade e o ensino superior, e os pesquisadores acabam por trabalhar com um cabedal comum de conhecimentos na área, que é ampliado pela utilização de recursos de diferentes disciplinas.

A formação de Simon Schwartzman é um exemplo disso.

Simon não começou sua carreira analisando a educação. Formado em sociologia e ciência política, um de seus trabalhos iniciais — *Bases do autoritarismo brasileiro* — está assentado sobre uma sólida formação teórica, na qual conceitos, teorias e pesquisas sociológicas ampliam a visão do cientista político. A partir dessa base, e sem abandoná-la, tem alargado continuamente o leque de recursos teóricos e metodológicos que utiliza em suas pesquisas, e seus trabalhos posteriores abrangem uma temática muito diferenciada.

Tem feito primorosas pesquisas históricas sem ser nem se tornar historiador. Tem tratado de questões econômicas e educacionais sem se tornar economista ou educador. Tornou-se extremamente competente no uso de estatísticas sem ser, ele próprio, um estatístico. Alguns o consideram um sociólogo. Eu o classifico, basicamente, como cientista político, porque a visão do Estado como um ator multifacetado que se insere em contextos complexos parece-me estar presente, direta ou indiretamente, em todos os seus trabalhos, inclusive no seu interesse pela sociologia da ciência, pela educação, pela desigualdade social e educacional, pela pobreza. São todos temas e objetos de pesquisa nos quais está sempre presente sua preocupação com as políticas governamentais (científicas, educacionais e sociais), sua viabilidade e seus resultados inesperados (positivos e negativos).

A amplitude das experiências institucionais

Isso que estou caracterizando como alargamento de perspectivas beneficiou-se também da diversidade de suas inclusões institucionais. Foi professor visitante em prestigiosas universidades do mundo, incluindo Berkeley, Columbia, Stanford, Harvard, Oxford, École Pratique des Artes Études, Swedish Colegium for Advanced in the Social Sciences, e continua associado a importantes centros de pesquisa na área de ensino superior europeus e norte e sul-americanos. Mesmo no Brasil, sua carreira tem sido caracterizada pela circulação por instituições diferentes. Formado na Universidade Federal de Minas Gerais, da qual foi professor, depois de cassado pelo AI-5, trabalhou em algumas das principais instituições brasileiras de ensino e pesquisa em ciências sociais: a Fundação Getulio Vargas, o Instituto Universitário de Pesquisas do Rio de Janeiro e a Universidade de São Paulo. Foi presidente do IBGE, onde realizou um trabalho importante de atualização e renovação. Hoje trabalha no Instituto de Estudos de Trabalho e Sociedade (Iets), que ajudou a fundar, e é membro atuante da Academia Brasileira de Ciências. Pouquíssimos cientistas têm uma experiência tão ampla.

A ampliação da temática sobre ensino superior

Como parte de uma tendência para abranger toda a complexidade da temática dos estudos sobre a universidade e a educação superior em geral, suas pesquisas se alargaram para compreender todo o sistema educacional, incluindo uma reflexão sobre a pesquisa nessa área.

Em capítulo intitulado "A busca da qualidade na educação", incluído no livro *Educação e modernidade*, editado por João Paulo dos Reis Veloso e

Roberto Cavalcanti em 2003, Simon salienta a pesquisa como um dos três pontos que julga mais relevante para entender os problemas do nosso sistema educacional:

> Um terceiro comentário se relaciona com o estado da pesquisa educacional no Brasil. Infelizmente — e esse não é só um problema brasileiro — estabeleceu-se a percepção de que existe uma espécie de divisão do trabalho entre os especialistas em educação, que cuidariam dos aspectos pedagógicos e curriculares do ensino, e os economistas e sociólogos, que cuidariam dos aspectos institucionais e econômico-financeiros do problema. Na prática, isso acaba significando que os pesquisadores em educação não se beneficiam dos conhecimentos de natureza mais institucional e econômica, e que as questões pedagógicas acabam sendo tratadas de forma simplista pelos que se preocupam somente com os aspectos "macro" do problema.

A questão da formação de professores para o ensino básico, que é uma das funções da universidade, constituiu a ponte natural para que o Nupes, nos seus últimos anos, seguisse o mesmo caminho.

A produtividade

Como escreve Nelson de Castro Senra neste livro, no capítulo "Pensando e mudando a atividade estatística brasileira", trata-se de um "escritor incansável, talvez mesmo compulsivo" e, acrescento eu, leitor voraz. Nunca consegui entender como Simon consegue tempo para produzir tantos artigos e livros, além de dezenas de assessorias e centenas de conferências e inúmeras participações em congressos no Brasil e no exterior, aliadas à orientação dos alunos da pós-graduação. Para o Nupes, Simon foi, em termos de produção científica, um exemplo admirado, mas nunca igualado.

A pessoa humana

Finalmente, tendo trabalhado com Simon durante muitos anos no Nupes e me hospedado com sua família, creio ser indispensável mencionar a figura humana Simon Schwartzman. Não se trata apenas de um intelectual de primeira linha. O convívio com Simon foi sempre muito agradável — é gen-

22 O SOCIÓLOGO E AS POLÍTICAS PÚBLICAS

til no trato, construtivo nas críticas, interessante nas conversas, criativo nas propostas. Nunca o vi fazendo ataques pessoais — Simon não critica pessoas, mas posições, decisões e interpretações. Construiu muitas amizades duradouras e possui admiradores fiéis, entre os quais me incluo. Como se não bastasse tudo isso, é um excelente pai de família e teve discernimento e sorte de se casar com uma mulher admirável. A iniciativa de sua família organizar esta homenagem testemunha todas essas qualidades.

Sobre este livro

É uma homenagem a Simon Schwartzman. Traz uma coleção de ensaios de diversos autores, que dialogam com questões sobre as quais Simon vem se debruçando ao longo de sua carreira, e reflete a amplitude e a profundidade de sua obra.

O livro está dividido em três partes. A primeira trata de algumas questões teóricas e metodológicas sobre o estudo do Estado e de políticas públicas. Elisa Reis discute a relevância e os desafios de estudos sobre a relação entre o Estado e a sociedade para entender o mundo contemporâneo, tomando como ponto de partida estudos macro-históricos dos anos 1970. Bolívar Lamounier faz uma releitura de *Bases do autoritarismo brasileiro* à luz de percepções políticas e orientações teórico-interpretativas que se constituíram no quarto de século decorrido desde a publicação do livro. Helena Bomeny e Vanda Costa partem de sua experiência com o homenageado no estudo da formação do sistema de educação no Estado Novo para uma descrição das dificuldades e dos dilemas enfrentados na análise de arquivos históricos. José Joaquín Brunner destaca a contribuição de Simon Schwartzman para a consolidação de uma linha de pesquisa comparada de políticas e sistemas de educação superior na América Latina.

A segunda parte reúne discussões de objetos de política pública: educação básica, educação superior, pesquisa científica e desigualdade social. Francisco Vidal Luna e Herbert Klein mapeiam a extensão e as dimensões da desigualdade social no Brasil, traçando a importância de políticas econômicas para o desenvolvimento da desigualdade social. Sônia Rocha discute os programas de transferência de renda do governo federal no contexto da redução da pobreza nos últimos anos. Claudio de

Moura Castro e João Batista Oliveira traçam o desenvolvimento do sistema educacional brasileiro para explicar "por que a educação brasileira é tão fraquinha". Jorge Balán sugere formas de os países em desenvolvimento lidarem com a crescente competição internacional por talentos, e com a questão da "fuga de cérebros" de países em desenvolvimento para os países desenvolvidos.

Os textos da terceira parte tratam de distintas formas de avaliação das instituições responsáveis por políticas públicas. Apoiando-se em uma análise de discursos e documentos produzidos no período, além de sua própria vivência da instituição, Nelson de Castro Senra relata a atuação de Simon Schwartzman como presidente do Instituto Brasileiro de Geografia e Estatística nos anos 1990, quando esteve envolvido, entre outras coisas, na avaliação e na modernização da instituição. Maria Helena de Magalhães Castro escreve sobre os novos instrumentos de avaliação do ensino superior que vêm sendo implantados como resposta à expansão e à transformação deste, e discute a relevância em potencial desses instrumentos para o Brasil. José Francisco Soares apresenta uma discussão detalhada dos métodos e objetivos de avaliações da educação escolar. Por fim, Charles Pessanha estabelece uma reflexão sobre a função do controle externo exercido pelo Poder Legislativo, analisando a evolução desse tipo de avaliação no contexto internacional e no Brasil.

PARTE I
QUESTÕES TEÓRICAS E METODOLÓGICAS

1

O Estado nacional como desafio teórico e empírico para a sociologia política contemporânea

ELISA P. REIS[*]

São muitos os temas e vários os ângulos de análise que podem ser escolhidos para prestar tributo a Simon Schwartzman. De minha parte, tendo sido sua aluna, assistente de pesquisa, colega de trabalho em mais de uma instituição e sendo hoje sua eventual colaboradora, é grande a margem de escolha possível. Mas a lembrança de meus anos formativos, quando aluna do programa de mestrado em ciência política do Iuperj, se impõe. Não por ser a mais pretérita, mas porque foi nessa época que se consolidou meu interesse pela sociologia política de cunho macro-histórico. É verdade que ambos trazíamos da Faculdade de Ciências Econômicas da Universidade Federal de Minas Gerais (Face/UFMG) a semente desse interesse. O curso de sociologia e política que ambos cursamos, ainda que em momentos distintos, certamente marcou nosso perfil de pesquisadores. Mas, cada vez que os requisitos acadêmicos me exigiram o inventário das influências e dívidas intelectuais presentes em minha trajetória, emergia clara a figura do professor e orientador que insistia na importância de ver o Estado como um ator e não apenas como reflexo de outras dimensões de análise.

No contexto brasileiro dos anos 1970, despertar para a possibilidade de se eleger o Estado como variável independente para fins analíticos era

---

* Agradeço as críticas e observações de Mariza Peirano e Eustáquio Reis.

28 O SOCIÓLOGO E AS POLÍTICAS PÚBLICAS

realmente uma revelação. Digamos que Simon Schwartzman foi orientador e cúmplice na minha descoberta de que, ao fim e ao cabo, todo Estado é um tanto "bonapartista". A tese de mestrado que redigi sob sua orientação analisava a política cafeeira entre 1890 e 1930, para discutir o processo de construção do Estado nacional nesse período. Minha pesquisa de então mostrava que o protecionismo que o Estado liberal adotou relutantemente, por pressão dos cafeicultores, propiciou recursos cruciais para a expansão e o fortalecimento do próprio Estado. À época dessa pesquisa, solidifiquei minha aposta no valor heurístico dos conceitos de autoridade, mercado e interesse que o professor Simon enfatizava. Trabalhar com tais conceitos constituía uma possibilidade atraente porque, graças à tradição da sociologia macro-histórica disponível, podia-se refletir sobre os processos de construção de Estados nacionais já consolidados e, através do exercício comparativo, pensar analiticamente sobre o processo histórico brasileiro.

De fato, analisar o processo de construção dos Estados nacionais passou a constituir, por longo período, um aspecto central na agenda da sociologia que refletia sobre o então chamado Terceiro Mundo. À medida mesmo que a sociologia tendia a pensar a sociedade como "naturalmente" equivalente a nação, e esta última como indissociável do Estado, o foco no Estado-nação informava toda a discussão sobre as perspectivas de desenvolvimento e de modernização que eram as metas iluministas emuladas pelas ciências sociais. Com o auxílio dos conceitos mencionados, buscávamos entender o processo histórico de sociedades nacionais através do exame da dinâmica do Estado-nação.

Atualmente, diante do impacto dos processos globais, vemos frequentes alusões a sinais de enfraquecimento do Estado-nação, e há mesmo os que duvidam de seu futuro como forma de organização política. Outros, entre os quais me incluo, enfatizam as transformações profundas pelas quais passam os Estados nacionais, sem subscrever a tese segundo a qual seu enfraquecimento progressivo e eventual desaparecimento já se anunciam no presente. Independentemente da perspectiva adotada, contudo, as mudanças que os Estados nacionais vêm experimentando são demasiado profundas para serem ignoradas pelas ciências sociais. Mais importante ainda: refletir sobre as transformações em curso constitui tarefa crucial em nossa agenda, sobretudo tendo-se em conta que as ciências sociais surgiram concomitantemente à consolidação das sociedades nacionais.

Tradicionalmente, nossas disciplinas assumiam que o recorte natural da sociedade coincidia com os contornos nacionais, moldados na fusão do Estado com a nação. Uma vez posto em questão o "nacionalismo metodológico",[1] torna-se claro que havia um paradigma implícito nas ciências sociais, paradigma esse que via no Estado o demiurgo do progresso e na sociedade a coletividade organizada como nação. A erosão desse paradigma vem se dando rapidamente, motivada, por um lado, pela perda de prestígio do planejamento central e, por outro, pela reinvenção das identidades coletivas que questionam a preponderância da identificação com a nação.

Grosso modo, pode-se dizer que o Estado nacional que emergiu gradualmente no contexto europeu a partir do século XVIII experimentou, no século XX, seu apogeu como forma de integração entre autoridade e solidariedade.[2] Tendo atingido o status de expressão "natural" de modernidade e maturidade, fruto de sua longa mas bem-sucedida institucionalização, o Estado-nação tornou-se modelo para as nações que emergiram com o processo de descolonização. Além disso, a ideologia nacionalista foi o traço comum que expressou a esperança no futuro entre as sociedades emergentes. A mística do nacional embalou também os sonhos dos países latino-americanos, que viram no Estado desenvolvimentista o ator privilegiado para levar à frente a modernização da sociedade.

Este trabalho apresenta uma reflexão sobre a relação entre as transformações das décadas recentes e o ambiente teórico-conceitual no qual a sociologia se exerce hoje. O foco dessa reflexão está nos desafios que se colocam para a tradição sociológica de cunho macro-histórico. Faz sentido hoje pensar os processos de transformação em curso com o auxílio de lentes analíticas de caráter macro-histórico? Haverá espaço para essa perspectiva no contexto do questionamento das grandes narrativas? Nes-

---

[1] Beck, 2006.
[2] Bendix, 1977; Grillo, 1980; e Weber, 1976.

sa era da sublimação de espaço e tempo através do mundo virtual faz sentido reinserir as ciências sociais no universo histórico? Minha resposta é afirmativa, ponderando que a própria perplexidade teórica do momento reflete as contingências que o desafiam.

A tarefa que me proponho pode ser vista como fruto da tendência atual da sociologia de enfatizar a autorreflexividade, colocando em questão a naturalidade de noções e conceitos que constituíram, até bem pouco, elementos canônicos de nossas análises. Partindo de uma reflexão sobre o conceito de Estado-nação, que foi tão central na sociologia, aceito dialogar com aqueles que questionam a naturalidade do Estado nacional como forma inata e progressiva de organização da vida em sociedade. Para muitos essa discussão se insere no âmbito de outra ainda mais ampla, qual seja aquela que diz respeito ao sentido da modernidade, noção que informa a própria constituição das ciências sociais.

Sem me deter no debate filosófico e epistemológico, limito-me neste trabalho a refletir sobre como as transformações político-administrativas, organizacionais e ideológico-culturais do Estado nacional nas últimas décadas afetam a agenda das ciências sociais, particularmente a pauta de pesquisas da sociologia política. Nas ciências sociais, as formas de pensar a sociedade e o Estado experimentam alterações significativas, mas não me parece ter havido empenho suficiente em explicitar redefinições conceituais, proposições teóricas e novos focos de análise. O que empreendo nas páginas que se seguem constitui um esforço preliminar nessa direção.

O Estado-nação: história e teoria

O caráter histórico e, portanto, contextual dos conceitos sociológicos raramente mereceu a atenção devida por parte das ciências sociais. É verdade que alguns conceitos, como, por exemplo, o de sociedade civil, que retornou com tanto destaque no discurso das ciências sociais, mereceu algum esforço autorreflexivo na literatura recente.[3] Mas casos como esse, de reflexão histórico-conceitual, constituem mais exceções que rotina de trabalho. Mesmo as exceções com frequência são mais voltadas para uma

---

[3] Cohen e Arato, 1992; e Keane, 1988.

história das ideias que para um exame das implicações teóricas e práticas dos conceitos em uso para a análise do social. Saber que a gênese de um conceito está na obra de determinado pensador é importante, mas é também necessário discutir, por exemplo, em que medida o resgate atual de um conceito específico expressa uma maneira nova de pensar as relações entre sociedade e política. Em outras palavras, o próprio exercício de estabelecer relações significativas entre conjuntura histórica e resgates conceituais pode vir a ser uma contribuição relevante ao entendimento dos processos sociais.

O questionamento da relação entre nossos conceitos teóricos e o contexto histórico parece-me crucial porque a intimidade inevitável entre história e teoria sociológica, entre conceitos abstratos e realidades singulares, nem sempre é levada em conta. A teoria tende a se distanciar cada vez mais da história, processo que tem seus ganhos e suas perdas. Certamente, a formalização que determinadas perspectivas teóricas lograram em décadas recentes constitui um avanço notável em termos de rigor e consistência. Mas não se pode negar também que, em alguns casos, esses ganhos são empanados pela perda de sentido e relevância do conhecimento gerado. Reinserir o conhecimento teórico no mundo real exige necessariamente a reflexão histórica, sob pena de produzirmos conhecimentos fúteis sobre nossa realidade social.

Ao tomarmos um conceito-chave nas ciências sociais como é o de Estado-nação, é importante refletir sobre o fenômeno histórico que ele designa. Como bem observa Axtmann (2004:260): "No século XIX a noção do Estado-nação passa a expressar a ideia segundo a qual o governo legítimo só poderia estar baseado no princípio da autodeterminação nacional e que, pelo menos idealmente, Estado e nação deviam ser idênticos um ao outro. A nação se tornou o corpo 'unitário' no qual residia a soberania estatal". Pelo lado do Estado, a noção de soberania se consolida ao longo de um lento processo que afirma a autoridade do poder público sobre antigos competidores, como tinham sido a Igreja, a nobreza, e a burguesia nascente. Pelo lado da sociedade, a definição da nação como a população de um determinado território que voluntariamente reconhecia a autoridade do Estado permitiu unificar a solidariedade social em

32 O SOCIÓLOGO E AS POLÍTICAS PÚBLICAS

torno da autoridade, dessa forma suplantando disputas étnicas, religiosas e linguísticas.

Como Bendix (1977) formulou de forma exemplar, a fusão entre o Estado e a nação correspondeu a uma forma inteiramente nova de pensar as relações entre autoridade e solidariedade. O sentimento de pertencer a um todo social, a uma comunidade, corresponde à dimensão da solidariedade. Isso, porém, não significa apenas reconhecer-se como portador de direitos fundados na noção de pertencer. A tal reconhecimento corresponde igualmente a internalização de deveres, a introjeção da obediência, ou seja, o fundamento da legitimidade de que falava Weber (1976). Essa teria sido uma das grandes realizações políticas do mundo moderno, feito tão bem-sucedido que nos acostumamos a pensar a sociedade como coincidente com os contornos do Estado-nação.

Para o senso comum e para a própria sociologia, falar de sociedade brasileira, sociedade francesa, ou qualquer outra referência a país tornou-se trivial. A ciência social moderna tomou o contorno do Estado-nação como equivalente a sociedade. Essa naturalização do Estado nacional foi fruto do longo processo histórico iniciado sob o feudalismo na Europa. Como bem o descreveu Elias (1982), infindáveis disputas pessoais pela propriedade da terra marcaram o processo de integração crescente dos feudos até a conformação das unidades que passamos a conhecer como Estados nacionais. Naturalmente, o que ele descreve são múltiplos processos históricos, diversificados no tempo e no espaço. No caso da Itália e da Alemanha, essa conformação ocorre quando já ia avançando o século XIX. Em outros, como no caso da Europa central, o processo seria abortado para reemergir em época recente como edição revista do movimento original. De qualquer forma, a partir da análise histórica, podemos identificar claramente uma tendência e observar depois como o sucesso da fórmula política nacional a converte ao mesmo tempo em tipo ideal para análise e em ideal normativo para a prática política.

Que o processo de institucionalização do Estado nacional foi longo e não antecipado não há dúvida. Contudo, a prova mais clara de que a construção cultural do Estado-nação foi coroada de sucesso é o fato de que ela assumiu o status de coisa natural. Se em décadas mais recentes essa naturalidade atribuída à simbiose entre Estado e nação começa a ser objeto de reflexão crítica, esse certamente não era o caso à época do surgimento da sociologia como disciplina, quando os clássicos da disciplina buscavam definir Estado, nação e sociedade. Com frequência, as definições se sobrepõem, como se fosse impossível falar de um desses conceitos sem falar dos outros.[4] A fusão entre Estado e nação se tornara um construto cultural da era moderna. Nesse movimento, o Estado nacional passou a ser visto como a própria expressão da modernidade, meta a ser alcançada em países considerados tradicionais ou atrasados.[5]

Naturalmente, o processo de constituição do Estado nacional que teve lugar na Europa não se deu da mesma forma nas áreas de colonização. Seja porque o território colonizado tinha formas próprias de organização social e política altamente institucionalizadas (Índia, por exemplo), seja porque a própria fragilidade da organização social anterior tornava possível a transposição artificial de instituições vigentes na metrópole. Daí teria decorrido, no caso brasileiro, a precocidade característica do Estado em relação à nação apontada por diversos autores. Outras tantas peculiaridades marcaram a institucionalização dos Estados nacionais no Novo Mundo, aspecto esse que não invalida o alcance teórico ou ideológico desse construto.

Com a descolonização de meados do século XX, a ideologia do Estado nacional atingiu seu ápice. No pós-guerra, o triunfo do princípio de autodeterminação dos povos, consagrado pela recém-nascida Organização das Nações Unidas, tomava não só povo e nação como sinônimos, mas, principalmente, a nação e o Estado como princípios indissociáveis. Se na Europa, como já ressaltei, essa fusão foi um movimento multissecular, nos chamados países jovens, nação e Estado já surgiram unidos como meta a ser alcançada, e o ideal nacional tornou-se a ideologia do progresso. Claro está também que em muitos desses países recém-formados etnias e religiões disputaram (e disputam ainda) o privilégio de ser o parceiro natural do Estado, compondo assim o ingrediente solidário da referida fusão. De qualquer forma, o que é comum nessas disputas é o esforço para ser reconheci-

---

[4] Reis, 1998b.

[5] Anderson, 1991; Breuilly, 1982; Hobsbawm, 1990; e Tilly, 1975.

do como o povo que congrega a comunidade legitimamente identificada como o universo da nação organizada sob a forma de Estado nacional.

Na verdade, bem antes do movimento de descolonização que teve lugar no século XX, já se pôde ver claramente que o ideal do Estado-nação e o credo nacionalista que o legitima alimentavam os movimentos independentistas na América Latina. Mas, é claro que em meados do século XX a ideologia nacional se renovou e ganhou novas expressões no continente, forjando novas alianças entre classes e grupos, que dessa maneira sobrepuseram metas comuns a interesses divergentes, ao mesmo tempo que legitimaram a autoridade do Estado. Na verdade, este último passou a ser visto como o ator estratégico na superação do atraso econômico imposto pela hegemonia externa que criava obstáculos ao progresso. Sob a bandeira da luta pelo desenvolvimento nacional, forjavam-se as alianças que legitimavam o exercício da autoridade estatal e asseguravam a coesão social. Mais ainda, desenvolvimentismo e iniciativa estatal tornaram-se quase sinônimos.[6]

Certamente, solidariedade e coesão social não implicavam automaticamente estabilidade política. Disputas políticas acirradas persistiram sempre, mas tanto a competição eleitoral quanto os golpes e as rebeliões e revoltas foram feitos em nome do desenvolvimento da sociedade nacional. E o argumento básico era que o controle do Estado se fazia necessário para levar à frente esse desenvolvimento. A legitimidade era buscada na crença de que só o Estado tinha condições de liderar o processo, que só ele tinha condições de planejar, coordenar metas e avançar objetivos de longo prazo.

A tendência que comentei anteriormente de perceber o Estado como um ator nele próprio (e não como um mero comitê executivo, como o marxismo mais ortodoxo tinha proposto, ou idêntico a governo, como queriam os liberais) não se restringiu ao Terceiro Mundo. Também no "Segundo Mundo", o do socialismo real, a ideia segundo a qual o Estado era a vanguarda, o ator provisório destinado a se autodestruir no futuro, era parte do cânon. Toda a concepção de planejamento central baseava-se na crença de que o Estado estava investido da capacidade de gerir um

---

[6] Cardoso e Faletto, 1969; Jaguaribe, 1975; Martins, 1977; e Trebat, 1983.

projeto nacional porque tinha a capacidade de se colocar acima dos interesses divergentes e coordenar toda a sociedade em benefício dela, mesmo quando as aparências sugeriam algo distinto.[7]

Até mesmo no Primeiro Mundo a expansão do Estado de Bem-estar implicou na verdade não apenas uma expansão física do aparato estatal, mas também uma ampliação de seu papel na vida social.[8]

Mas foi no então chamado Terceiro Mundo que o protagonismo do Estado se fez mais claro como ideologia. No contexto dos países retardatários, a tendência geral era ver a centralidade do ator "Estado" como algo natural e inevitável. O Estado desenvolvimentista parecia ser a fórmula positiva e normativa típica das sociedades subdesenvolvidas. Autores de tendências diversas viram no Estado o núcleo de poder estrategicamente habilitado a conduzir o processo de desenvolvimento. Expressões como "anéis burocráticos",[9] "burguesia de Estado",[10] "tríplice aliança"[11] traziam explicitamente à tona a ideia segundo a qual o Estado era um ator nele próprio, ator que em suas interações com o setor empresarial nacional e/ou internacional cumpria papel de liderança no processo de desenvolvimento econômico. Nessa perspectiva, era parte importante da agenda de pesquisa tanto da sociologia política, quanto da ciência política, estudar os muitos aspectos do relacionamento entre esse ator político *sui generis*, o Estado, e a sociedade.

Adotando uma perspectiva macro-histórica para pensar o caso do Brasil, é possível ver com clareza como o Estado-nação se constituiu ao mesmo tempo em ator e em ideologia de desenvolvimento econômico e social. Mais ainda, o desenvolvimentismo comandado pelo Estado e a modernização tornaram-se uma só coisa. Ao longo da história republicana, o discurso político associa sempre Estado, nação, ideal nacional, desenvolvimentismo e modernização. Os ideais positivistas que embalaram a campanha republicana já se amparavam na imagem do Estado como o ator estratégico na racionalização para o progresso.

---

[7] Wagner, 1994.

[8] Swaan, 1988.

[9] Cardoso, 1972.

[10] Martins, 1977.

[11] Evans, 1982.

36 O SOCIÓLOGO E AS POLÍTICAS PÚBLICAS

Sob a República Velha, pode-se ver que os cafeicultores triunfaram em sua luta para fazer do Estado o garantidor de seus interesses de mercado, sob o argumento de que a nação era o café. Proteger os interesses da cafeicultura para assegurar o progresso da nação era a tônica da discussão no Parlamento. O argumento era que só a autoridade pública podia interferir de forma eficiente no jogo de mercado para proteger o produto de exportação que, enriquecendo os produtores exportadores, assegurava automaticamente o interesse da nação. Na prática, esse papel de guardião do mercado deu ao Estado em formação condições estratégicas para criar poder infraestrutural e expandir poder político.[12]

Foi também em nome do progresso da nação que Vargas se apropriou do poder político em 1930, argumentando que o controle do Estado nacional era fundamental para garantir o bem-estar dos brasileiros. Sob seu comando se instaurou o projeto de desenvolvimento nacional que teve no Estado, além do artífice político, o ator econômico fundamental na alavancagem do crescimento econômico. A história da industrialização brasileira toma 1930 como um de seus marcos porque, na era Vargas, sob a égide do Estado, se inaugurava no Brasil a ideia de um projeto de desenvolvimento e modernização. Caberia ao Estado assegurar as bases sobre as quais a economia nacional poderia garantir a prosperidade da nação.

O Estado, que passou a atuar diretamente também na área do mercado sob o regime autoritário de Vargas, conservaria essa vocação modernizante no futuro. O retorno do governo democrático em 1945 reafirmou ainda com maior vigor que o Estado nacional era o portador da modernização, o ator sob cuja liderança a nação realizaria os anseios de todos os seus cidadãos. Na era pós-Vargas, a construção de Brasília no curto espaço de meia década expressou bem a crença no papel central da autoridade na promoção do desenvolvimento nacional. O Estado capitaneava a empreitada, criando assim oportunidades inusitadas para o capital privado, ao mesmo tempo que criava empregos, integrava o território nacional e expandia seu próprio poder.

---

[12] Mann, 1986; e Reis, 1998c.

O novo período ditatorial que viria a seguir, sob as Forças Armadas, levaria a novo patamar a centralidade do ator público como condutor do crescimento econômico e do desenvolvimento nacional. A ditadura militar aprofundou mais ainda a participação estatal no mercado, criando no espaço de duas décadas um grande número de empresas simultaneamente orientadas para o fortalecimento do mercado e do Estado. Assim, por exemplo, levando a termo a tarefa de penetração do território, o governo militar visava tanto a ampliação do mercado, quanto a integração da população rural e a consolidação das fronteiras geográficas.[13]

Em diversos outros países latino-americanos é possível observar projetos modernizantes que guardam correspondência com os processos de construção do Estado e da nação observados no Brasil. Mesmo quando a mística dos movimentos exalta a originalidade de suas experiências, o modelo de fusão entre solidariedade nacional e autoridade estatal se faz sempre presente como meta natural a ser alcançada.[14]

É importante observar que Schwartzman foi um dos pioneiros na análise do modelo de construção de Estado nacional que teve lugar entre nós. Analisando o processo histórico brasileiro, ele fez uso do conceito de cooptação para destacar a centralidade do ator estatal no processo de articulação entre autoridade e solidariedade que aqui ocorreu. Em seu livro *São Paulo e o Estado nacional* (1975), analisou como os processos de construção do Estado e da nação privilegiaram uma forma de incorporação social na qual a tutela do Estado se impunha e inviabilizava a representação política tal como concebida no modelo político liberal.

Nessa perspectiva sociológica macro-histórica, muitos outros autores publicaram suas análises nas décadas de 1970 e 1980. Tais análises davam continuidade às interpretações ensaísticas pioneiras de realizar sínteses interpretativas, mas a novidade estava na explicitação dos modelos teóricos subjacentes e na busca sistemática de evidências empíricas.[15] No período mais recente, contudo, não é fácil encontrar na literatura brasileira exer-

---

[13] Reis, 1988a.

[14] Jaguaribe, 1975; e Stepan, 1980.

[15] Fernandes, 1975; Santos, 1979; Vianna, 1976; e Reis, 1979.

cícios de reflexão e análise sobre processos de longa duração. A perspectiva macro-histórica e o empenho comparativo não encontraram aqui, até o momento, o revigoramento que observamos em outros contextos.[16]

Crise do Estado-nação ou crise da teoria?

A simbiose já mencionada entre autoridade e solidariedade que o Estado-nação logrou adquirir ao longo dos dois séculos precedentes não se mostra mais tão inquestionável. Tanto o polo do Estado quanto o polo da nação experimentam no presente transformações significativas. Sob o impacto dos processos globais em curso, alguns antecipam mesmo a falência do Estado-nação.[17] Outros preferem ver nas mudanças em curso um prenúncio de que o movimento de integração socioespacial está em vias de atingir um patamar mais abrangente, vendo mesmo na União Europeia a vanguarda de constituição do Estado supranacional. Nesse sentido, na tradição de Elias (1982), para alguns trata-se da evolução natural da sociedade em direção à constituição de figurações mais abrangentes que os Estados nacionais. Sem subscrever uma ou outra dessas versões interpretativas, limito-me a observar que a abrangência e a profundidade das mudanças em curso no cenário global sugerem-nos a conveniência de reexaminar nossos postulados e conceitos analíticos.

Tomemos, como ponto de partida, o exame de como o Estado interage com o mercado e com a sociedade. Vemos, por exemplo, que a especialização funcional atribuída convencionalmente a cada um desses atores/conceitos já não se sustenta. Assim, passamos a demandar do Estado a adoção de fórmulas administrativas que antes considerávamos típicas do mercado. A expressão *new government management* tornou-se lugar comum na linguagem da burocracia, expressando um ideal de conduta no âmbito do poder público.[18] Por toda parte os governos, espontaneamente ou por pressão das agências internacionais, veem na adesão aos princípios típicos do comportamento empresarial a alternativa para uma boa ges-

---

[16] Arjomand e Tiryakian, 2004; e Arnanson, Eisenstadt e Wittrock, 2005.

[17] Van Creveld, 1999.

[18] Barzelay, 1992 e 2001; Lane, 2000; e McLaughlin, Osborne e Ferlie, 2002.

tão pública. Por sua vez, os atores típicos do mercado adotam o discurso da responsabilidade social corporativa como princípio normativo, e até mesmo avocam para suas unidades o rótulo de "empresa cidadã".

Para completar o cenário, a sociedade que antes era vista como o ator ou sujeito que se valia, em combinações variáveis, de recursos de Estado e recursos de mercado para se organizar, agora é ela mesma vista como um repositório típico de recursos de organização. Ela pode ser designada como "sociedade civil", como terceiro setor, comunidade republicana, ou ainda outros nomes, mas o que há em comum entre todos eles é a ideia de que a sociedade tem recursos próprios para lidar com problemas coletivos, recursos esses distintos da autoridade e do mercado.

Nas nações menos desenvolvidas, observamos em anos mais recentes que a ideologia do estatismo desenvolvimentista cede lugar a uma nova pauta normativa. Como ilustrado pelo novo léxico do poder público, responsabilidade fiscal, parceria público-privada, *accountability* sinalizam que o Estado não é mais visto como alternativa ao mercado, nem como recurso organizativo estratégico para promover o progresso nacional. Estado e mercado são crescentemente percebidos como complementares.

Além disso, a transformação cultural é ainda mais significativa na medida em que se postula que também à sociedade civil corresponderia um terceiro princípio de organização social. Quando se fala de *terceiro setor* ou de *non-profit sector*, alude-se a uma maneira de resolver problemas coletivos que faz uso de recursos diferentes tanto do poder de comando da autoridade pública quanto do princípio do lucro típico do mercado.

Gradualmente, a concepção segundo a qual as sociedades optavam por combinações variáveis de mercado e autoridade para resolver problemas de coordenação dá lugar a uma visão tripartite, que concebe Estado, mercado e sociedade civil como fontes de recursos organizativos complementares.

Essa nova percepção dos mecanismos de organização da sociedade constitui uma mudança cultural de grandes proporções, que, no entanto, tem sido pouco apreciada pelos cientistas sociais. É verdade que as ciências sociais em geral passam por uma inflexão cultural tão significativa como foi a inflexão linguística que a antecedeu. Contudo, se a cultura ganha proeminência na apreensão do social, isso não implica que tenha tido lugar de destaque também a reflexão sobre transformações macro-culturais que se processam no presente. Ao sugerir que a maneira de conceber as relações entre Estado, sociedade e mercado passa por profunda alteração no presente, estou de fato sugerindo que esse processo corresponde a uma mudança cultural tão abrangente que, evocando Polanyi (1957), poderíamos falar de uma nova grande transformação. Em outras palavras, perceber o poder público, o mundo das trocas de mercado e o reino plural da sociedade civil como três conjuntos distintos, passíveis de combinações variáveis, repõe nosso entendimento da dinâmica social em bases bastante distintas do paradigma anteriormente vigente.

Incorporar a transformação acima apontada ao exercício autorreflexivo da sociologia ampliaria nosso entendimento sobre a transformação de nossos próprios conceitos, esclarecendo tanto o deslocamento da proeminência de alguns quanto a atual centralidade de outros. Por que, por exemplo, as classes sociais ocupam hoje um lugar muito menos central em nossas análises, enquanto a dimensão identitária das ações e processos sociais ganha tamanha importância? Sem negar a importância de diversas análises empírico-teóricas sobre as mudanças radicais que vêm se processando na esfera trabalho,[19] sustento que é igualmente relevante analisar como se rearranja o universo conceitual dos cientistas sociais ao refletirem sobre o presente. Pode mesmo ser mais estimulante, como agenda de pesquisa, indagar por que os sociólogos formulam mais e mais perguntas que envolvem outros construtos e outras dimensões da vida social, do que perguntar se as classes sociais ainda existem. Da mesma forma, em vez de nos preocuparmos em saber se o Estado-nação está em desagregação, deveríamos nos perguntar como a relação desse com outros atores coletivos experimenta rearranjos que sugerem novas maneiras de se conceber a sociedade.

Não nos esqueçamos também de que, ao mesmo tempo que os cientistas sociais refletem sobre as grandes mudanças ideológico-culturais do presente, eles ajudam a moldar o entendimento delas. Marx não descobriu as classes sociais como sugere às vezes, mas valeu-se desse construto

---

[19] Gorz, 1982; e Piore, Locke e Kochan, 1995.

para decifrar o mundo moderno em construção. Ao fazê-lo, contribuiu de tal forma para nosso entendimento do mundo que a ideia das classes sociais como constitutivas do mundo real tornou-se senso comum. *Mutatis mutandis,* os teóricos da modernização no século XX tornaram a construção dos Estados nacionais um processo quase natural, uma meta progressiva em torno da qual coletividades se mobilizam.

Qual seria o processo subjacente à valorização do reconhecimento identitário no presente? Em vez de tentar formular hipóteses prematuras nesse sentido, sugiro voltar as lentes reflexivas para as transformações enfrentadas pelos Estados nacionais como um caminho promissor para o entendimento do presente. Insistindo na ideia de que as transformações empíricas em curso afetam e são afetadas pela maneira de as ciências sociais olharem o mundo, insisto também em que se torna imperativo no momento rever nossos pressupostos sobre o mundo moderno, reformular nossos conceitos, buscar novas explicações. E tendo em conta que a forma pela qual os cientistas sociais organizam o entendimento das transformações em curso contribui para informar a maneira de a sociedade se ver, reconheço também que o conhecimento que produzimos tem consequências para a vida social.

A intricada rede de relações entre história e teoria que marcou o surgimento das ciências sociais como disciplinas teórico-interpretativas não se dissipa nem mesmo quando a própria dinâmica histórica do conhecimento estimula a separação crescente entre a narrativa histórica e a estilização generalizante da teoria. Que a atividade teórica se justifica como instrumento para decifrar problemas históricos concretos é de fato trivial na tradição da sociologia macro-histórica, como se deduz, por exemplo, da obra de Marx ou de Weber. Na verdade, mesmo os clássicos que optaram por uma perspectiva mais abstrata e formal adotam essa perspectiva, tendo em vista elaborar teorias capazes de dar conta dos dilemas do presente. Assim, por exemplo, a análise que Durkheim faz da divisão social do trabalho constitui inspiração duradoura para se entender a era moderna e seus dilemas.

É curioso também observar que mesmo a postura analítica radical, aquela que rejeita frontalmente a dimensão histórica, pode ser explicada

42 O SOCIÓLOGO E AS POLÍTICAS PÚBLICAS

como desdobramento do processo histórico de diferenciação e racionalização da produção de conhecimento. Ao rejeitar a incorporação da dimensão histórico-processual, o raciocínio teórico logra expandir sua abrangência e precisar mecanismos causais, fazendo tábula rasa das perturbações contingentes. Aí reside a força da teoria dos jogos, ou a atração da análise do comportamento estratégico. A postulação de cálculos racionais contingentes, típica da teoria depurada da história, expressa um estágio avançado da institucionalização das ciências sociais. É igualmente o movimento de diferenciação do conhecimento social que leva à reação oposta ao formalismo teórico, expresso de forma típica na descrição densa adotada na antropologia. Fazendo da singularidade a universalidade dos processos sociais, a perspectiva etnográfica também se constitui em alternativa à explicação macro-histórica.

Como quer que seja, apesar de alguns momentos de refluxo, a fragmentação da análise social tem também legitimamente reservado espaço para a perspectiva teórica macro-histórica. Reconhecendo que o descolamento radical entre teoria e história, postulado por muitos como requisito de cientificidade,[20] pode condenar o conhecimento teórico à irrelevância, são também muitos os que tratam de preservar o espaço das comparações de caráter macro da identificação de padrões e tendências processuais.[21] Para estes últimos, manter o diálogo entre história e teoria sociológica é condição fundamental para preservar a relevância de uma e de outra. Mais ainda, sustentam que faz sentido se colocar na confluência de ambas para assegurar a fluência desse diálogo. Beneficiando-se dos avanços analíticos e metodológicos internos ou externos a ela, a tradição da sociologia histórica se renova e segue viva em muitos centros acadêmicos. Sua agenda de pesquisa volta-se para as grandes questões empíricas do momento, sejam essas a desterritorialização estimulada pelas novas formas de comunicação, as novas formas de entendimento das diferenças sociais, as novas fontes de desigualdade, as implicações sociais dos avanços da biotecnologia, ou tantas outras.

---

[20] Goldthorpe, 2000.

[21] Arjomand e Tiryakian, 2004; e Arnanson, Eisenstadt e Wittrock, 2005.

Qual o lugar do Estado nacional, hoje, na agenda da sociologia histórica? Certamente esse ator permanece central na análise dos especialistas, mas não há dúvida de que são muitos os processos em curso que introduzem novas variáveis para análise, e novos desafios clamam por resoluções teóricas. Como entender, por exemplo, o processo de integração supranacional, que tem seu avanço mais óbvio no contexto europeu, mas que observamos também em diversos outros contextos? Que o processo de integração socioespacial crescente, cujo curso vemos com clareza, coloca em questão a concepção clássica de soberania política parece fora de dúvida. A dinâmica dos mercados, as inovações técnicas nas formas de comunicação, a multiplicação das motivações identitárias são forças que põem em xeque fundamentos básicos do Estado nacional.

Na verdade, o avanço dos processos supranacionais constitui apenas uma das dimensões dos problemas enfrentados pelos Estados nacionais contemporâneos. Não se pode ignorar o outro lado, qual seja a força igualmente notável da descentralização e do localismo. Muitos autores já chamaram a atenção para a simultaneidade desses dois processos: fragmentação, por um lado, e integração crescente, por outro. Conforme lembrou Robertson (2002), a globalização e o localismo se completam. A própria necessidade de coordenação e controle de uma ordem crescentemente planetária estimula e demanda novas clivagens de identidade e de interesse, valorizando assim o local, o fragmentado.

Diante desse quadro que, na verdade, não é um acontecimento discreto e, sim, um longo processo histórico, o Estado nacional estaria se tornando supérfluo? Muitos sustentam que sim, embora os acontecimentos políticos nacionais continuem a provocar comoções nos mercados financeiros mundiais, embora a cidadania continue essencialmente confinada ao âmbito dos Estados nacionais. Mais ainda, parece ser um dado de realismo o que faz com que os esforços incipientes para organizar uma ordem global tenham nos Estados nacionais seus interlocutores naturais. Seja no âmbito da ordenação do comércio mundial, naquele da implementação dos direitos humanos, ou com mais clareza ainda no que diz respeito aos esforços para preservar a paz, os atores típicos seguem sendo os Estados nacionais.

44 O SOCIÓLOGO E AS POLÍTICAS PÚBLICAS

Por sua vez, a própria questão do revigoramento do nível local ou regional reflete em ampla medida a complexidade do Estado nacional. Ou seja, a importância do local é invocada como um instrumento ideológico para dar maior consistência à articulação de interesses, maior poder de barganha a unidades micro que lutam para obter acesso a recursos materiais e simbólicos controlados pelo Estado nacional. Da mesma forma, a própria expansão do público não governamental (ONGs, associações voluntárias, movimentos sociais etc.) constitui outra forma de fragmentação frequentemente mencionada para se falar de encolhimento do Estado-nação. No entanto, como muitos também têm observado, essas organizações que se colocam como um terceiro setor, distinto do mercado e do governo, têm sua força e poder de barganha definidos basicamente pela capacidade de interpelar os Estados nacionais.

Em resumo, a despeito das muitas afirmações em contrário, o Estado nacional continua sendo um ator de relevância indiscutível. Não me parece, contudo, suficiente concluir que *the state is alive and well*, como sustentam alguns opositores da tese do declínio do Estado nacional. As grandes transformações sociais de nossa história recente são demasiado radicais, e os Estados nacionais não passam por elas ilesos. É verdade que se trata de mudanças com raízes muito remotas, que de certa forma os grandes descobrimentos marítimos do século XVI já eram parte do processo de globalização, como muitos argumentam. Mas também é verdade que hoje, como àquela época, vivemos períodos de inflexão. Assim, não há como negar, por exemplo, que a revolução informacional apressou a mundialização do mercado, ou que essa mesma revolução afeta o sentido dos monopólios de conhecimento, ou mesmo a forma de se fazer diplomacia. Os Estados nacionais de hoje não podem mais atuar como atuavam em meados do século passado, pois isso os tornaria anacrônicos e obsoletos. Hoje eles efetivamente convivem com atores distintos daqueles do passado e por essa razão os papéis que são chamados a desempenhar são bastante distintos.

Cabe assim chamar a atenção para os desafios que os Estados nacionais enfrentam no presente. Quero destacar papéis inovadores que eles estão sendo chamados a cumprir, papéis sobre os quais há ainda pouca clareza ou mesmo muita ignorância. Nesse sentido, parece-me urgente colocar na agenda das ciências sociais, e em especial naquela da sociologia política, uma pauta de trabalho mínima contemplando os novos dilemas, as novas urgências com que se defrontam no presente os Estados nacionais.

É forçoso reconhecer também que alguns dos papéis centrais tradicionalmente desempenhados pelos Estados nacionais tornaram-se de fato obsoletos. No que diz respeito, por exemplo, à progressiva internacionalização da produção e do comércio, alguns recursos de autoridade até recentemente considerados vitais tornaram-se inoperantes. No mesmo sentido, se nosso foco se desloca para a mobilidade de indivíduos, os limites acanhados da cidadania nacional se mostram irrelevantes para garantir direitos ou deveres de um contingente crescente de migrantes. Se se discute o papel das empresas estatais, as conclusões mais imediatas não são menos taxativas: o Estado nacional reduziu efetivamente seu escopo de atuação. Até mesmo o refluxo da onda privatizante que começa a se esboçar não parece restaurar em sua plenitude a aura do Estado empresarial. Da mesma forma, a política social, seja para dividir tarefas com o setor não governamental, seja para focalizar a clientela a atender, redefine de forma significativa a imagem e a área de atuação do poder público. Mais inquietante ainda são os fenômenos contemporâneos que colocam em xeque o monopólio do uso da violência do Estado. Milícias privadas, exércitos guerrilheiros ou mercenários, gangues de drogas, grupos terroristas agem como se fossem verdadeiros competidores do poder público, tanto no plano material quanto no simbólico.

Entretanto, mesmo reconhecendo que uma série de processos contemporâneos — em geral agrupados sob os rótulos de globalização e fragmentação — efetivamente alteram formas de articulação entre autoridade e solidariedade, permanece crucial buscar o entendimento sistemático das transformações em curso nas formas de exercício da autoridade, por um lado, e no exercício da cidadania, por outro. Esse duplo desafio é compartilhado por sociólogos e outros cientistas sociais, independentemente de seu ambiente particular. Mas, se as questões que se colocam são comuns, muitas das respostas podem e devem ser buscadas contextualmente. Nun-

46 O SOCIÓLOGO E AS POLÍTICAS PÚBLICAS

ca é demais lembrar também que, se por toda parte os Estados nacionais enfrentam novos desafios, persiste a desigualdade que caracteriza de longa data a hierarquia do sistema de nações.

Repensar como o poder público pode se estruturar diante dos desafios do presente envolve esforços simultaneamente teóricos e empíricos. Tendo isso em mente, concluo esboçando uma agenda mínima de reflexão e pesquisa sobre o Estado nacional em três grandes áreas: a) regulação da produção e distribuição privada de bens e serviços públicos; b) interação entre o poder público e a sociedade civil; e c) avaliação dos resultados de políticas sociais alternativas. Definida dessa forma, a agenda é muito genérica e certamente pouco relevante. Entretanto, meu propósito é tão somente sintetizar um conjunto de atividades típicas do Estado nacional que, tudo indica, se tornarão cada vez mais centrais. Algumas dessas atividades são novas, outras apenas redefinidas, todas, porém, de importância crucial para a sociedade contemporânea.

No que diz respeito à regulação, tenho em mente todas as novas tarefas de controle e supervisão que o poder público é chamado a exercer para assegurar a produção e a distribuição de bens e serviços públicos a cargo de atores não públicos. Em ampla medida, as agências de regulação concentram hoje o exercício da autoridade no âmbito econômico. A provisão adequada de energia elétrica, petróleo, serviços de saúde, vias de transporte etc. deve ser assegurada pelos órgãos públicos de controle. No entanto, dada a própria novidade dos arranjos de supervisão e controle, falta clareza quanto à natureza e ao alcance dessas atividades de regulação, faltam mecanismos institucionais para o exercício delas, faltam recursos técnicos e humanos adequados às tarefas em pauta.

Nem sempre é claro para os atores das tarefas de regulação que estas são radicalmente distintas daquelas tradicionalmente exercidas por uma empresa estatal. Enquanto esta última se valia da possibilidade de maximizar ora recursos de autoridade ora recursos de mercado, uma agência de regulação tem que se ater às exigências do mercado, mas não pode ela própria se pautar pelos critérios deste. Tarefas de regulação pressupõem uma rede de competências bastante complexa. Elas têm que dar conta dos muitos aspectos técnicos e administrativos específicos aos bens ou serviços produzidos, da dimensão jurídico legal que preside as relações entre o público e o privado, dos aspectos econômicos e contábeis etc.

Mas a regulação também precisa responder especificamente às demandas da cidadania. É inegável que os direitos de cidadania incorporam hoje o acesso ao consumo de bens e serviços públicos. Há pouco reconhecimento dessa relação entre cidadania e provisão de bens públicos. A sociologia política e diversas outras especialidades da disciplina têm um amplo horizonte de trabalho a desenvolver nesse sentido. Pensar formas inovadoras de atender às demandas da clientela de serviços públicos e de dirimir conflitos e tratar divergências de interesses entre os produtores e os consumidores de tais serviços, assegurar mecanismos efetivos para coibir abusos e violações de direitos dos consumidores/cidadãos, tudo isso exige não só o concurso de técnicos, economistas e advogados, mas certamente também de sociólogos.

É importante ter em mente que o trabalho de sociólogos e outros cientistas sociais não se restringe à negatividade, à crítica do *status quo*. A sociologia pode e deve ser também consequente e propositiva. Em particular, seja centrando-se no estudo das relações concretas entre o poder público, as empresas privadas provedoras de bens e serviços públicos e o cidadão, seja centrando-se no estudo dos novos formatos organizacionais que caracterizam a sociedade contemporânea, não resta dúvida de que a sociologia política e a sociologia das organizações têm diante de si um amplo território a ser explorado.

Da mesma forma, no que diz respeito às relações entre o Estado e a sociedade civil, ou o setor público não governamental, há toda uma série de aspectos que precisam ser esclarecidos. Reconhecendo que as entidades do setor público não governamental constituem parte importante do assim chamado "capital social", eu diria que esse capital, *mutatis mutandis*, carece de alguma forma de regulação, que guardaria alguma semelhança com as exigências relativas às entidades privadas responsáveis pela produção de bens e serviços públicos. Aqui também a sociologia confronta uma agenda de temas de extrema relevância. Ela pode, por exemplo, contribuir pensando processos e instituições e mecanismos de fiscalização, com vistas a assegurar a transparência e a responsabilidade de ONGs,

48 O SOCIÓLOGO E AS POLÍTICAS PÚBLICAS

minimizar duplicações de funções, ou evitar descontinuidades no atendimento de tarefas específicas. Mais ainda, a reflexão crítica pode contribuir para lançar luz sobre questões como a emergência de monopólios de representação e a consolidação de novos privilégios em contextos onde as chances de participação são muito desiguais, dessa forma propiciando a sobrerrepresentação de interesses específicos.

Finalmente, uma terceira área onde, me parece, as ciências sociais em geral e a sociologia em particular podem vir a ter sua relevância ampliada diz respeito à investigação das consequências de diferentes políticas sociais. Essa não é uma tarefa nova, mas em muitos contextos pouco explorada pelos sociólogos. No contexto brasileiro, é verdade que temos contribuído pelo menos tangencialmente para o melhor entendimento da questão social através de muitos estudos de caso e análises tópicas. Mas tem faltado mais investimento no diagnóstico de nossos grandes problemas sociais, no exame sistemático das possibilidades de intervenção, na formulação de políticas e, sobretudo, na avaliação de resultados de políticas específicas. Quase todo esse trabalho tem sido feito por outros ramos das ciências sociais, com pouca ou nenhuma colaboração dos sociólogos. Não se trata aqui de reclamar uma reserva de mercado para sociólogos e, sim, de reconhecer que as contribuições das diferentes disciplinas são diferenciadas e complementares.

Com relação a este último tema, a novidade diz respeito às inflexões recentes da política social no contexto do Estado mínimo: mudou a expectativa em relação à política social e, por isso mesmo, temos que estar atentos às implicações inerentes às transformações introduzidas na provisão e na distribuição da "cidadania social".

Para terminar, seria também muito relevante examinar em detalhe as transformações experimentadas na América Latina e no Brasil, em particular pelo Estado desenvolvimentista. Em todo o continente muito se falou sobre o perverso encolhimento do Estado como produto do neoliberalismo exportado do centro para a periferia, como processo comandado pelo consenso de Washington, e versões críticas similares. Mas falta examinar em detalhe, e de uma perspectiva propriamente analítica, até que ponto o que se passou na América Latina repete as mudanças que os

Estados nacionais experimentaram por toda a parte como resultado dos processos globais que impõem desafios técnicos, econômicos e culturais à noção tradicional de soberania.

É verdade que a perspectiva histórica experimentou um relativo declínio também em outros contextos. Contudo, a própria ideia de fim da história rapidamente tornou-se história e a sociologia em diálogo com a geografia econômica, com a economia política e com a própria história tem trazido de volta exercícios teóricos estimulantes com base na comparação de processos de longa duração.[22]

As questões que acabo de mencionar merecem atenção urgente nos planos tanto teórico quanto empírico. Uma ciência social preocupada com sua relevância para a vida social não pode ignorar qualquer dessas duas dimensões. Sensíveis à premência de questões que sequer são formuladas com clareza no momento atual, as ciências sociais têm no presente um desafio equivalente ao que tiveram nossos clássicos quando esboçaram suas teorias sobre o processo de modernização. Se se trata agora de um desafio pós-moderno ou de uma nova modernidade é uma questão importante, mas não necessariamente a mais urgente na agenda dos cientistas sociais.

Referências bibliográficas

ACEMOGLU, D.; JOHNSON, S.; ROBINSON, J. The rise of Europe: Atlantic trade, institutional changes and growth. *American Economic Review*, v. 95, p. 546-579, 2005.

ANDERSON, Benedict. *Imagined communities*: reflections on the origins and spread of nationalism. ed. rev. London: Verso, 1991.

ARJOMAND, S.; TIRYAKIAN, E. (Eds.). *Rethinking civilizational analysis*. London: Sage, 2004.

ARNANSON, J.; EISENSTADT, S.; WITTROCK, B. (Eds.). *Axial civilizations and world history*. Leiden: Brill, 2005.

---

[22] Acemoglu, Johnson e Robinson, 2005; Arjomand e Tiryakian, 2004; e Arnanson, Eisenstadt e Wittrock, 2005.

AXTMANN, Roland. The state of the State: the model of the modern State and its contemporary transformation. *International Political Science Review*, v. 25, n. 3, p. 259-280, 2004.

BARZELAY, Michael. *Breaking through bureaucracy*: a new vision for managing in government. Berkeley: University of California Press, 1992.

_____. *The new public management:* improving research and policy dialogue. Berkeley: University of California Press, 2001.

BECK, Ulrich. *The cosmopolitan vision*. Oxford: Polity Press, 2006.

BENDIX, Reinhard. *Nation building and citizenship*. 2. ed. rev. Berkeley: University of California Press, 1977.

BREUILLY, John. *Nationalism and the State*. New York: St. Martin Press, 1982.

CARDOSO, Fernando Henrique. *O modelo político brasileiro e outros ensaios*. São Paulo: Difel, 1972.

_____; FALETTO, E. *Dependencia en América Latina*: ensayo de interpretación sociológica. México: Siglo Veintiuno, 1969.

COHEN, Jean; ARATO, Andrew. *Civil society and political theory*. Cambridge, Mass.: MIT Press, 1992.

ELIAS, Norbert. *The civilizing process*. Oxford: Basil Blackwell, 1982. (v. II: State formation and civilization.)

EVANS, Peter. *As multinacionais, as estatais e o capital nacional no desenvolvimento dependente brasileiro*. Rio de Janeiro: Zahar, 1982.

FERNANDES, Florestan. *A revolução burguesa no Brasil*. Rio de Janeiro: Zahar, 1975.

GOLDTHORPE, John. *On sociology:* numbers, narratives, and the integration of research and theory. Oxford: Oxford University Press, 2000.

GORZ, André. *Farewell to the working class*. Boston: South End, 1982.

GRILLO, R. D. (Ed.). *Nation and State in Europe:* anthropological perspectives. London: Academic Press, 1980.

HOBSBAWM, Eric. *Nations and nationalism since 1988*. Cambridge: Cambridge University Press, 1990.

JAGUARIBE, Helio. *Sociedade, mudança e política*. São Paulo: Perspectiva, 1975.

KEANE, John. *Democracy and civil society*. London: Verso, 1988.

LANE, Jan-Erik. *New public management*. London: Routledge, 2000.

MANN, Michael. *The sources of power*. Cambridge: Cambridge University Press, 1986. v. 1.

MARTINS, Carlos Estevão (Org.). *Estado e capitalismo no Brasil*. São Paulo: Hucitec, 1977.

McLAUGHLIN, K.; OSBORNE, S.; FERLIE, E. (Eds.). *The new public management:* current trends and future prospects. London: Routledge, 2002.

PIORE, M.; LOCKE, R.; KOCHAN, T. (Eds.). *Employment relations in a changing world economy.* Cambridge, Mass.: MIT Press, 1995.

POLANYI, Karl. *The great transformation:* the political and economic origins of our time. Boston: Beacon Press, 1957.

REIS, Elisa P. *The agrarian roots of authoritarian modernization in Brazil, 1880-1930.* 1979. PhD (Thesis) — MIT, Cambridge, Mass., 1979.

_____. Mudança e continuidade na política rural brasileira sob o regime militar. *Dados*, v. 31, n. 2, 1988a.

_____. O Estado-nação como ideologia: o caso brasileiro. In: _____ (Org.). *Processos e escolhas:* estudos de sociologia política. Rio de Janeiro: ContraCapa, 1998b.

_____. Poder privado e construção do Estado sob a Primeira República. In: _____ (Org.). *Processos e escolhas:* estudos de sociologia política. Rio de Janeiro: ContraCapa, 1998c.

ROBERTSON, Roland. *Globalization:* social theory and global culture. London: Sage, 2002.

SANTOS, W. G. *Cidadania e justiça.* Rio de Janeiro: Campus, 1979.

SCHWARTZMAN, Simon. *São Paulo e o Estado nacional.* São Paulo: Difel, 1975.

_____. *Bases do autoritarismo brasileiro.* Rio de Janeiro: Campus, 1982. [ed. rev. de *São Paulo e o Estado nacional.*]

STEPAN, Alfred. *Estado, corporativismo e autoritarismo.* Rio de Janeiro: Paz e Terra, 1980.

SWAAN, A. de. *In care of the State.* Oxford: Polity Press, 1988.

TILLY, Charles (Ed.). *The formation of national States in Western Europe.* Princeton: Princeton University Press, 1975.

TREBAT, T. *Brazil's State-owned enterprises:* a case study of the State as entrepreneur. Cambridge: Cambridge University Press, 1983.

VAN CREVELD, M. *The rise and decline of the State.* Cambridge: Cambridge University Press, 1999.

VIANNA, L. Werneck. *Liberalismo e sindicato no Brasil.* Rio de Janeiro: Paz e Terra, 1976.

WAGNER, Peter. *A sociology of modernity:* liberty and discipline. London: Routledge, 1994.

WEBER, Eugen. *Peasants into frenchmen:* the modernization of rural France. Stanford: Stanford University Press, 1976.

WEBER, Max. *Economy and society.* Berkeley: University of California Press, 1978.

2

Bases do autoritarismo revisitado: diálogo com Simon Schwartzman sobre o futuro da democracia brasileira

BOLÍVAR LAMOUNIER

No livro *Bases do autoritarismo brasileiro*, publicado em 1975 e reeditado em 1982, Simon deu tratamento denso e inovador a uma questão clássica da historiografia brasileira: a das chances de desenvolvimento da democracia numa sociedade marcada por três séculos de colonização e quase quatro de escravidão.

Ressaltar a qualidade teórica e metodológica do estudo, a agudeza de suas elaborações histórico-empíricas, descrever a linhagem de notáveis sociólogos, escritores e ensaístas que Simon passou a integrar a partir desse livro — tudo isso é chuva no molhado. A qualidade intelectual do autor e a importância do debate que ele suscita dispensam testemunhos acadêmicos convencionais.

A reflexão que apresento a seguir reaproveita ideias de meu livro *Da independência a Lula* (2005), que por sua vez já fora uma reação ao estímulo proporcionado pelo *Bases* do Simon.

Começo observando que Simon, como toda a linhagem que o precedeu, não primava pelo otimismo. Nos anos 1970 e mesmo no início dos 80, motivos de pessimismo não faltavam, mas o ponto que desejo destacar é de natureza propriamente teórica e interpretativa. Antecipou-o, aliás, o autor em 1982, no prefácio da segunda edição. Conquanto o país

54 O SOCIÓLOGO E AS POLÍTICAS PÚBLICAS

estivesse na reta final da abertura, o objetivo que Simon aí enuncia é o de demonstrar que a redemocratização formal seria o imprescindível primeiro passo, mas que a questão democrática brasileira é muito mais ampla e profunda. Tem muito a ver com o passado colonial e com o sistema político e econômico de índole patrimonialista do qual não conseguimos ainda nos livrar, não obstante os passos substanciais que já demos no sentido da modernidade.

Antes de resumir o livro e apresentar meus comentários, parece-me oportuno destacar que o ambiente pós-transição é mais otimista que o que se poderia presumir a partir do argumento de Schwartzman. Em 1989, uma amostra de 500 integrantes de diferentes segmentos das elites brasileiras professava enfático otimismo em relação ao futuro da democracia no Brasil, não obstante serem suas profecias econômicas e sociais as piores possíveis.[1] Mais sobriamente, é preciso registrar que o processo político pós-1985 tem-se mantido estável e fiel aos limites constitucionais. Um ex-operário de esquerda chegou à presidência da República e ostenta, no momento em que escrevo, rechonchudos 84% de popularidade, índice sem precedente no Brasil desde o início desse tipo de medição.

Internacionalmente, também, o sistema político brasileiro tem se mostrado digno de atenção. Comparado a países situados no mesmo nível de desenvolvimento econômico e com problemas similares no que se refere à distribuição da renda, o Brasil tem um nível de institucionalização democrática sem dúvida apreciável. Dentro do modelo da democracia representativa, nossas instituições não se saem mal na comparação com os chamados "emergentes" e são, no mínimo, tão estáveis, modernas e autônomas como as dos outros três Brics — Rússia, Índia e China (à parte o fato de esta última carecer quase totalmente de história democrático-representativa).

Estaria então errado o livro? Ou errados estaremos todos nós, percebendo os acontecimentos por uma ótica digna do dr. Pangloss?

Nessa linha de inquirição, dividirei minha exposição em duas partes. Na primeira — "Formação do capital institucional" —, argumentarei que o "pessimismo" (com aspas, daqui para a frente) do Simon se deve a uma

---

[1] Souza e Lamounier, 1990.

avaliação demasiado negativa da evolução político-institucional brasileira. Claro, se o seu objetivo declarado era ressaltar algumas grandes constantes estruturais tidas como negativas para a democracia, alguma impressão pessimista o texto haveria de deixar . É óbvio. Penso, entretanto, que há uma correção substantiva a fazer, sem perda para o pretendido caráter estrutural da análise. Minha sugestão é tratar o conceito de história institucional como um aspecto nevrálgico da formação de capital de um país, pondo em relevo a paulatina viabilização do jogo político em bases estáveis, recorrentes e pacíficas. Particularizando, isso significa constituir um campo de jogo, fixar a base organizativa e as práticas indispensáveis e, por último, mas não menos importante, os *templates* interpretativos e o cabedal de símbolos e valores mediante os quais sucessivas gerações apreciarão a importância dos esforços e resultados corporificados em tal construção institucional.

Na segunda parte — "Um paradoxo brasileiro" —, tentarei tirar algumas consequências analíticas e normativas do precedente arrazoado histórico. Argumento, com efeito, que — em última análise e à parte o avanço da economia puxando eventualmente a política e forçando-a a se modernizar — o avanço da democracia dependerá muito da formação, dos valores e da dedicação das elites à preservação e ao robustecimento das instituições. A acumulação originária forma um capital, mas não o mantém perpetuamente num nível adequado de rentabilidade. Longe de conflitar com o suposto "pessimismo" de Simon, essa minha segunda linha a reforça, uma vez que, nesse momento, as elites políticas (vide partidos e legislativos) no Brasil (se não em toda a América Latina) não parecem em condição de nos trazer qualquer bálsamo.

Resumo do livro

Contrariamente ao que seria de esperar com base em modelos fundados na divisão do trabalho — marxismo, economia clássica..., ver p. 136-135 —, no Brasil, o que de imediato se percebe é o enorme poder do Estado, o grau de interferência empresarial e regulatória que ele exerce na economia e seu minucioso controle sobre as atividades políticas e administrativas.

Não tendo passado por uma revolução capitalista, temos, com efeito, um Estado que não se deixa moldar pela sociedade; ao contrário, ele é que tem historicamente moldado no nascedouro os interesses, as formas de organização e não raro os próprios partidos políticos e a composição dos legislativos.

Estruturas de governo que, na Europa, haviam evoluído no sentido do sistema liberal-representativo e, posteriormente, no da democracia de massas, aqui, no nível nacional, ter-se-iam mantido virtualmente imutáveis como uma carapaça patrimonialista arcaica, mas dotada de meios adaptativos modernos o suficiente para não se deixar transformar estruturalmente.

A polaridade Estado × Sociedade configurou-se portanto como uma macroestrutura patrimonialista — vertical, autoritária e resistente à mudança — contra uma base social pobre e amorfa na maior parte do país. Eis por que a emergência de um subsistema político nitidamente diferenciado do dominante no país na região economicamente mais moderna, a de São Paulo, é chave na análise de Simon Schwartzman.

De fato, em São Paulo, o café propiciou o surgimento de uma agricultura moderna, impulsionou a transformação das relações de trabalho, fazendo aparecer uma classe trabalhadora assalariada, e abriu caminho para a entrada em cena de uma nova elite — um integrante potencialmente autônomo do substrato social e econômico do poder. O problema é que esse impulso transformador manteve-se confinado durante muito tempo em seu ponto de origem: o estado de São Paulo. Alavanca da modernidade econômica, São Paulo poderia, em tese, ter se tornado o aríete da modernidade política, abrindo a grande brecha no monólito patrimonialista. Isso, entretanto, não aconteceu, em vista da capacidade do poder central de manter subjugadas não somente as regiões atrasadas, mas também aquela que despontava como a mais dinâmica e progressista. A marginalização política de São Paulo é um *constant reminder* desse desequilíbrio estrutural de forças.

Um traço importante do estudo de Schwartzman é o grau de autonomia atribuído à esfera política. Em *Bases do autoritarismo*, o Estado não é um mero ventríloquo da burguesia ou uma simples massa na qual a economia burguesa imprime sua forma e seus objetivos. É um setor diferenciado dentro da estrutura social, organizado em linhas burocráticas e capaz de considerável protagonismo regulatório e até empresarial. Essa formação estatal relaciona-se com a sociedade através de mediações também sólidas e sedimentadas — o que Schwartzman denomina subsistemas de participação. Aqui o autor refina o seu arcabouço teórico com uma importante descrição de duas cruciais interfaces da sociedade com o sistema político: a representação e a cooptação. No primeiro tipo de subsistema, o representativo, demandas sociais se aglutinam e organizam como grupos de interesses, partidos e outros agentes e pressionam autonomamente por acesso e participação no sistema político. É o padrão próprio (p. 121-123) de formações sociopolíticas mais avançadas e plurais, nas quais "cocurutos" corporativos da era pré-capitalista e a moderna estrutura de classes funcionam como pilares da estratificação social.

No sistema de cooptação, próprio do patrimonialismo, portanto do Brasil, sucede o contrário. O Estado não responde a demandas substantivas ou de acesso por parte de novos atores — ao contrário, ele é que os molda, seleciona e pinça os que lhe convém admitir e cultivar.

Recapitulando mais uma vez o argumento pelo ângulo da participação, São Paulo constituiu-se como um polo mais próximo do modelo "representativo", enquanto os estados economicamente menos desenvolvidos e as duas capitais políticas — Rio de Janeiro e depois Brasília — sempre encarnaram à perfeição o sistema de "cooptação", provendo sustentação a um sistema político vertical e autoritário.

Formação do capital institucional
Primórdios: do absolutismo colonial ao Estado representativo
Para bem entender os momentos iniciais da formação do capital institucional, é necessário atentar para a interligação de três fatos. Primeiro, o patrimonialismo brasileiro, embora bem tipificado na linha sugerida por Max Weber, era extremamente débil como sistema histórico-empírico. Segundo, o advento do Estado representativo — como bem frisa Carneiro da Cunha (1982) — era uma decorrência lógica do encerramento do período colonial e, com a independência, a transição do Brasil do absolutis-

mo português a uma monarquia constitucional. Terceiro, no Brasil, os mecanismos parlamentares e eleitorais geralmente reconhecidos como marcos históricos no advento do Estado representativo não se implantaram a expensas do patrimonialismo, mas *enlaçados* a ele. Não houve choque e, sim, enlace e complementaridade entre os dois subsistemas.

Como categoria de análise política, patrimonialismo significa preempção ou efetivo impedimento de atividades potencialmente capazes de expandir o âmbito da competição por poder. Na realidade atual, um Estado que assim se comportasse, restringindo generalizadamente a dilatação da arena política e eleitoral, assumiria feição nitidamente totalitária.

No Brasil, se tal tivesse ocorrido, nossa realidade eleitoral seria outra — não a arena dilatada e competitiva, com um sufrágio abrangente, procedimentos administrativo-eleitorais bem estabelecidos e críveis e amplo acesso de novas forças à arena política de que hoje dispomos.

De fato, como Simon bem demonstra, a formação estatal patrimonialista deveria impedir um processo de formação de capital institucional fundado no princípio da representação autônoma — vale dizer, da contínua emergência de líderes independentes e da generalização de comportamentos dissidentes na sociedade. O mesmo, entretanto, não se pode dizer da competição *intraelite*, fundada na paulatina implantação de organizações e procedimentos de representação política inspirados na doutrina política liberal; nem da paulatina mudança de função destes ao longo do tempo. Nesse sentido, o patrimonialismo e o Estado "oligárquico" não foram fatores impeditivos à acumulação primitiva de capital institucional. É até possível que a tenham facilitado.

A título ilustrativo e fazendo referência só à implantação do subsistema representativo,[2] podemos mencionar o fortalecimento do Estado no que tocava à arbitragem e à organização institucional e administrativa do processo político-eleitoral, papel esse que modernamente se encontra corpori-

---

[2] Emprego a expressão "subsistema representativo" em sentido diferente do de Schwartzman, a fim de designar especificamente o conjunto formado pela maquinaria jurídica e administrativa responsável pelo processo eleitoral, da habilitação dos eleitores à diplomação dos eleitos, bem como pelos partidos políticos e pelo Legislativo.

ficado na Justiça Eleitoral; a organização do parlamento nacional e de assembleias regionais e municipais, viabilizando a formação de uma classe política razoavelmente adestrada na vida parlamentar e a também progressiva instituição do sufrágio universal, que permitiu uma rápida e acentuada dilatação do corpo de votantes na segunda metade do século XX.

Decorrência da passagem do absolutismo à monarquia constitucional, o arcabouço de um Estado representativo começou a ser implantado quase de imediato, prosseguiu durante todo o século XIX e ganhou raízes em razão de múltiplos fatores, entre os quais a continuidade do regime monárquico durante 67 anos; o predomínio dos políticos sobre os "jovens turcos" — os tenentes — na liderança da Revolução de 30 e na elaboração do Código Eleitoral de 1932; a força do pensamento liberal na Constituição e no regime de 1946; e, não menos importante, a manutenção parcial dos mecanismos eleitorais e de representação pelo sistema de governo militar instaurado em 1964.

Eppur si muove: *a construção institucional da democracia representativa*

No Brasil, o subsistema de representação começou a ser implantado no século XIX, adiantou-se e ganhou eficácia em razão das especificidades históricas já mencionadas, bem como da manutenção parcial da legalidade pelo regime militar pós-64.

Retratado muitas vezes em tom jocoso, na linha das "ideias fora do lugar", o processo de que estamos tratando foi um importante, persistente e prolongado processo de construção institucional; se assim não fosse, seria muito difícil explicar como chegamos à democracia que, bem ou mal, praticamos atualmente no Brasil.

O coronelismo e a integração do processo político

Um equívoco comum é pensar que a importância de tal processo se esgota na esfera eleitoral; como argutamente percebeu Antônio Octávio Cintra, ele foi parte e parcela da integração vertical do Estado, isto é, da imposição pelo centro de padrões jurídico-políticos — e por conseguinte eleitorais — tão uniformes quanto possível às "periferias" do espaço político nacional.

Trata-se do paulatino controle e banimento, pelo poder central, de práticas de controle (como o "voto de cabresto") e de coação exercidas por fazendeiros, comerciantes e políticos profissionais sobre o eleitorado pobre do interior, que não raro lindavam com a violência.

Como é amplamente sabido, as discrepâncias de padrões entre o país "legal" e o país "real" serviu como matéria-prima a incontáveis relatos, em graus variáveis de folclore, e proveu munição a antiliberais de todos os matizes contra a implantação do sistema representativo. Mas espantosa, convenhamos, teria sido a inexistência de tais discrepâncias. É lapidar a síntese de Cintra (1974:33): "O esforço centrípeto feito no período imperial não redundava, por certo, num Estado onipresente, permeando todos os setores da sociedade e estendendo seu poder a todo o território (...). Dadas as condições da época, era natural que o poder privado comandasse extensas áreas das relações sociais e preenchesse os vazios da autoridade pública na imensidão territorial do país".[3]

Nos primórdios dos sistemas de representação, é óbvio que nenhum país conseguiu até hoje aplicar de maneira uniforme as leis e fazer valer as garantias ao eleitor previstas em lei. Do século XIX até a II Guerra, a ocorrência de fraudes, coação e violências contra os eleitores era fato comum, mesmo nas democracias avançadas.

A construção do Estado sempre envolve um processo de padronização institucional e de submissão de grupos recalcitrantes no interior de um território nacional. Além de não serem uma singularidade brasileira ou latino-americana, as mencionadas discrepâncias não foram menos chocantes nos Estados Unidos, por exemplo. Lá, ainda no segundo pós-guerra, a elementar garantia do alistamento eleitoral e do voto dos negros defrontou-se com ferrenha resistência e só se tornou efetiva à medida que se foi conseguindo deitar por terra a doutrina dos *states rights*, na qual líderes racistas se escudavam. O *settlement* dessa questão começou a ser equacionado nos anos 1960, com a Suprema Corte assumindo papel ativo na coibição da discriminação, mas incidentes graves ainda ocorrem com certa frequência.

---

[3] Ver também a obra clássica de Victor Nunes Leal, 1976.

Eleitorado

Foi só no segundo pós-guerra que a constituição de um eleitorado numeroso e efetivamente nacional ganhou impulso, para afinal se completar no último quarto do século XX — 16% da população total em 1945, 67% em 2008. A aceleração desse processo no terreno prático foi grandemente favorecida nas últimas décadas do século pela urbanização, por importantes avanços organizacionais no que diz respeito à Justiça Eleitoral e pelo alcance nacional da TV, entre outros fatores, significando uma notável democratização da vida social e política.

Recapitulando: conquanto São Paulo contrastasse nitidamente com o restante do país, como Simon demonstra sem margem para dúvida, fato é que, nos domínios do coronelismo, vale dizer, no resto do país, as práticas de cooptação foram solapadas durante o século XX pela ampliação do sufrágio, pela padronização jurídico-estatal do espaço geográfico relevante e pela crescente eficácia dos órgãos gestores e supervisores do processo eleitoral. Partindo dessa base, a segunda metade do século XX assistiria à fixação definitiva do subsistema representativo e a uma imensa dilatação da arena política, da qual o crescimento do eleitorado constitui clara evidência numérica.

A herança liberal e a redemocratização

É comum afirmar-se que temos uma "tradição autoritária", mas nem sempre nos lembramos de que nenhum país tem uma tradição só — ou uma cultura sem diferenças e contradições, o que dá no mesmo. Assim como temos uma tradição autoritária, também temos uma tradição *política* liberal. Diferentemente do que muitas vezes se afirma, o Brasil possui uma importante tradição liberal-democrática de pensamento político, a maior parte da qual talvez não se tenha originado no plano exclusivo das ideias, mas através da familiaridade prática com as engrenagens eleitorais e parlamentares.[4]

A relevância de uma maquinaria eleitoral confiável tem sido demonstrada em momentos críticos de nossa história. Eu defendo a tese de que

---

[4] Não me parece que exista no Brasil uma forte tradição de pensamento econômico ultraliberal, como o autor afirma; ver p. 144-145.

essa herança funcionou como um *fator limitativo* tanto na instalação do regime militar quanto no encaminhamento da redemocratização para a via eleitoral. Não estranha, pois, que essa perspectiva tenha persuadido grupos engajados ou inclinados a se engajar na luta armada a renunciar a esse caminho. É mister recordar, com efeito, que, a partir de 1974, as disputas eleitorais consentidas pelo regime de 1964 começaram a produzir impactos significativos no sistema, estimulando e ao mesmo tempo canalizando demandas sociais no sentido da abertura.

Conquanto a sociedade brasileira careça de uma espinha dorsal como a estratificação por classes e de uma vida associativa como a dos países europeus e dos Estados Unidos, ela é sem dúvida complexa e portadora, pelo menos no que se refere às classes médias urbanas, de uma tradição liberal-democrática apreciável; em tais condições, é plausível argumentar que a sustentação de um regime autoritário com pretensão de eternidade e sem um modelo institucional convincente acarretaria um custo altíssimo e crescente para as Forças Armadas como corporação.

Fosse então por causa de decisões pateticamente equivocadas, como a deflagração da Guerra das Malvinas pelos generais argentinos, ou por uma prolongada medição de forças no campo eleitoral, como no Brasil, mais cedo ou mais tarde os líderes militares ver-se-iam diante do dilema de abandonar tal aventura ou assumi-la em definitivo, em termos escancaradamente fascistas.

É mister recordar que, a partir de 1974, as disputas eleitorais consentidas pelos governos pós-64 começaram a impactar de maneira significativa o regime então vigente, reforçando as pressões pela descompressão e pela redemocratização. Ao tomarem consciência da extensão das violações de direitos humanos que vinham ocorrendo nos porões do regime, a ponto de ameaçarem pessoas de seu círculo íntimo e, ao mesmo tempo, da viabilidade da opção eleitoral, as elites religiosa, jornalística, intelectual, empresarial e outras cerraram fileiras com a oposição político-parlamentar então agrupada no Movimento Democrático Brasileiro (MDB). Nesse sentido, não é exagero afirmar que a transição brasileira foi canalizada para o processo eleitoral, uma abertura "através de eleições", graças à manutenção pelos militares do jogo eleitoral e à plebiscitação do regime nas eleições senatoriais de 1974 em diante. O voto urbano, em acelerado crescimento, foi de fundamental importância nesse processo.[5]

Um paradoxo brasileiro

Deparar-se-á com um paradoxo quem examinar o quadro político-institucional brasileiro (e de grande parte da América Latina) com um adequado recuo histórico. Por um lado, é inegável que as democracias da região têm evoluído; por necessidade, falta de alternativa ou por havermos realmente assimilado valores políticos liberais, o fato é que elas têm se sustentado e aprimorado ao longo do tempo.

Mas é igualmente inegável que a América Latina tem uma obsessão macabra pelo atraso. Rendemo-nos *time and again* a populismos, "governos progressistas", "modelos militares" – enfim, bruxarias políticas de variados tipos e procedências, cuja descrição exigiria não mais alguns parágrafos, mas diversos volumes; todo um cortejo de desatinos, pouco importando se eles se definiam como de esquerda ou de direita, reformistas ou revolucionários, militares ou civis — e com a circunstância agravante de já termos experimentado e rejeitado praticamente todo o repertório logicamente concebível. No momento em que finalizo este texto, a região parece afundar-se cada vez mais numa preocupante recidiva populista.

O lado positivo é que, a cada suspensão ou quebra do regime democrático, os países da América Latina retornam à democracia representativa — com dificuldades, é claro, mas retornam. A perseverança nesse rumo, que um século atrás soaria como uma proposição lunática, hoje tende a ser aceita sem maiores restrições. No período recente, o dado mais positivo é a democracia ter saído fortalecida da luta contra os governos militares. Seus princípios, instituições e procedimentos são hoje mais bem compreendidos e valorizados. Não só no Cone Sul, mas em quase toda a América Latina, o processo eleitoral vai se impondo como único caminho

---

[5] Cabe, nesse aspecto, uma menção às eleições como desaguadouro plebiscitário das lutas contra a ditadura entre o começo dos anos 1970 e meados dos 80; ver Lamounier e Cardoso, 1975; e Lamounier, 2005.

64 O SOCIÓLOGO E AS POLÍTICAS PÚBLICAS

legítimo para o poder — *the only game in town*, na feliz expressão de Juan Linz e Alfred Stepan (1996). As liberdades e garantias constitucionais parecem mais bem observadas que no passado, e há mais cobrança de probidade e transparência no trato da coisa pública. Esse avanço tem acontecido apesar dos cenários sociais e de numerosos outros fatores exógenos negativos, não considerados neste texto. Na economia, a partir dos anos 1990, a estabilidade da moeda tornou-se prioridade de praticamente todos os governos, reformas estruturais começaram a ser implementadas em vários países e lograram-se avanços dignos de nota na formulação e na execução de políticas públicas. Tudo isso vem tornando mais favoráveis as condições para a construção da democracia representativa. Assim como a energização democrática decorrente das transições, também o esgotamento do modelo de economias nacionais fechadas, o fim da Guerra Fria e a globalização incluem-se entre os mencionados fatores favoráveis. Trata-se, portanto, de um balizamento formado por uma nova e complexa interação de fatores domésticos e internacionais.

Dado esse quadro, a qualidade e a exemplaridade das elites tornam-se ainda mais fundamentais para a estabilidade e o aprimoramento da vida democrática. A última *ratio* na verdade não é a força, são elites vigorosas e politicamente orientadas, no sentido de Weber e Oakeshott. Portanto, o meu tema tem tudo a ver com o processo de formação das elites políticas — por um lado, no sentido banal do recrutamento e da socialização, mas, por outro, no sentido mais denso de vocação: escolha, carreira e sacerdócio. O que, em abstrato, os cientistas políticos descrevem como diferenciação e "objetivação" de um quadro normativo (um regime democrático) obviamente não se pode dar se os atores políticos concretos, os que personificam as instituições e se responsabilizam por sustentá-las não as reproduzirem continuamente, sobrepondo-se às facções e aos interesses em pugna. A institucionalização é inconcebível sem uma contínua reafirmação *erga omnes* dos princípios e valores democráticos pelas elites.

À guisa de conclusão

Nos velhos bancos escolares da rua Curitiba, 832, em Belo Horizonte, aprendemos (ou os professores acharam que havíamos aprendido...) que o grande desafio do cientista social é encurtar a distância entre a *estrutura* e o *evento*, consoante a recomendação de Granger (1960). Estrutura, em linguagem filosófica, é necessidade, evento é contingência — aquilo que se "desprende" das estruturas, de tal modo que, no limite, sua ocorrência se torna aleatória.

Bases do autoritarismo faz duas importantes advertências: primeira, quem quiser pensar a democracia sem levar em conta as restrições impostas pela formação colonial e pelo patrimonialismo, o faz por sua conta e risco; e segunda, o evento que parecia capaz de romper tais estruturas — a expansão econômica de São Paulo — revelou-se insuficiente para tal.

No sentido contrário, tentei mostrar que as decisões, comportamentos e visões gerais da política a que denominamos construção institucional, embora individualmente sejam eventos de baixa potência, pouco a pouco se acumulam e ganham força considerável, podendo até, em certos aspectos, ser vistos como estruturas.

Essa, no fundo, é a diferença entre a sociologia macro-histórica de Simon Schwartzman e a minha ciência política. A sociologia focaliza as grandes teias que a humanidade construiu; a ciência política, as aranhas que as construíram, sob a forma de instituições. Entre ambas, sempre há um ponto de encontro. Ou talvez nem sempre, pois afinal é também certo que as ciências sociais possuem o que Simon, louvando-se em Weber, denominou o *dom da eterna juventude*.

Referências bibliográficas

CINTRA, Antônio Octávio. A política tradicional brasileira: uma interpretação das relações entre o centro e a periferia. In: BALÁN, Jorge (Org.). *Centro e periferia no desenvolvimento brasileiro*. São Paulo: Difel, 1974.

CUNHA, Pedro Otávio Carneiro da. A fundação de um império liberal. In: HOLANDA, Sérgio Buarque de (Org.). *História geral da civilização brasileira*. São Paulo: Difel, 1982. t. II, v. 1.

GRANGER, Gilles-Gaston. *Pensée formelle et sciences de l'homme*. Paris: Aubier, 1960.

LAMOUNIER, Bolívar. *Da independência a Lula*: dois séculos de política brasileira. São Paulo: Augurium, 2005.

_____; CARDOSO, Fernando Henrique. *Partidos e eleições no Brasil*. Rio de Janeiro: Paz e Terra, 1975.

LEAL, Victor Nunes. *Coronelismo, enxada e voto*. 5. ed. São Paulo: Alfa-Ômega, 1976. [Publicado originariamente em 1948 pela Editora Forense].

LINZ, Juan; STEPAN, Alfred. *Problems of democratic transition and consolidation — Southern Europe, South America, and post-communist Europe*. Baltimore, London: Johns Hopkins University Press, 1996.

OAKESHOTT, Michael. Political education. In: LASLETT, Peter (Ed.). *Philosophy, politics and society*. Oxford: Basil Blackwell, 1956.

SCHWARTZMAN, Simon. *O dom da eterna juventude*. 1966. Disponível em: <www.schwartzman.org.br/simon/juvent.htm>.

_____. *Bases do autoritarismo brasileiro*. Rio de Janeiro: Campus, 1982.

SOUZA, Amaury de; LAMOUNIER, Bolívar. *As elites brasileiras e a modernização do setor público*. São Paulo: Idesp, 1990.

WEBER, Max. Politics as a vocation. [1918] In: GERTH, Hans H.; MILLS, C. Wright. *From Max Weber — essays in sociology*. New York: Oxford University Press, 1958.

3
Três sociólogos e um arquivo

HELENA BOMENY E VANDA RIBEIRO COSTA

Abertura

Em junho de 1973, a socióloga Celina Vargas do Amaral Peixoto depositou em uma pequena sala do andar da presidência da Fundação Getulio Vargas, no Rio de Janeiro, "os papéis" do avô — Getulio Vargas — para que deixassem o ninho doméstico (estavam sob a guarda de sua mãe) e ganhassem dimensão pública (fossem abertos à consulta). O avô havia governado o país no longo período de 1930 a 1945, voltando em 1950, em processo eleitoral, até o desfecho, com o suicídio em agosto de 1954. O gesto de Celina deu origem à criação de uma instituição — o Centro de Pesquisa e Documentação de História Contemporânea do Brasil (Cpdoc). Inaugurou-se então um procedimento que se multiplicou ao longo dos 35 anos em que o centro se mantém como a mais importante instituição de guarda de acervo privado no Brasil, sendo considerada referência na área por seleto número de países com arquivos semelhantes. Atualmente, o Cpdoc cuida, preserva e disponibiliza ao público cerca de 200 arquivos, estimados em um volume aproximado de 1,7 milhão de documentos, incluindo fotos, cartas, bilhetes, publicações em brochura, além de um acervo de documentação oral produzida pelos depoimentos gravados pela equipe de pesquisadores e documentalistas para os mais distintos e variados fins de pesquisa.

Desde o início, o Cpdoc se caracterizou por abrigar em seu quadro de pesquisadores uma equipe multidisciplinar. Esse é um traço que se manteve ao longo dos 35 anos e que guarda fidelidade ao grupo original composto de sociólogos, cientistas políticos, antropólogos, historiadores e arquivistas. Ampliadas suas atividades no transcorrer das três décadas, o Cpdoc é hoje um centro multifacetado também, pois não abriga apenas os setores de documentação e pesquisa, sua vocação inicial. Ampliou consideravelmente suas atividades com o setor de ensino. Conta atualmente com uma escola — a Escola Superior de Ciências Sociais —, com graduação em ciências sociais e previsão de abertura de graduação em história, um programa de mestrado e doutorado em história e bens culturais e um mestrado profissionalizante em bens culturais e projetos sociais, além de cursos de MBA, como o de cinema documentário, jornalismo investigativo, história republicana do Brasil, entre outros.

Em meados dos anos 1970, quando o Cpdoc ainda concentrava suas atividades em pesquisa e documentação, teve início o processo de negociação com vistas ao recebimento do arquivo de Gustavo Capanema, ministro da Educação no primeiro governo Vargas, no período de 1934 a 1945. Em 1980, o titular do arquivo formalizou a doação ao Cpdoc. Nos 11 anos de ministério, Capanema acumulou um volume importante de documentos textuais (cerca de 94 mil), audiovisuais (mais ou menos 6 mil) e impressos (aproximadamente 2 mil) que exigiu dos pesquisadores do Setor de Documentação trabalho minucioso de identificação e organização para disponibilizá-lo ao público. A chegada do arquivo motivou o convite da coordenação do Setor de Pesquisa do Cpdoc a Simon Schwartzman para que, em tempo e condições excepcionais, visitasse academicamente os papéis ali contidos. Tempo e condições excepcionais porque o arquivo, em processo de organização, ainda não estava aberto à consulta. Era um garimpo de primeira mão. E é dessa experiência que falaremos neste texto.

Sob a coordenação de Simon Schwartzman, Helena Bomeny e Vanda Costa integraram a equipe de pesquisa responsável por esse primeiro contato com os papéis. Do centro de memória, provocaremos nossas próprias linhas de memória e, com elas, faremos um exercício de leitura da experiência, agora "com os faróis iluminando para trás" — nas palavras sábias de Pedro Nava.

Andante

Como falar de uma experiência quase apagada na memória, mas viva no que foi aprendido e nos laços que nos ligam? Retornar ao livro *Tempos de Capanema* (1984), registro impresso dessa vivência, nos pareceu procedimento adequado. O livro, resultado de uma primeira exploração do arquivo de Gustavo Capanema, pode ser mais bem entendido como um relato qualificado das primeiras impressões de dois sociólogos e uma cientista política, sobre um tipo de fonte absolutamente suspeita para os três, que, por formação, partilhavam de uma certa desconfiança, por que não dizer paranoia, em relação a arquivos privados. No caso do arquivo de Capanema as suspeitas eram mais fortes, pois que reunia também documentos político-administrativos oficiais de governo e de Estado. Embora fosse quase consensual entre historiadores e arquivistas, nos anos 1980, que documentos dessa natureza revelavam significados, davam "o" sentido da ação e dos fatos, sendo portanto insubstituíveis para o conhecimento da "verdade" histórica, para nós, que ensaiávamos os primeiros passos no mundo dos arquivos privados, ocorria o oposto na mesma intensidade. Que verdade se poderia esperar de um conjunto preordenado de documentos "contaminados" por sua própria origem? Isto é, sua intenção? Desconfiávamos ainda da natureza da informação micro-histórica e fragmentar trazida pelos arquivos, e que se contrapunha à ideia de que a "verdade" verdadeira só poderia ser apreendida através de uma visão macro que abrangesse a totalidade do social... Naqueles tempos não tínhamos ainda nos apropriado dos grandes inovadores como Michel Foucault, Jacques Le Goff, Sigmund Freud, Jacques Lacan, ou mesmo Georg Simmel. Apenas intuíamos as múltiplas possibilidades interpretativas que podiam derivar das revelações dos fragmentos. Mas não estávamos seguros a ponto de transformar a intuição em análise. Da linguística ao sujeito social abria-se uma panorâmica que, pelo retrovisor, nos permitia divisar o espectro de Marx. A nostalgia da totalidade nos acompanhava. Embora a contribuição dos inovadores abrisse novas perspectivas de análise histórica, política e sociológica, ainda não haviam sido traduzidas operacionalmente em procedimentos metodológicos. O que fazer? Que questões formular? O historiador recomenda: busque a fonte. O antropólogo insiste: escute a fonte. O sociólogo desconfia. Mas no que desconfia, seleciona informações de forma parcial, privilegia falas e escuta quem lhe interessa. Estaremos sempre em maus lençóis?

O desconforto metodológico persiste agora, ao tentarmos reconstruir a experiência passada seguindo fios da memória documentada em *Tempos de Capanema*. Recorrendo ao índice do livro é possível rastrear o início da caminhada: o pacto com a Igreja, o conflito entre ideologias que se traduzia nos conflitos entre projetos educacionais; a educação como instrumento de constituição da nacionalidade e de um tipo de cidadania que identificava o pertencimento à nação com o "pertencimento", ou melhor, a vinculação ao Estado. Um fio puxa outro e voltamos ao começo.

Rememoramos as conversas informais com os arquivistas-historiadores responsáveis pela organização do arquivo, Paulo Sergio Moraes de Sá, Maurício Lissovski e Priscila Fraiz. Paulo sugeriu a hipótese de que a indicação de Capanema para o Ministério da Educação e Saúde resultara de um pacto entre o governo e a Igreja Católica. Essa sugestão orientou a coleta de dados e a seleção de documentos. Sem dúvida, foi uma hipótese fecunda, que nos abriu pistas que nos permitiram buscar sustentação para interpretações e análises. Entre elas a percepção subsequente de que deveríamos também examinar o arquivo de Getúlio Vargas.

O índice ajuda a reconstruir uma insólita experiência de "confronto" com um arquivo que não podia ser classificado de maneira simplista. Tratava-se de um arquivo privado, com uma intenção autobiográfica evidente, como mostrou Priscila Fraiz (1998:75). E, ao mesmo tempo, de um arquivo público, contendo documentos produzidos pela atividade oficial e rotineira de um ministério de governo. E era também um arquivo político, registro de relações de poder, conflitos, confrontos, negociações e acordos em plena ebulição no interior de uma oligarquia, em forte medida pluralista. Por um lado, evidenciava-se a natureza oligárquica do regime; por outro, contrariavam-se quaisquer interpretações simplistas de um autoritarismo *tout court*.

A natureza do arquivo devia soar familiar para Simon Schwartzman, coordenador da equipe, como um eco de preocupações anteriores. Em *Bases do autoritarismo brasileiro* (1982), Schwartzman acentuara que, para bem compreender os determinantes da história do Brasil, era preciso considerar a complexidade de um sistema político que articulava clivagens regionais de poder com um centro político e administrativo em processo de centralização galopante a partir de 1930. Simon, que havia usado suas lentes panorâmicas para observar as dimensões macro-históricas do período a ser explorado agora através dos arquivos, enfrentava o desafio de inverter a lente usada até então para observar microterritórios e seus habitantes. O resultado foi gratificante. O exame dos arquivos permitiu entender melhor as escolhas feitas por alguns atores que agora ganhavam nome e sobrenome. Ah... os indivíduos e suas circunstâncias também importam, mesmo quando se trata de compreender processos de "refundação" do Estado e da nação. A justaposição do arquivo de Capanema com o arquivo de Getúlio Vargas registrou claramente o esforço de implementação de um projeto para a nação, um projeto nacional, conduzido por uma elite comprometida por lealdades regionais e também com a "reinvenção" de um novo cidadão.

O arquivo do Ministério da Educação e Saúde revelou-se, de fato, a despeito da seleção intencional, um espaço no qual era possível acompanhar, mesmo de forma fragmentar, o processo de construção ideológica da nacionalidade. Se se pode falar em política de educação, sem dúvida a primeira política nacional de educação do Brasil moderno, e para uma nação moderna, está ali registrada e documentada. Uma especial virtude dos arquivos é permitir acompanhar a emergência de políticas públicas desde o momento em que começam a ser pensadas, elaboradas, pactuadas, até serem finalmente implementadas. No nosso caso, os arquivos revelavam também que, ao contrário do que havíamos aprendido nos livros de história, a política nos tempos de Capanema fora produzida pelos diversos, controversos e mesmo antagônicos atores sociais que compunham a oligarquia à época.

"Quanto de nosso futuro poderia estar contido nesse passado" de construção de uma nação, se não, pelo menos, de um Estado moderno? — indagávamos na introdução da segunda edição do livro (2000), a propósito da celebração do centenário de nascimento de Gustavo Capanema. Aos poucos fomos sendo emaranhados em uma rede complexa de relações sociais, políticas e ideológicas que, quando desembaraçadas, nos ajudaram a montar uma versão, entre outras muitas possíveis, dos tempos em que se organizou o sistema educacional que herdamos, e descobrir e reordenar o papel de alguns membros da elite política, intelectual e religiosa que comandara o país.

A importância da liderança católica na "construção da nacionalidade" pode ser avaliada pela intensidade do conflito entre os vários projetos e ideologias da educação analisados no livro. Sua releitura permite que comprendamos a permanência de um sistema educacional injusto, que inventou a formação diferenciada para pobres e ricos; uma educação humanista para a elite, e uma formação profissionalizante prematura para os pobres. Hoje entendemos a premência da formação profissional de nível médio, dada a urgência em compensar as desigualdades sociais cristalizadas. Não é difícil entender a dualidade do sistema educacional estabelecida naquela conjuntura, por ter resultado da vitória da Igreja Católica sobre o grupo da Escola Nova. Enquanto o movimento dos pioneiros da educação nova via a educação como instrumento de neutralização das desigualdades sociais, a Igreja Católica a percebia como instrumento de adaptação dos desiguais a uma ordem social naturalmente hierárquica. O grande medo era o igualitarismo comunista. Maior, no entanto, era a vontade de garantir para a Igreja seu papel de formador das almas. Mas, formação das almas é tarefa diversa da mobilização das novas gerações para a construção da nação.

Entre atores, projetos, propostas controversas, o capítulo de formação e mobilização da juventude ocupou boa parte da energia dos envolvidos na montagem do grande projeto de nação. Disciplinada e atenta, mobilizada ou incorporada a um movimento cívico, a juventude passava como objeto de transformação e formação pelas distintas facções de orientação política e educacional, e não apenas no Ministério da Educação. A juventude foi objeto de disputa também do Ministério da Justiça, tendo à frente Francisco Campos, e até mesmo do Exército. Este foi um dos microterritórios onde, de forma muito clara, se percebia a concorrência, a disputa política e a competição entre projetos de intervenção na educação. O projeto vencedor, mais ajustado às propostas da Igreja Católica, afinava-se pelo diapasão de um programa de nacionalização.

Foi um tempo, como dissemos, de "construção da nacionalidade". Produziram-se códigos nacionais para tudo: trabalho, educação primária, profissional, universitária, educação das mulheres, para as famílias etc. O curioso é que geralmente esses códigos foram precedidos de grandes inquéritos (enquetes), também nacionais. Era interessante, como notou particularmente Helena Bomeny — sensibilizada por estudos anteriores sobre política mineira e sobre a ideologia do civismo —, como a questão dividiu radicalmente lideranças mineiras como Francisco Campos e Gustavo Capanema, em posições distintas com relação ao projeto de socialização da juventude. Mais cívica, defendia Capanema; mais miliciana, ensaiou fortemente Francisco Campos. Toda a documentação sobre a nacionalização do ensino e a organização nacional da juventude é fonte primorosa para entendimento do que foi o Estado Novo, o que estava ali em tensão. Em questão, o negociável e os limites da negociação. Seria essa uma das temáticas que facilitariam o trânsito do fragmento para o todo? Teria sido essa a maior das surpresas de três sociólogos num arquivo? Não sabemos ao certo. O que sabemos é que o voo rasante sobre todo o terreno tornou-se imperativo desde o começo: um voo de reconhecimento, na esperança de abarcar a totalidade do território para escolher por onde passar e onde aterrissar. Necessário também se fez o reconhecimento dos territórios vizinhos ou mesmo fronteiriços, constituídos por arquivos outros. Tratava-se de disciplinar o olhar para a autorização posterior do "vadiar": a invenção de suposições, de hipóteses que orientem a busca qualificada de documentos.

E como não voltar à inquietação provocada em todo garimpo com o lugar que personagens como aqueles que nos tocam a emoção e sensibilidade ocupavam ali, naquela conjuntura de pura suspeita? Afinal, estávamos na ditadura do Estado Novo. Fomos constrangidos academicamente a entender como esquemas mais arrumados e ortodoxos são pobres para dar conta da complexidade dos fenômenos e trânsitos sociais. As tensões de intelectuais como Mário de Andrade, querendo recuperar o Brasil para o Brasil, Villa-Lobos, em pura sensibilidade musical, diante e incomodamente protagonista do regime autoritário, para não falar no sempre lembrado *gauche* chefe fiel de gabinete do ministro, o "poeta funcionário"

Carlos Drummond de Andrade. Não era possível, folheando cada passo desses intelectuais nos papéis do arquivo, moldar suas ações em uma fôrma teórica explicativa qualquer sem perder a sofisticação que o material nos obrigava considerar.

Nos arquivos também, navegar é preciso. Com uma bússola, naturalmente a do Simon, que, no entanto, não impunha caminhos. Seguíamos juntos a experiência singular de uma relação não hierarquizada. Simon dispunha da virtude de nos igualar no garimpo de ideias e documentos. É evidente que a hierarquia irrompia na discussão sobre a redação dos textos, por exemplo, ou ainda na cobrança de fundamentação empírica, da "prova" que desse sustentação às afirmações ou conclusões juvenis mais atrevidas. Coisa especialmente complicada quando nos defrontávamos com um material que desafiava, a cada momento, a pureza e a rigidez dos conceitos recém-apropriados. Como compreender uma ditadura que recorria mais à cooptação, ao clientelismo e à negociação do que à aniquilação do inimigo? Como classificar, sem contrariar tipologias ortodoxas de governo, um sistema que funcionava movido pela participação e colaboração da direita mais radical e dos esquerdistas mais aguerridos; dos grupos religiosos mais conservadores e dos mais radicais intelectuais laicos?

O mundo dos arquivos tornou-se fascinante para nós. Como compreender a lógica da acumulação e da guarda de documentos vindos das mais altas esferas políticas, sociais e intelectuais, assim como de cartas e bilhetes enviados pela mais desconhecida professorinha de um município perdido no meio do Brasil ou ainda por pessoas as mais humildes com os mais modestos pedidos, elogios ou propostas de cooperação? O arquivo dá carne a essa abstração da burocracia. Os documentos mostram como são a carta da professorinha, as falas dos não ilustres, os sujeitos diversos e dispersos que tentam chegar lá, na esfera do poder, que pode (quem sabe?) atendê-los. Chegam e são arquivados — o que vale dizer, silenciados. O ministério não pode se recusar a recebê-los; não pode igualmente se prontificar a atendê-los.

O arquivo guarda as propostas vencedoras e também as que se perderam pela (ou na) história. E aqui tocamos o ponto crítico dos arquivos como fontes para a análise política e sociológica. Os arquivos desmontam qualquer ilusão que se tenha em relação ao processo e aos projetos políticos. Vencedores ou não, o que é pensado no plano racional não é construído nesse mesmo plano. No processo de construção política de um plano ou mesmo de uma ideia, não há método senão o que se faz ao caminhar, como de fato já disse o poeta espanhol Antonio Machado. Mas o fascínio e o perigo do arquivo é que ele oferece ao pesquisador material de construção, melhor dizendo, reconstrução. O arquivo, ele mesmo, autoriza as "reconstruções" ou versões, uma vez que já é uma reconstrução fragmentar de um momento; nos autoriza, por exemplo, a elaborar uma versão, entre outras possíveis, de como uma elite oligárquica, dividida em facções regionais, conseguiu "seguir" e realizar um "plano" nacional de organização do país e da nação. Não podemos deixar de pensar nesse mesmo instante no artigo em que Max Weber explica a "objetividade" do conhecimento, apresentando a revista *Archiv sür Sozialwissenschaft und Sozialpolitik* (*Arquivo para a Ciência Social e a Ciência Política*). Arquivos autorizam versões transitórias de processos que dizem respeito a uma linha interminável ao longo da qual as várias versões podem ser — e frequentemente o são — redefinidas e reconstruídas pela pesquisa. Não por acaso, Max Weber faria na abertura da referida revista a pregação mais substantiva e enérgica contra o "monismo metodológico"...

Cada disciplina tem uma relação distinta com o acervo. Perguntas e constrangimentos distintos e distintas demarcações entre o "sagrado" e o "profano". Não faz sentido, por exemplo, para um sociólogo, a liturgia da guarda do sagrado — o acervo. Talvez por isso tenha sido difícil algumas vezes compreender pequenas "profanações": chaves das salas inadvertidamente levadas para casa; portas inadvertidamente trancadas quando trabalhávamos com os documentos. Cada uma das advertências que ouvíamos trazia uma nova informação sobre um novo campo operacional. Um dos benefícios da convivência em uma equipe multidisciplinar é propiciar a controvérsia, favorecendo a troca na exposição dos estranhamentos e na negociação de procedimentos. O que também quer dizer: aprendizado antropológico da escuta aos "nativos" de cada campo disciplinar.

Olhando para trás, é possível identificar aprendizados naquela experiência, alguns mais emocionais, como a confirmação da confiança prolongada

76 O SOCIÓLOGO E AS POLÍTICAS PÚBLICAS

que teve seu início ali — e a referência é a maneira pela qual Simon conduziu o trabalho — outros mais racionais, como a convicção de que o melhor resultado do livro foi a agenda de pesquisas e a sugestão de pistas que deixou. Há no livro caminhos que não aprofundamos, mas que estão anunciados. E muito se produziu depois sobre o período, sobre o ministério, sobre o lugar da educação e da saúde na montagem do projeto de nação. De alguma maneira, encontramos nesses estudos indicações das pistas que deixamos.

Epílogo

Há menos inocência hoje no trato documental. A suspeição que mencionamos antes de que havia novas possibilidades metodológicas para lidar com documentos era, em certo sentido, por nós conhecida em suas apresentações mais persuasivas. Já eram públicas no mundo acadêmico as veredas abertas por Michel Foucault, mas também por Pierre Bourdieu, de historiadores do tempo presente e do cotidiano e de psicanalistas, que advertiam sobre significados e sentidos impressos ou não ditos nos documentos, além dos ensinamentos que chegavam da filosofia da linguagem. Mas nenhum de nós tinha muito como reconhecer tais sugestões e se pôr à vontade para degluti-las analiticamente. Ou para devorá-las antropofagicamente. Não passamos muito da desconfiança de que algo seria produzido de diferente para o trato dos documentos e dos dados disponibilizados em arquivos. Essa impressão, que nesse exercício de memória registramos hoje, pode ser extensiva ao grupo maior de pesquisadores não só do Cpdoc, mas da comunidade acadêmica brasileira. Em meados dos anos 1980, e sobretudo nos anos 1990, o que era desconforto e suspeição foi tomando forma mais sistematizada.[1] As discussões metodológicas deixaram de ser capítulos externos aos argumentos que importavam nos textos acadêmicos e integraram a própria reflexão do que explodia no

---

[1] Ver, entre outros, os dois números especiais da revista *Estudos Históricos*, o que trata de "Indivíduo, biografia, história" (v. 10, n. 19, 1997) e o dedicado a "Arquivos pessoais" (v. 11, n. 21, 1998). Um exemplo sofisticado da abordagem psicanalítica encontra-se em Lissowsky, 1994.

material ou nos materiais de pesquisa. Novas fontes começaram a ganhar estatuto de nobreza acadêmica, sobretudo as fontes orais e visuais, com repercussão em todas as disciplinas ou campos de pesquisa das ciências sociais.

Referências bibliográficas

FRAIZ, Priscila. A dimensão autobiográfica dos arquivos pessoais: o arquivo de Gustavo Capanema. *Estudos Históricos*, Rio de Janeiro, v. 11, n. 21, p. 59-88, 1998.

GOMES, Angela Maria de Castro. Nas malhas do feitiço: o historiador e os encantos dos arquivos privados. *Estudos Históricos*, Rio de Janeiro, v. 11, n. 21, p. 121-127, 1998.

LISSOWSKY, Mauricio. *A metáfora do arquivo em Freud seguida de duas anedotas sobre as curiosas relações entre o pensamento e a técnica*. Rio de Janeiro, 1994. ms.

SCHWARTZMAN, Simon. *Bases do autoritarismo brasileiro*. 2. ed. Rio de Janeiro: Campus, 1982; 3. ed. Rio de Janeiro: Campus, 1988.

_____; BOMENY, Helena Maria Bousquet; COSTA, Vanda Maria Ribeiro. *Tempos de Capanema*. Rio de Janeiro: Paz e Terra, 1984; 2. ed. Rio de Janeiro: Paz e Terra, FGV, 2000.

WEBER, Max. *Metodologia das ciências sociais*. 2. ed. Campinas: Unicamp; São Paulo: Cortez, 1993. v. 1.

4

Sobre modelos, sua transferência e transformação no campo da educação superior: na esteira de Simon Schwartzman[*]

JOSÉ JOAQUÍN BRUNNER

A sociologia das recepções locais

Desde sua origem na Europa ocidental do século XII, escreveu Simon Schwartzman (1992), as universidades emergiram imitando-se umas às outras e adaptando características fundamentais de sua organização e funções às condições locais. Inicialmente, esses processos de difusão e adaptação deram lugar à identificação de modelos — por exemplo, na origem da instituição, o modelo da "universidade dos estudantes" (Bolonha) ou da "universidade dos professores" (Paris); depois, no século XIX, os modelos da universidade *napoleônica* e *humboldtiana*; mais tarde, os modelos norte-americanos da *research university, graduate school e land grant colleges* (para citar alguns) — e, posteriormente, a sua recepção e transformações em diversos contextos geográficos, históricos, sociais e culturais.[1]

Em consequência, as dinâmicas desses processos de transferência não conduziram a um simples isomorfismo institucional — nem coercivo, nem mimético — como às vezes se argumenta, supondo-se que desenca-

---

[*] Tradução de Isabel Farah Schwartzman.

[1] Schwartzman, 2007; e Jones, 1992.

deariam uma progressiva homogeneização organizacional no campo da educação superior.[2]

Ao contrário, à medida que os modelos dominantes foram exportados do núcleo europeu ocidental para as sociedades mais distantes na América Latina, Ásia e África, tais processos de transferência adquiriram dinâmicas cada vez mais complexas em seus pontos de recepção. Conforme salientou corretamente Schwartzman (1992:970), as profundas diferenças sociais e culturais necessariamente só poderiam dar lugar a sérios mal-entendidos e a problemas de translação e tradução: "Instituições com nomes parecidos, organizadas de forma parecida, utilizando frequentemente os mesmos textos e assumindo para si valores e objetivos idênticos, acabam produzindo resultados muito diferentes, que não podem ser atribuídos somente às limitações dos receptores ou ao viés etnocêntrico do emissor".

De fato, a tese de Schwartzman é que a recepção dos modelos centrais (europeus e estadunidenses) nessas outras, distantes, geografias e culturas — do mundo subdesenvolvido ou em desenvolvimento — transformou tais modelos de forma radical, a partir das próprias lógicas internas de funcionamento das novas instituições implantadas em uma ecologia social distinta. Assim, essa adaptação deve ser analisada como resultado de processos de interação entre as formas organizacionais importadas — com suas estruturas, objetivos, padrões típicos de relacionamento com o meio externo etc. — e o novo ambiente ao qual elas agora precisavam se acomodar e servir.

Em outras palavras, a adaptação não foi um acaso do mero processo de "aclimatação", no qual as estruturas e os valores importados precisaram apenas se ajustar às condições tropicais. Houve uma transformação, ou transfiguração, provocada pelas condições peculiares (oportunidades e restrições) nas quais as instituições deviam começar a operar e pelos equilíbrios de poder que se estabeleceram entre os distintos agentes sociais, que buscaram apropriar-se dessas estruturas e valores, colocando-os a serviço de seus interesses.

---

[2] Gumport e Sporn, 1999.

Parte importante da produção de Simon Schwartzman — bastante variada e pioneira em diversos campos da sociologia e da ciência política latino-americana — concentra-se precisamente na análise de tais processos complexos de implantação e desenvolvimento da educação superior nas sociedades não centrais, particularmente na América Latina.

Sua ênfase precursora e contínua na necessidade de incluir a história e a cultura dos contextos nacionais (pós-coloniais) na análise passou a fazer parte, contemporaneamente, do campo de pesquisa comparativa de políticas e sistemas de educação superior, como um dos seus princípios orientadores. Como agora é comumente reconhecido pelos pesquisadores desse campo:

> o sistema de educação superior de qualquer nação não se insere apenas na cultura acadêmica de cada nação. Também está firmemente ancorado em todo o espectro de valores e crenças sociais que, por sua própria natureza, frequentemente tendem a ser opacos para o observador externo, precisamente por fazerem parte das normas centrais dessa civilização e, portanto, serem assumidos como dados pelos que vivem nela.[3]

Por isso, conclui Schwartzman (2007:54), é impossível entender plenamente um sistema de educação superior, e suas formas de responder às demandas da sociedade, "sem uma compreensão apropriada de seu contexto histórico e cultural".

Nós, que compartilhamos quase uma vida de trabalho com Simon — feita de conversas, colaborações, leituras mútuas, copublicações e participações conjuntas em projetos, seminários e oficinas — aprendemos (espero) essa lição fundamental: que não há como analisar nossos sistemas de educação superior, e as instituições que a compõem, sem considerarmos ao mesmo tempo os modelos que a originaram; as adaptações e transformações que experimenta em *terra incógnita*; a interação entre seus dispositivos e valores internos e o entorno em que se desenvolve; as relações de poder que se entrecruzam com esses processos de

---

[3] Neave, 1996:408.

transferência e os sistemas e instituições que delas resultam; e os novos fatores da política transnacional e local que seguem atuando sobre eles continuamente.

Como postulam Meek e Goedegebuure (2007:286), contemporaneamente é provável que:

> a transferência de políticas está se convertendo em uma característica mais pronunciada, como evidencia a pesquisa sobre semelhanças no desenvolvimento de diferentes sistemas de educação superior. Ainda assim, essas semelhanças não podem ser isoladas de seu contexto histórico ou cultural. Na verdade, o diabo está nos detalhes e continua aí.

Em que medida as novas realidades *glocais*, como as chama Marginson (2004) — mesclando globais e locais — da educação superior estão sujeitas a essa regra? Ela permanece intacta, agora que os desafios da educação superior tendem a se expressar em uma mesma linguagem e as soluções parecem acomodar-se a um padrão comum — se não único — de políticas, fazendo desaparecer (aparentemente) as diferenças entre os sistemas da China e do Brasil, do Chile e do Cazaquistão?

A seguir, vamos explorar, na esteira de Simon Schwartzman, algumas tendências e desafios globais enfrentados pelos sistemas de educação superior[4] e como eles se expressam em uma região não central, partindo da experiência da América Latina.

Massificação da matrícula superior

Desde que M. Trow (1974) nomeou e analisou o fenômeno da ampliação progressiva do acesso à educação superior e da transição da universidade de elite para a universidade de massas até hoje, em que se fala de uma quase universalização desse nível educacional, houve também, paralelamente, um certo declínio do conteúdo sociológico de análise. A massificação se converteu primeiro em uma tendência irreversível dos sistemas e, em seguida, numa espécie de lei geral destes.

---

[4] Brunner et al., 2005, parte 1.

Despido dos contextos nacionais — político, econômico, social e cultural — em que esse fenômeno ocorre, ele se esvazia dos significados que em cada sociedade lhe outorga seu caráter histórico específico. Aqui não me refiro somente ao fato de que esse processo avança em cada país em um ritmo diferente. Refiro-me à diferente natureza, organização e funções que assume, ao caráter social distinto que ostenta e aos conflitos particulares que gera em cada sociedade.

Ao enfatizar as taxas de participação — Finlândia, 87%; Chile, 43%; Honduras, 16%; Zimbábue, 4% —, cria-se imediatamente a imagem de uma progressão linear até um estágio final que passa a ser considerado ideal, sem se levar em conta o nível de desenvolvimento dos países, sua renda *per capita*, a taxa de conclusão do ensino básico, o investimento público em educação superior etc. Serve, por exemplo, para construir um *ranking* de países — que, situado fora de contexto, é de escassa utilidade — ou para realizar exercícios de *benchmarking* sem reflexão.

Ao contrário, os aspectos mais interessantes do ponto de vista da análise comparativa tornam-se obscuros (ou desaparecem por completo): os grupos sociais que se beneficiam da expansão, quem arca com os custos do maior acesso, de acordo com que regras e procedimentos os alunos são selecionados e admitidos, os efeitos diferenciados da massificação nas instituições de educação superior, as estratégias que elas empregam para equilibrar uma maior oferta com os requisitos de qualidade dos programas oferecidos, as consequências da expansão sobre o valor de troca (taxas de retorno privado) e o valor de status (ou prestígio) dos diplomas expedidos pelas instituições de educação superior, a relação entre maior cobertura e taxas de graduação (eficiência interna), as mudanças que ocorrem na estrutura das profissões e em sua hierarquia na sociedade etc.

Naturalmente, todos esses aspectos dependem do contexto nacional: do grau de diferenciação vertical do sistema de educação superior e da distribuição das ofertas de vagas para estudantes entre os setores público e privado, da estrutura da carga horária e de como esta permite combinar estudo e trabalho, da estratificação social e do nível de desigualdade entre as famílias, das políticas governamentais e dos mecanismos empregados para subsidiar as instituições de educação superior, da proporção em

84 O SOCIÓLOGO E AS POLÍTICAS PÚBLICAS

que os estudos superiores são pagos e da cobertura dos esquemas públicos e privados de apoio (crédito e bolsas) para os estudantes, da evolução do mercado de trabalho e das ocupações profissionais técnicas, das tecnologias empregadas para a docência etc.

Logo, a aparente globalização da tendência — além de proporcionar alguns indicadores comparativos — diz pouco sobre as condições locais nas quais a referida globalização se desenvolve e se converte em fenômeno "glocal", e menos ainda sobre: sua imbricação com os processos de desenvolvimento nacional; as demandas da economia em constante mutação; as preferências culturais e de status das famílias e dos jovens; a contínua redistribuição dos capitais materiais e simbólicos e suas taxas de conversão; e os conflitos abertos e latentes em torno da participação dos diferentes grupos na riqueza, no poder e no prestígio social.[5] Contudo, são esses "detalhes" que fazem a diferença e proporcionam valor agregado à analise comparativa. Fora do contexto, por outro lado, a tendência aparentemente universal de massificação da educação superior nada significa.

O controle de qualidade

Vejamos outro caso que serviu para proclamar a força dos desafios e das soluções globais no campo da educação superior, do aparente isomorfismo institucional e da consequente (e enganosa) irrelevância dos contextos nacionais. Trata-se do irresistível avanço ocorrido na construção de sistemas nacionais de controle de qualidade, com o surgimento de agências locais de avaliação e credenciamento e a configuração de parâmetros supranacionais de reconhecimento mútuo.

Trata-se sem dúvida de um fenômeno internacional, conforme apontam diversos autores. Mas o que significa isso exatamente? Por acaso um mesmo modelo de controle de qualidade é difundido a partir do centro e depois recebido e aplicado da mesma forma no Brasil e no Chile, na Argentina e na Inglaterra, na Bulgária e em Hong Kong, na República Dominicana e na Rússia, na China e na Índia? Seus efeitos são os mesmos em lugares tão distantes? Sabemos intuitivamente que não pode ser assim.

---

[5] Brunner, 2006.

De fato, os países não só possuem tradições institucionais muito distintas no que se refere a seus estados e governos, como os sistemas de educação superior também apresentam enormes diferenças e vêm estabelecendo, historicamente, padrões específicos de relação entre a autoridade política e as universidades. As culturas avaliativas também são muito distintas em diferentes civilizações e sociedades[6] e as exigências de *accountability* variam, a ponto, por exemplo, de ser difícil traduzir o conceito para o espanhol ou o português.

Nessas condições, é compreensível que a implantação de esquemas institucionais de avaliação e credenciamento da qualidade tenha uma trajetória diferente em cada sociedade: de fato, eles surgem em momentos diferentes, mobilizados por forças político-sociais específicas e alianças de interesses acadêmicos dentro de cada contexto; obedecem a imperativos e demandas locais e se expressam em arranjos organizacionais que — sem deixar de adotar nomes parecidos ou iguais — na prática diferem de um país para outro.

Quem, como, quando e com que propósito consegue constituir esses esquemas e, depois, quem, como, quando e com que propósito disputa de forma exitosa e obtém seu controle — ou seja, os grupos que conseguem estabelecer esse novo braço da burocracia weberiana dentro do governo ou do sistema de educação superior — constitui uma parte importante da explicação de por que esses sistemas diferem em perspectiva comparada.

Efetivamente, os grupos que oportunamente captam e depois traduzem e implantam a ideologia global do controle de qualidade — seja expressa como "ética da avaliação", segundo a terminologia empregada por G. Neave (1988), ou se mobilize em função de demandas acadêmicas, do reconhecimento mútuo de diplomas e títulos entre países ou de um "novo contrato" entre o governo e as instituições de educação superior — conferem a esses esquemas sua base sociológica particular. Ao definirem um novo espaço de posições, recursos e redes de projeção nacional e internacional, legitimado pela ideologia e pelo discurso globais da "garantia da qualidade", eles proporcionam a plataforma de recepção e, em seguida, passam a comandar (ou devem negociar) a adaptação e a transformação dessa transferência.

---

[6] Brunner, 2007.

86 O SOCIÓLOGO E AS POLÍTICAS PÚBLICAS

Paradoxalmente, como mostra a revisão da literatura especializada sobre esses assuntos realizada recentemente por El-Khawas (2007), os aspectos propriamente sociológicos estão ausentes das análises comparadas, que tendem a focalizar as políticas de controle de qualidade, os instrumentos de avaliação e credenciamento e as novas relações entre os governos, as agências de avaliação da qualidade e as instituições de educação superior.

Portanto, nessas circunstâncias, predomina um enfoque "intimista" — interno ao campo da educação superior —, que, por seu alcance limitado, tende a ignorar os efeitos que esse novo braço burocrático produz no Estado e na sociedade, para além do campo acadêmico-institucional. Como, por exemplo, os poderes e as funções governamentais envolvidos se reajustam à educação superior? Que consequências as práticas de controle de qualidade produzem sobre as demais políticas governamentais no que se refere à educação superior? Que impacto tem essa nova constelação burocrática sobre as diversas partes interessadas na educação terciária, como estudantes, acadêmicos, empregadores, opinião pública, agências de financiamento externas etc.? Ou então: que grau de competição surge no mercado de prestígio/reputação acadêmico-institucional entre os resultados do credenciamento e os *rankings* nacionais e internacionais produzidos por entidades privadas ou institutos de pesquisa? E em alguns casos: que pretensões de poder estão expressos nesses "quadros de honra" e como eles incidem sobre a distribuição do prestígio institucional?

Se até agora essas perguntas permanecem à margem das análises comparadas, isso se deve em grande medida ao "abandono da sociologia" por parte dessas análises e a sua crescente fascinação pelo caráter aparentemente universal do controle de qualidade. Imobilizado entre esse abandono e essa fascinação, o enfoque mais comum é incapaz de apreciar as microrrealidades locais por trás do modelo global e sua ideologia.

Profissão acadêmica

Um terceiro tema que nos ajuda a avançar nessa exploração dos contrastes entre o global e o local latino-americano é a organização e o status da profissão acadêmica.

Ainda me lembro da comoção que causaram no nosso círculo de pesquisa os trabalhos publicados por Schwartzman no final da década de 1980, começo dos anos 1990, sobre a composição do quadro acadêmico em nossas instituições de educação superior. Em vez de adotar a estratégia então em voga — de observar a profissão acadêmica através do modelo central europeu-norte-americano e sua ideologia —, nosso autor empreendeu a análise das posições e práticas acadêmicas tal como elas se manifestavam nos sistemas que à época já estavam em plena expansão e haviam alcançado um alto grau de diferenciação horizontal e vertical. O efeito foi devastador para a autoimagem da academia, na mesma proporção em que foi esclarecedor do ponto de vista sociológico.

Resumidamente, Schwartzman argumentava que, na América Latina, não estávamos propriamente diante de uma profissão acadêmica, mas de um complexo conjunto de processos de profissionalização e desprofissionalização simultâneos, de intensidade variável e com características perfeitamente reconhecíveis em cada caso.

Na ponta dessa diversificada massa profissional existia um núcleo de professores-pesquisadores com graus avançados obtidos no estrangeiro (ou no país) e cuja atividade principal era a pesquisa. Seus membros se caracterizavam por participar de comunidades disciplinares especializadas, pertencer a "colégios invisíveis", gozar de um relativo prestígio na sociedade e identificar-se com os valores globais da profissão acadêmica e da ética *mertoniana* das ciências. E também por mover-se com liberdade em diferentes contextos nacionais e internacionais; resistir a dar aulas, pelo menos a estudantes de graduação; receber incentivos especiais e possuir redes que facilitavam o acesso a fontes governamentais e privadas de influência e financiamento. Vaidade das vaidades: nada disso parece ter mudado.

A seu lado, porém mais abaixo na hierarquia do prestígio acadêmico, estão os professores profissionais ilustres, bem posicionados no mercado de trabalho, que ensinam em tempo parcial nas escolas profissionais tradicionais, como medicina, direito ou engenharia. São a continuação, ainda que em outro formato, do catedrático profissional. Têm relativa autonomia para decidir seu trabalho, controlam seu próprio campo de erudição e seu status se deve mais aos méritos de seu livre exercício da profissão do que a sua inserção universitária.

Depois há um amplo estrato — especialmente nas universidades públicas — de professores docentes de tempo integral que ensinam em programas de graduação e não desenvolvem (ou desenvolvem apenas marginalmente) atividades de pesquisa. Frequentemente são funcionários públicos, tendem a estar associados ou sindicalizados e, quando há eleições para autoridades universitárias, têm muita influência em função de seu grande número. Habitualmente, queixam-se do status inferior em relação a seus colegas pesquisadores e ressentem-se do escasso reconhecimento acadêmico que recebem e de sua baixa remuneração, apesar de serem a principal força de sustentação da função docente em tempos de massificação.

Finalmente, na base desses sistemas massificados, estão os docentes que recebem por hora, em geral mais jovens, mal remunerados em relação ao número de horas que ensinam, especializados muito cedo nos tópicos curriculares que ministram, com oportunidades escassas de ampliar seu conhecimento e uma inserção institucional débil. Nesse setor, presente de forma maciça nas instituições privadas de educação superior, encontramos hoje uma ampla variedade de práticas e formas sociais. Desde o docente empreendedor, que dá várias aulas sucessivas durante quatro horas ou mais por dia em diferentes universidades — rotina que em alguns casos pode chegar a ser altamente rentável —, até um segmento de professores que vive um tipo de "proletarização", convertendo-se em trabalhadores semiqualificados do conhecimento na linha de montagem curricular, na qual transmitem um saber tratado como uma mercadoria e exercem uma atividade sem ter controle de seus conteúdos (baixa autonomia profissional).

Em resumo, "frente a uma concepção idealizada e autocomplacente das profissões", Schwartzman (1994a:14) postula a necessidade de ir além do tipo ideal da profissão acadêmica e propõe estudar suas "características particulares num contexto latino-americano".

Sua contribuição a essa linha de pesquisa — que nos anos 1980 começava a se insinuar — acabou sendo altamente produtiva, conforme atesta o fato de suas formulações e análises terem dado origem a um "programa (latino-americano) de pesquisa" sobre a profissão acadêmica, com seu núcleo mais ativo no México.

Consequências para as políticas

Por último, podemos apreciar a fecundidade e a projeção do trabalho de Simon Schwartzman retornando ao ponto de origem deste comentário: como se transformaram os modelos universitários importados e as políticas de educação superior tomadas de empréstimo durante seus processos de transferência e adaptação aos contextos nacionais de recepção.

Cabe formular a seguinte pergunta: seu argumento de base — desenvolvido consistentemente ao longo de quatro décadas — perde vigência agora que nos encontramos imersos nas correntes aparentemente homogeneizadoras da globalização? Os detalhes locais ainda fazem diferença?

Já adiantei minha resposta: em vez de perder atualidade e vigor analítico, aquele argumento de base torna-se ainda mais pertinente e necessário nas novas condições. De fato, numa articulação "glocal" dos contextos nacionais, aquele argumento se converte em condição para que qualquer estudo comparativo se torne possível.

Da mesma forma, um enfoque crítico-comparativo dos sistemas de educação superior supõe, na América Latina, abandonar o essencialismo com o qual habitualmente se processa a importação dos modelos centrais e a difusão/imposição de um modelo global.

Contudo, até agora isso não ocorreu. Em vez de entender que os modelos são resultados de processos históricos particulares — socioculturais, econômicos e políticos, como mostra *A história da universidade na Europa*, que vem sendo publicada em vários volumes patrocinada pela Associação das Universidades Europeias —, aqui, no ponto de recepção, procedemos primeiro interpretando e reordenando essa trama histórica emaranhada transferida sob a forma de nítidos "modelos" e, em seguida, os reduzimos a uma essência típico-ideal, abstraindo-os assim por completo de seu contexto inicial. Depois, para completar o ciclo, transformamos essas essências dos modelos em norma constitucional, em lei orgânica, em decreto ministerial, e assim são difundidas pelos meios de comunicação e se incorporam ao sentido comum dos grupos dirigentes.

Por exemplo, a universidade está caracterizada de forma normativa por sua tríplice função — indissociáveis, costuma-se acrescentar — de pesquisa, ensino e extensão, justo no momento em que 90% delas, na América Latina, assumem o status de instituições exclusiva ou predominantemente docentes. Ainda os sistemas de educação superior se proclamam, em sua essência, como arquiteturas homogêneas, planejadas e coordenadas de forma centralizada, financiadas pelo tesouro público, de acesso gratuito e condutoras da cultura nacional em nome da ciência, quando na realidade estão se convertendo em um mercado caracterizado pela heterogeneidade de ofertas, variedade de demandas, um fluxo crescente de recursos privados e uma forma de coordenação que nasce da concorrência e dos subsídios e incentivos concedidos pelo governo.[7]

Instala-se, assim, uma distância cada vez maior entre as essências postuladas e as formas sociais concretas, entre o discurso e a prática, entre as ideologias importadas e sua tradução institucional no nível local.

Portanto, apesar de os modelos centrais terem aterrissado aqui, não foi sua essência que frutificou, mas sua história, que continuou por outros meios, transformando-se em uma ampla diversidade de produtos e formas, de instituições e práticas, de culturas locais e frutos silvestres.

Uma diversidade tão explosiva — com uma consequente distorção e distanciamento dos modelos recebidos — gera grandes problemas de compreensão, inclusive de nossa própria realidade em assuntos de educação superior. De fato, como aponta Schwartzman (1994a:2):

> Existem duas maneiras de entender esta diversidade. A primeira é supor que todas as instituições de nível superior são de alguma forma versões imperfeitas de um modelo único, ao qual teriam que se aproximar. A segunda é aceitar que estas diferenças são naturais, inevitáveis e até necessárias, e que caberia trabalhar para que todas pudessem coexistir e aperfeiçoar-se conforme suas próprias características.

---

[7] Brunner e Uribe, 2007.

As políticas educacionais que resultam dessas duas visões também são profundamente distintas.

No primeiro caso, o modelo eleito (geralmente da universidade pública e complexa ou de algumas universidades norte-americanas ou europeias) é tomado como referência e utilizado como padrão para a distribuição de recursos e prestígio; no segundo caso, tratar-se-ia de abrir espaço para o desenvolvimento de modalidades distintas de educação pós-secundária, com critérios próprios de avaliação, prestígio e distribuição de recursos e administração.[8]

Dessa forma, nosso autor conclui seu ponto com a seguinte reflexão:

Pareceria óbvio que, das duas perspectivas, a segunda seja a mais natural e adequada, e deveria ter a preferência de todos. Contudo, em geral isto não tem sido assim. Os meios universitários latino-americanos têm grande dificuldade em aceitar as implicações da diversidade existente, ainda que ninguém duvide de sua realidade. A explicação mais simples para esse fato é que as políticas de educação superior na região costumam ser definidas pelos dirigentes das principais instituições complexas, pelos acadêmicos e líderes das principais carreiras profissionais, que trabalham ou vieram das mesmas instituições, os quais tendem normalmente a ver o conjunto a partir da perspectiva de suas posições particulares. Mas, além disso, as propostas de políticas baseadas na diversificação encontram grande resistência entre os membros das universidades menores e das profissões menos prestigiadas. Esses setores receiam, aparentemente, que uma política educacional baseada na diferenciação possa resultar num congelamento de situações presentes de desigualdade de prestígio e oportunidades. No outro extremo há setores que desenvolvem uma atitude de profunda hostilidade em relação às instituições universitárias como um todo, propondo sua substituição por organizações educacionais definidas de forma pragmática e empresarial, sem compromissos com os formatos preexistentes,

---

[8] Schwartzman, 1994:2.

enfatizando, na realidade, um tipo específico de instituição por contraposição aos demais.[9]

São precisamente essas "visões de poder", e os interesses e conflitos que se articulam em seu entorno, os fatores de maior peso, que, no final, condicionam o desenvolvimento dos sistemas de educação superior e orientam as políticas nesse setor, em uma ou outra direção, ou nas duas direções ao mesmo tempo, como costuma ocorrer, por exemplo, no Brasil[10] e no Chile.[11]

Daí justamente a necessidade de identificar e entender os referidos fatores culturais e de poder em cada contexto nacional, se quisermos fazer avançar — na esteira aberta por Schwartzman — o campo de estudos comparados de políticas e sistemas de educação superior.

Temos um programa de pesquisa a ser executado e, a nossa frente, Simon, para abrir caminho para o "colégio invisível" que ele contribuiu para formar e inspira até hoje.

Referências bibliográficas

BRUNNER, J. J. *Mercados universitarios:* ideas, instrumentaciones y seis tesis en conclusión. Santiago de Chile: Escuela de Gobierno, Universidad Adolfo Ibáñez, 2006. (Documento de Trabajo.)

_____. Dr. Prometheus visits Latin America. In: ENDERS, J.; VUGHT, F. van (Eds.). *Towards a cartography of higher education policy change.* Enschede: Center for Higher Education Policy Studies, 2007.

_____; URIBE, D. *Mercados universitarios:* el nuevo escenario de la educación superior. Santiago de Chile: Universidad Diego Portales, 2007.

_____ et al. *Guiar el mercado;* informe sobre la educación superior en Chile. Santiago de Chile: Universidad Adolfo Ibáñez, 2005.

EL-KHAWAS, E. Research and knowledge transfer: new goals, old dilemmas. In: ENDERS, J.; VUGHT, F. van (Eds.). *Towards a cartography of higher education policy change.* Enschede: Center for Higher Education Policy Studies, 2007.

---

[9] Schwartzman, 1994: 3.

[10] Schwartzman, 2000a.

[11] Brunner et al., 2005.

GUMPORT, P. J.; SPORN, B. *Institutional adaptation:* demands for management reform and university administration. Stanford: National Center for Postsecondary Improvement, Stanford University, 1999.

JONES, R. D. National models of higher education: international transfer. In: CLARK, B. R.; NEAVE, G. (Eds.). *The encyclopedia of higher education.* Oxford: Pergamon Press, 1992. v. 2.

MARGINSON, S. Competition and markets in higher education: a "gloncal" analysis. *Policy Futures in Education,* v. 2, n. 2, 2004.

MEEK, V. L.; GOEDEGEBUURE, L. The devil's in the detail. In: ENDERS, J.; VUGHT, F. van (Eds.). *Towards a cartography of higher education policy change.* Enschede: Center for Higher Education Policy Studies, 2007.

NEAVE, G. On the cultivation of quality, efficiency and enterprise: an overview of recent trends in higher education in Western Europe, 1986-1988. *European Journal of Education,* v. 25, n. 2/3, 1988.

_____. Higher education policy as an exercise in contemporary history. *Higher Education,* v. 32, 1996.

SCHWARTZMAN, Simon. Permanence and change in higher education. In: *International Conference of the Swedish National Board of Universities and Colleges on Higher Education:* Creativity, Legitimation and System Transformation. Dallarö, Sweden: Swedish National Board of Universities and Colleges on Higher Education, 1987.

_____. La calidad de la educación superior en América Latina. In: *Seminario sobre la Eficiencia y la Calidad de la Educación Superior en América Latina.* Brasília: Economic Development Institute, World Bank, nov. 1988.

_____. *Education in Latin America:* a perspective from Brazil. Los Angeles: School of Education, University of California, Feb. 1989.

_____. Non-Western societies and higher education. In: CLARK, B. R.; NEAVE, G. (Eds.). *The encyclopedia of higher education.* Oxford: Pergamon Press, 1992. v. 2.

_____. La profesión académica en América Latina. *Notas para el Debate,* Lima, Perú, Grades, n. 10, 1993a.

_____. Policies for higher education in Latin America: the context. *Higher Education,* v. 25, n. 1, 1993b.

_____. Latin America: higher education in a lost decade. *Prospects,* v. 21, n. 3, 1993c.

_____. La universidad latinoamericana entre el pasado y el futuro. In: *Seminario de Rectores:* Adónde Va la Educación Superior en Latinoamérica. Washington, DC: Banco Interamericano de Desarrollo, Unión de Universidades de América Latina, nov. 1994a.

_____. *Notas sobre os sistemas de ensino superior da América Latina*. Preparadas para o Projeto de Estudos Comparados sobre Política de Educação Superior para a América Latina. 1994b.

_____. Academics as a profession: what does it mean? Does it matter? *Higher Education Policy*, v. 7, n. 2, 1994c.

_____. A redescoberta da cultura: ciência, profissões e a questão da autonomia universitária. In: _____. *A redescoberta da cultura*. São Paulo: Edusp, 1997. Coleção Ensaios de Cultura.

_____. Propuesta de una agenda de investigación sobre la educación superior. In: *Seminario Luego de la Evaluación – los Desafíos de la Universidad Latinoamericana*. Azcapotzalco, México: Departamento de Sociología, Universidad Autónoma Metropolitana de México, 2000a.

_____. A revolução silenciosa do ensino superior. In: DURHAM, E. Ribeiro; SAMPAIO, H. *O ensino superior em transformação*. São Paulo: Núcleo de Pesquisas sobre Ensino Superior/USP, 2000b.

_____. Understanding transplanted institutions: an exercise in contemporary history and cultural fragmentation. In: ENDERS, J.; VUGHT, F. van (Eds.). *Towards a cartography of higher education policy change*. Enschede: Center for Higher Education Policy Studies, 2007.

TROW, M. Problems in the transition from elite to mass higher education. In: OECD. *Policies for higher education*. Paris: OECD, 1974.

PARTE II

OBJETOS DE PESQUISA E POLÍTICAS PÚBLICAS

5

Desigualdade e indicadores sociais no Brasil*

FRANCISCO VIDAL LUNA E HERBERT S. KLEIN

A maioria dos indicadores sociais no Brasil mostram uma expressiva melhoria nos últimos anos, mas persistem níveis de desigualdade incompatíveis com a renda e a posição do país no cenário internacional. Em 2005, os 10% mais ricos da população respondiam por 45% da renda, enquanto aos 50% mais pobres cabiam apenas 14%. O resultado é ainda mais dramático quando vemos que os 50% mais pobres se apropriavam de percentual similar ao controlado por um segmento que representava apenas 1% da população.[1] Apesar da melhoria dos últimos anos, o índice de Gini mostrava ainda elevado padrão de concentração, com 0,559 em 2006.[2] A maioria dos países latino-americanos situava-se na faixa média ou superior aos 50, enquanto os países mais industrializados se encontravam no patamar dos 30 ou no início dos 40.[3] O próprio Instituto de Pesquisa Econômica Aplicada (Ipea), ao analisar a Pnad de 2006, que mostrava uma tendência positiva em vários indicadores distributivos, fazia uma comparação entre o Brasil e o Canadá, país grande como o Brasil, federativo e com grande diversidade social. Como a desigualdade na distribui-

---

* Tradução de Mariana Timponi Rodrigues.

[1] Segundo o Ipeadata (renda domiciliar), enquanto os 50% mais pobres se apropriam de 14,06% da renda, o grupo que compõe o 1% mais rico responde por 12,97%.

[2] De acordo com as primeiras análises da Pnad 2006 (Ipea, set. 2007).

[3] Ferranti et al., 2004, figs. 2 e 3, p. 2-10, fornecem os mais recentes índices de Gini latino-americanos.

ção da renda no Canadá, medida pelo índice de Gini, estava quase 17 pontos abaixo da brasileira, mantida a atual tendência de melhoria nos indicadores de desigualdade, seriam necessários 25 anos para que o Brasil se equiparasse ao valor atual do índice de Gini do Canadá.[4] Estima-se que, pelos padrões mundiais e pela renda *per capita* brasileira, deveria resultar em uma proporção de 10% de pobres em relação à população total do país. Contudo, 30% da população brasileira foram considerados pobres em 2005, o que representa 55 milhões de pessoas, das quais 21 milhões de indigentes, apesar da relativa melhoria ocorrida nos últimos cinco anos. Isso mostra que o Brasil exibe índices de desigualdade e pobreza muito elevados, mesmo em relação a padrões latino-americanos, a região com o maior grau de desigualdade no mundo.[5]

Desigualdade na educação

Não é fácil entender a causa dessa extraordinária disparidade entre o Brasil e outros países de tamanho, tipo de organização e até mesmo história semelhantes. Desde a década de 1970, a causa dessa concentração de riqueza tem sido intensamente debatida, e muitos se utilizam de modelos internacionais para estudar essa questão. Contudo, tais instrumentos de análise nos permitem apenas entender a atual distribuição de renda, sobretudo de salários. Nessa área, é claro, a educação é uma variável fundamental.

---

[4] Primeiras análises da Pnad 2006 (Ipea, set. 2007). É importante enfatizar que os dados atuais da Pesquisa Nacional por Amostra de Domicílios (Pnad) têm abrangência nacional e incorporam também as áreas rurais.

[5] Como concluiu um estudo recente do Banco Mundial: "De acordo com pesquisas de domicílio, os 10% mais ricos recebem entre 40% e 47% da renda total na maioria das sociedades latino-americanas, enquanto os 20% mais pobres recebem apenas 2%-4%. Tais diferenças são substancialmemte maiores do que as verificadas nos países da OCDE, no Leste europeu e na maioria da Ásia. Além disso, a característica mais distintiva da desigualdade de renda latino-americana é a concentração de renda incomumente elevada no topo da distribuição. Até os países latino-americanos mais equitativos — Costa Rica e Uruguai — apresentam níveis bastante elevados de desigualdade de renda" (Ferranti et al., 2004:3).

Foi somente na metade do século XX que o governo brasileiro finalmente se comprometeu com a educação pública para todos os cidadãos, muito depois de isso já ter se tornado norma na maioria dos países da América Latina. Essa política explica em grande parte os índices de analfabetismo extraordinariamente altos no país ainda hoje. A restrita educação pública existente era, porém, de qualidade razoável, e tanto os pobres quanto a classe média que tinham acesso à educação pública se beneficiavam de um ensino de alta qualidade, especialmente nas então escolas públicas secundárias de elite. Os alunos tinham boas chances de ingressar em universidades públicas e gratuitas e de competir por empregos com os estudantes ricos vindos de escolas particulares.

Paradoxalmente, a abertura do sistema público de educação para toda a população causou, com o passar do tempo, uma desigualdade ainda maior. A partir da década de 1970, uma política de universalização da educação básica foi posta em prática, cuja meta de completa cobertura foi finalmente atingida na última década do século XX. Porém, a universalização não significou igualdade de oportunidades, uma vez que a massificação do ensino primário e secundário se deu em detrimento da qualidade. Isso criou um sistema dual no qual os pobres vão para escolas primárias e secundárias públicas e os ricos mandam seus filhos para escolas primárias e secundárias particulares de boa qualidade. Os alunos provenientes das melhores escolas particulares, por sua vez, conseguem, via vestibulares concorridos, uma parcela desproporcional das vagas disponíveis nas universidades públicas — as melhores do país. Já a maioria dos alunos provenientes das escolas públicas não obtém uma educação de qualidade suficiente para ingressar nas universidades públicas via vestibular e se veem obrigados a pagar por uma educação universitária de qualidade inferior nas precariamente organizadas faculdades particulares. Apesar de existirem algumas instituições e faculdades privadas de qualidade, estas só aceitam os alunos que conseguiriam passar nos vestibulares das universidades públicas. Os alunos provenientes das escolas públicas também se encontram despreparados para o mercado de trabalho, em contraste com os que frequentam as universidades públicas e institutos especiais.

Em resumo, o sistema educacional brasileiro tal como constituído hoje reforça o processo de concentração de renda e aumenta a desigualdade, em vez de diminuí-la. Existem agora trajetórias bem distintas para ricos e pobres: os primeiros recebem uma educação de padrão comparável ao do Primeiro Mundo, e os últimos, apesar do acesso universal à educação primária, são marginalizados pela qualidade do ensino que recebem. A qualidade da educação pública primária é tão baixa que muitos dos alunos que frequentam as séries primárias ainda são definidos como analfabetos funcionais. Estudos sobre a distribuição de renda mostram a educação como fator fundamental para explicar diferenças nos salários. É inegável que há, em geral, uma forte correlação entre o número de anos de estudo e o salário percebido, mas talvez isso seja uma leitura incompleta da natureza da estrutura distributiva. Se a educação fosse o único fator importante para explicar a desigualdade, então bastaria universalizar a educação e aumentar o número médio de anos de estudo para reduzir os níveis de desigualdade. Seria isso verdade?

Nos últimos 25 anos, o número de crianças na escola atingiu níveis bastante elevados e a média de anos de estudo tem constantemente aumentado, mas não houve qualquer mudança em termos de desigualdade no Brasil. Para uma pequena quantidade de empregos que demandam alta qualificação, há uma oferta limitada de bons profissionais, geralmente educados em boas escolas primárias e secundárias particulares e formados por boas universidades públicas e particulares. Esses alunos mais ricos têm acesso privilegiado à informação e à educação complementar em áreas fundamentais, como línguas estrangeiras. O maior nível econômico e social de seu país também facilita o acesso ao mercado de trabalho. A baixa qualidade da educação oferecida aos mais pobres os coloca em desvantagem no mercado de trabalho. A educação que recebem não os prepara para as ocupações no mercado de trabalho formal que demandam maior qualificação. Dessa maneira, o atual sistema educacional no Brasil reforça a estrutura social existente. Apesar de a educação ser normalmente um fator fundamental na mobilidade social, o atual sistema educacional brasileiro é incapaz de promover mudanças na rígida estrutura de distribuição de renda.

Recentemente, alguns estudos têm demonstrado que o grande esforço educacional realizado nos últimos 10 anos passou a produzir resultados no mercado de trabalho, reduzindo a desigualdade salarial explicada pelas diferenças educacionais. O processo ocorreu tanto pela diminuição das disparidades de anos de estudo da população, quanto por mudanças no mercado de trabalho, que diferencia menos por nível educacional. Os dois efeitos em conjunto explicariam 37% da queda na desigualdade nos rendimentos do trabalho.[6]

Política econômica e desigualdade

O processo de industrialização induzida, que se iniciou na década de 1930, alterou profundamente a estrutura produtiva do país, modernizando a economia e provocando uma migração dramática da população para os centros urbanos. Hoje, todas as regiões do país estão integradas à economia de mercado, integração que foi ajudada pela industrialização e pela expansão do mercado de trabalho moderno. Para a população como um todo houve um aumento sensível da renda, bem como de todos os indicadores sociais. Contudo, apesar dessas mudanças, a estrutura de concentração da riqueza que marca o país como um dos mais injustos do mundo não se alterou. Mesmo comparado a outros países da América Latina, o Brasil se destaca, apesar de esses países terem processos de colonização, urbanização e industrialização semelhantes.

É claro que as reformas feitas pelo governo Kubitschek na metade da década de 1950 nas políticas federais de industrialização foram fundamentais para a criação do moderno mercado nacional. Em apenas alguns anos, foram estabelecidas as indústrias automotiva e de bens duráveis, o que rapidamente supriu as necessidades básicas do mercado interno e propiciou a criação de um mercado de consumo moderno. Esse mercado precisava que uma parcela grande da população tivesse renda alta, o que por sua vez se tornou possível graças ao surgimento de uma classe operária com salários mais altos, pagos por essas indústrias. A política nacio-

---

[6] Barros, Franco e Mendonça, 2007.

nal apoiava tanto os trabalhadores quanto os industriais na criação desse moderno mercado, mas tendia a reforçar o processo de concentração de renda. Por isso, esses benefícios não atingiram a maior parte da população. Não há dúvida de que todos se beneficiaram desses anos de crescimento, mas foi nesse período também que teve início o debate nacional sobre a distribuição da riqueza no país. Esse debate questionava o modelo brasileiro como um todo, que se baseava no controle dos salários para subsidiar a expansão.

Os defensores da política nacional argumentavam que ela havia promovido a inclusão de novos trabalhadores na economia de mercado e que as distorções na distribuição da renda eram apenas transitórias.[7] Dizia-se que o desequilíbrio entre a crescente demanda por profissionais altamente qualificados e a pequena quantidade desses profissionais no mercado era a causa das grandes distorções na estrutura salarial. Argumentava-se que isso era apenas um problema passageiro, que seria resolvido com o aumento do número de profissionais qualificados no mercado. Os críticos desse pensamento diziam que não se tratava de uma concentração de renda transitória, causada por distorções no mercado de trabalho e, sim, uma consequência da política econômica implantada pelo governo, especialmente no que dizia respeito ao controle artificial dos salários imposto pelos militares, mesmo durante os anos de crescimento econômico extraordinário.[8]

A crise da década de 1980, marcada por baixo crescimento e inflação alta, não reduziu as distorções na renda. A renda *per capita* absoluta cresceu pouco nesse período, e não houve um processo redistributivo. A inflação causava a deterioração de todos os salários, mas era mais perversa com os trabalhadores que não possuíam mecanismos efetivos para proteção. A renda não proveniente de salário, especialmente a que estava ligada ao mercado financeiro, usava a indexação para proteger seus ganhos. Até aqueles que recebiam altos salários podiam proteger sua poupança dessa maneira. Por esse motivo a recessão e a inflação alta foram profundamente negativas na evolução do nível absoluto de renda e de sua distribuição.

---

[7] Langoni, 1973.

[8] Fishlow, 1973.

Em 1986 ocorreu o primeiro plano de estabilização, que conseguiu temporariamente controlar a inflação e promover forte crescimento. Como esse programa durou apenas um ano, não foi capaz de reverter de forma permanente nenhum indicador de distribuição de renda, apesar de ter temporariamente reduzido as desigualdades salariais.

A estabilidade criada pelo Plano Real em 1994 trouxe alívio para o segmento mais pobre da população. O fim da inflação representou também o fim do imposto inflacionário que corroía a renda dos mais pobres. A estabilidade criou um grande aumento na demanda, principalmente dos segmentos mais pobres, por bens e alimentos. Porém, dois fatores reverteram esse processo. O primeiro foi a instabilidade da economia internacional, que tornou o país mais vulnerável às crises externas, e a adoção de medidas recessivas para promover o ajuste do balanço de pagamentos. O segundo foi a adoção de reformas liberais de privatização e a abertura da economia, que provocaram grandes transformações nas indústrias e nos empregos. A maioria das empresas se modernizou e reduziu seu quadro de funcionários. Os empregos que restaram exigiam alta qualificação e muitos dos novos empregos foram criados na parte inferior do mercado de trabalho. Tudo isso contribuiu para uma grande expansão da economia informal e o crescimento do desemprego, o que apenas reforçou o sistema injusto de distribuição de renda. O baixo crescimento ocorrido durante o governo Fernando Henrique Cardoso e nos primeiros anos do mandato do presidente Lula não favoreceu a ampliação do nível de emprego, particularmente do emprego formal. Nos quatro últimos anos, embora sem aproveitar adequadamente o potencial gerado pelo desempenho excepcional da economia mundial, houve um aumento nas taxas médias de crescimento da economia, com recuperação do emprego formal e informal. Desde 2005 ocorre também uma queda sistemática nas taxas de desemprego das regiões metropolitanas,[9] mas o rendimento real das pessoas empregadas, em dezembro de 2007, era inferior ao valor obti-

---

[9] IBGE, tabela 158 — pessoas com 10 anos ou mais de idade, desocupadas na semana de referência, por regiões metropolitanas, segundo os meses de referência (mar. 2002-dez. 2007).

do no primeiro semestre de 2002.[10] Por outro lado, continua o processo de redução gradativa da desigualdade salarial, iniciada quando da implantação do Plano Real.[11]

Em face do baixo crescimento da economia e do emprego, o governo Fernando Henrique Cardoso criou algumas políticas compensatórias de distribuição de renda, intensificadas no governo Lula. O Bolsa Família, que consolidou e ampliou os programas existentes e que beneficiava 11 milhões de famílias em dezembro de 2007, talvez seja o mais importante.[12]

As desigualdades regionais

A questão da desigualdade também pode ser vista em termos de local de residência e cor. Além da dicotomia urbano/rural encontrada na maioria dos países em desenvolvimento, o Brasil também apresentava fortes disparidades regionais, que, apesar de comuns nas sociedades industriais avançadas, eram especialmente pronunciadas nesse país de proporções continentais. Na década de 1970, as pessoas nascidas na região central do Nordeste, a mais pobre do país, tinham uma expectativa de vida de surpreendentes 18,8 anos a menos do que as dos estados mais ricos do Sul — Paraná, Santa Catarina e Rio Grande do Sul.[13] Apesar de essas taxas terem melhorado em todas as regiões, a diferença permaneceu a mesma entre as regiões mais e menos desenvolvidas do país. Em 2004, a taxa de mortalidade infantil no Nordeste ainda era o dobro daquela da Região Sudeste (ou 34 mortes por mil nascimentos contra 15 mortes por mil nascimentos).[14] Essa disparidade também estava presente nas taxas de analfabetismo. Em 1999, na Região Nordeste, surpreendentes 34% da população acima de 15 anos foram consi-

---

[10] IBGE, tabela 134 — rendimento real do trabalho principal, habitualmente recebido por mês, por pessoas de 10 anos ou mais de idade, ocupadas no trabalho principal. Conjunto dos dados das regiões metropolitanas de Recife, Salvador, Belo Horizonte, Rio de Janeiro, São Paulo e Porto Alegre.

[11] Barros, Franco e Mendonça, 2007:33.

[12] Dados disponíveis em: <www.mds.gov.br/adesao/mib/matrizviewbr.asp>.

[13] Wood e Carvalho, 1994:115, tab. 4.4; e IBGE, 2003, tab. População 1982aeb-049.1.

[14] Datasus, indicadores de mortalidade, taxa de mortalidade infantil. Disponível em: <http://tabnet.datasus.gov.br/cgi/idb2006/c01.html>.

derados analfabetos funcionais, contra apenas 22% nas regiões Sul e Sudeste.[15] Apesar de essa diferença também ter diminuído nas últimas décadas, ainda permanece bastante alta. Quando se considera a taxa normal de analfabetismo das pessoas com 10 anos ou mais de idade, mostrada na última Pnad, de 2006, a disparidade persiste: 18,9% no Nordeste contra 5,5% no Sudeste. Nota-se uma menor disparidade quando se comparam os anos de escolaridade dos maiores de 10 anos. Os dados de 2006 mostram um resultado de 5,6 para o Nordeste e 7,5 para o Sudeste.[16] Recentemente, a proporção absoluta de matrículas de crianças em idade escolar é praticamente a mesma entre essas regiões, o que sugere que essa diferença irá progressivamente desaparecer nas próximas décadas.[17] Ainda existem grandes problemas com a proporção de alunos que concluem os estudos e com a diferença da qualidade do ensino nessas regiões. Os estados do Sudeste gastam mais com cada aluno do ensino fundamental do que os estados do Nordeste.

Com índices de pobreza mais elevados que o normal, a Região Nordeste também possui moradias de pior qualidade. Isso é mostrado pelos dados mais recentes sobre moradia da Pnad. Na pesquisa de 2006, por exemplo, apenas 75% das residências no Nordeste tinham fornecimento de água adequado, contra 92% dos estados do Sul. Quanto ao saneamento básico, a situação era mais perversa: apenas 28% das residências no Nordeste estavam ligadas à rede coletora de esgotos, contra 77% no Sudeste. Apenas os índices de fornecimento de energia elétrica adequado estavam próximos nas duas regiões: 94,7% no Nordeste e 99,6% no Sul.[18]

A pobreza e a inabilidade de alcançar índices de desenvolvimento semelhantes aos das regiões mais ricas fizeram do Nordeste um grande exportador de mão de obra. Também não houve grandes mudanças nas disparidades econômicas básicas, responsáveis por essas diferenças, principalmente no Nordeste. Em 1985, o PIB da região correspondia apenas a 35% do PIB da região mais rica do país, e essa diferença permanece

---

[15] IBGE, 2003, tab. Educação 2000s2_aeb-82.

[16] IBGE, Pnad, síntese dos resultados de 2006, p. 108-111.

[17] Castro, 1999:11.

[18] IBGE, Pnad, síntese dos resultados de 2006, p. 188-193.

elevada até nas mais recentes estimativas. Em 2004, a renda *per capita* nordestina era ainda 39% da renda *per capita* do Sudeste.[19] Apesar de abranger 29% da população em meados da década de 1990, o Nordeste respondia por apenas 12% do PIB, enquanto sua participação industrial era de apenas 10% da produção, e até mesmo a produção agrícola respondia por apenas 17% da produção nacional.[20] Enquanto isso, residiam no Nordeste 44% dos pobres do país. A Região Sudeste continha aproximadamente 44% da população, mas apenas um terço dela era considerado pobre.[21] Durante o último quarto de século, algumas das disparidades sociais e econômicas foram consideravelmente reduzidas, as diferenças regionais também mudaram e um padrão mais geral passou a influenciar a maioria das regiões do país. Esse resultado pode ser visto, por exemplo, na expectativa de vida: a diferença entre as regiões mais saudável e menos saudável (Sudeste e Nordeste) caiu para apenas 4,5 anos de vida no nascimento.[22] Mas ainda existem variações supreendentes: as mulheres no Nordeste vivem em média 5,4 anos a menos do que as do Sudeste.[23] Além disso, a população rural, embora represente uma parcela cada vez menor da população em todas as regiões, não alcançou os mesmos padrões de desenvolvimento em todas as regiões desde a década de 1970, e as disparidades regionais permanecem grandes. Contudo, as diferenças na taxa de fertilidade, que eram bem grandes entre cada região, têm progressivamente desaparecido. De modo geral, a diferença na taxa total de fertilidade nos estados do Nordeste e do Sudeste, no período 1980-2000, caiu de 2,6 para 0,6 filho por mulher.[24]

---

[19] Datasus, indicadores socioeconômicos, PIB *per capita*. Disponível em: <http://tabnet.datasus.gov.br/cgi/tabcgi.exe? idb2006/b03.def.>.

[20] Silva e Medina, 1999:12-13, tabs. 3-5.

[21] Rocha, 1998:20, tab. 1B.

[22] Datasus, indicadores demográficos, esperança de vida ao nascer. Disponível em: <http://tabnet.datasus.gov.br/cgi/ idb2006/matriz.htm#demog>.

[23] Consultar tab. 8: Esperança de vida ao nascer e aos 60 anos de idade, por sexo, regiões do Brasil e unidades da Federação, 2000, do *Anuário Estatístico de Saúde 2001*, do Ministério da Saúde.

[24] IBGE, Censo 2000, taxas de fecundidade total segundo as grandes regiões — 1940-2000. Disponível em: <www.ibge.gov.br/home/presidencia/noticias/20122002 censo. shtm>.

Apesar de todas as regiões terem melhorado dramaticamente no último quarto de século, o Norte e o Centro-Oeste, que eram as menos desenvolvidas, alcançaram um nível de desenvolvimento social comparável às regiões tradicionalmente mais desenvolvidas do Sul e do Centro-Sul. Isso se deveu em grande parte ao surgimento de novas áreas de agricultura comercial, o que trouxe grande riqueza a essas regiões até então isoladas e marginalizadas. Não só foram criados seis novos estados em antigos territórios federais, mas o padrão de vida dessas regiões tornou-se próximo ao dos estados mais desenvolvidos do Sul e do Centro-Sul.

Em termos sociais e demográficos, a riqueza do Centro-Oeste, região até então isolada, rapidamente atingiu ou superou as médias nacionais. Em 2002, 90% da população do Centro-Oeste de 10 anos ou mais tinham mais de um ano de escolaridade, número melhor que a média nacional.[25] Em 1980, por exemplo, a mortalidade infantil já era bastante baixa e, em 2004, era menor (18,7 mortes por mil nascimentos) que a média nacional e um pouco maior que a metade da taxa de mortalidade infantil do Nordeste.[26] Em 2000, a taxa de fertilidade, que em 1940 era maior do que a média nacional (6,4 filhos), também passou a ser menor do que a média nacional (2,2 filhos).[27] A região cresceu tão rapidamente na década de 1990 e nos primeiros anos do século XXI que superou as regiões Sul e Sudeste como principal destino de migração dos trabalhadores pobres do Nordeste e tornou-se também uma região atraente para os fazendeiros do Sul e do Sudeste.

A desigualdade étnico-racial

Além das diferenças regionais no tocante à riqueza, o Brasil, como todas as sociedades das Américas que foram escravocratas, também sofreu com o preconceito e a discriminação racial. Apesar do infindável debate entre os brasileiros sobre se a condição dos descendentes de escravos resultaria

---

[25] IBGE, Pnad 2002, Centro-Oeste, tab. 2.3.

[26] Em 2004, a taxa nordestina era de 33,94, contra 18,7 do Centro-Oeste. Ver Datasus, indicadores de mortalidade, taxa de mortalidade infantil. Disponível em: <http://tabnet.datasus.gov.br/cgi/idb2006/c01.ht>, e IBGE, Censo Demográfico 1970-2000.

[27] IBGE, Censo Demográfico 1940-2000.

ou não da classe social ou da discriminação racial, é fácil constatar que os negros têm menor mobilidade social e acesso a recursos. É verdade que a divisão de cor entre negros, pardos e brancos contribuiu para amenizar o preconceito racial da população. Além disso, a existência de brancos pobres significa que a pobreza não é definida exclusivamente pela cor, e as favelas no Brasil são centros multirraciais. Isto posto, não há dúvida de que o preconceito racial existiu durante todo o período posterior à emancipação dos ecravos e de que os negros em especial sofreram a discriminação de todos os membros da sociedade.

Os melhores dados sobre a condição racial no Brasil vêm da Pnad. Na última pesquisa, de 2006, estimou-se que 50% da população eram brancos, 43% mulatos e 7% negros.[28] A população não branca (pardos e negros) era maioria nas regiões Norte, Nordeste e Centro-Oeste. Apesar de nem todas essas regiões serem consideradas pobres pelos padrões brasileiros, a população não branca ocupava as classes mais baixas, mesmo nas regiões mais ricas, e era a maioria na região mais pobre de todas, o Nordeste.

Também constatou-se que, entre a população de cor, o número de analfabetos é bem maior do que entre os brancos. Em todo o país, os adultos negros e pardos têm duas vezes mais chances de ser analfabetos funcionais do que os brancos (ou 32% contra 18% em 2002). Essa diferença foi encontrada tanto nas zonas mais ricas quanto nas mais pobres. Sendo assim, os estados do Sul e do Sudeste, que dispõem dos melhores indicadores de qualidade de vida e educação, apresentam uma diferença ligeiramente menor entre brancos e não brancos (17% de analfabetos funcionais brancos contra 27% pardos e 20% negros).[29] Dadas essas diferenças nas taxas de analfabetismo, não é de supreender que a mesma diferença seja observada na escolaridade, com a população de cor vindo muito atrás da população branca. Em 2003, os adultos negros ou pardos tinham em média dois anos a menos de educação que os brancos — ou cinco anos contra sete de escolaridade.[30]

---

[28] IBGE, Pnad, síntese dos resultados de 2006, p. 89.

[29] Pnad 2003, tab. 11.3.

[30] Ibid., tab, 11.7.

Como era de se esperar, considerando-se os resultados referentes à educação, as diferenças raciais de renda também eram grandes. Os resultados da Pnad foram consistentes em todas as regiões e ocupações no que diz respeito a diferenças de renda entre brancos e não brancos. Em 2003, por exemplo, a renda da população branca era o dobro daquela da população negra e parda, e isso foi observado em todas as regiões, exceto na Norte, onde a população negra e parda tinha renda equivalente a dois terços da renda média da população branca. Não foram observadas grandes diferenças entre os sexos: os homens não brancos tinham uma renda um pouco maior que as mulheres não brancas.[31] A população de cor brasileira também apresentava maior probabilidade de se situar na metade inferior dos decis de renda do que a população branca. Cerca de 51% dos brancos encontravam-se no topo, entre os 30% dos maiores rendimentos, enquanto apenas 27% dos negros e pardos recebiam salários nessa mesma faixa. Essa grande desigualdade também estava presente na distribuição de ocupações, na composição de domicílio e na educação.[32] Em 2003, aproximadamente 6% dos brancos trabalhavam em serviços domésticos, contra 10% de negros e pardos — e nas áreas mais ricas do país — esse contraste era ainda maior, sendo essa relação nos estados do Sul e do Sudeste de 6% de brancos contra 12% de negros e pardos. Por sua vez, 6% dos brancos eram empregadores, contra apenas 2,2% de negros e pardos.[33]

Mesmo quando a população negra e parda tinha a mesma ocupação, seu salário médio era consistentemente menor do que o dos brancos.[34] Entre os 10% mais pobres, 68% eram negros e pardos, e entre os 10% mais ricos, apenas 13%. Em ambos os casos, a proporção é muito diferente da percentagem total de negros e pardos na população em geral.[35] Estima-se que a proporção de negros e pardos situada abaixo da linha da pobreza no Brasil seja de 50%, enquanto a de brancos não passe de 25%.[36]

---

[31] Pnad 2003, tab. 11.11.

[32] Pnad 2001, microdados (IBGE, 2002), tab. 9.16.

[33] Pnad 2003, tab. 11.13.

[34] Ibid., tab. 11.14.

[35] Ibid., tabs. 11.16 e 11.17.

[36] Pnud, Cedeplar, Atlas racial brasileiro de 2004.

110 O SOCIÓLOGO E AS POLÍTICAS PÚBLICAS

É evidente, então, que mais de um século após a emancipação, a população descendente de escravos no Brasil ainda é em sua maioria pobre, fator que certamente está relacionado a uma longa e complexa história de discriminação, que permaneceu até mesmo após a emancipação. Também é de se esperar que essas diferenças sejam sentidas em taxas mais altas de mortalidade e menor expectativa de vida, mas esse tipo de informação por cor ainda não existe no Brasil. Contudo, cabe ressaltar que nem todos os índices são negativos. Por exemplo, a diferença na média de anos de escolaridade tem diminuído lentamente. As matrículas escolares de 2003 mostravam uma diferença pequena entre brancos, negros e pardos em quase todas as faixas etárias. Apenas nos grupos mais velhos a diferença era significativa, e mesmo assim não tão extrema.[37] O mesmo pode ser dito em relação à organização familiar. A Pnad de 2003 mostrou que basicamente não há diferenças de cor em termos de estrutura familiar. O número de pessoas que moram sozinhas e de famílias com crianças chefiadas por mulheres foi idêntico para brancas e para negras e pardas.[38] Da mesma maneira, o número de famílias chefiadas por homens era praticamente o mesmo entre brancos, pardos e negros. Sendo assim, a pobreza e a desintegração familiar não são coincidentes no contexto brasileiro.

Contudo, o impacto da pobreza diferencial ainda é sentido nas taxas de mortalidade. O Pnud, das Nações Unidas, estimou que, em 2000, a taxa de mortalidade infantil entre os filhos de mães negras foi dois terços maior do que entre os filhos de mães brancas. Apesar de a diferença na expectativa de vida entre brancos de ambos os sexos e negros e pardos ainda ser de 5,3 anos, esse número caiu consideravelmente, pois, em 1950, a diferença era de 7,5 anos. Há pouca diferença na taxa de fertilidade entre brancos e negros, apesar disso, as negras tendiam a fazer menos cesárias e a ter uma taxa de fertilidade um pouco maior do que as brancas — contudo, esses números têm flutuado consideravelmente e não revelam uma tendência clara. Dado o fato de serem mais pobres, os negros e par-

---

[37] As percentagens foram 86%-79% para o grupo dos 15 aos 17 anos e 30%-23% para o grupo dos 20 aos 24 anos. Pnad 2003, tab. 11.4.

[38] Pnad 2003, tabs. 5 11.15a-11.15d.

dos tendem a usar mais os hospitais que os brancos, e as diferenças na expectativa de vida, ainda que estejam diminuindo, podem sugerir que a população negra e parda tende a ser menos saudável que a população branca.[39]

As áreas rurais e urbanas

Como em quase todos os países em desenvolvimento, o Brasil também apresenta grandes diferenças entre as populações urbana e rural. Mas essa diferença está gradativamente desaparecendo. Até 1970, a população rural preocupava-se basicamente com a subsistência e tinha o padrão de vida mais baixo do país. Era também a população com as maiores taxas de mortalidade e fertilidade e com os níveis mais baixos de educação. A pobreza era endêmica na área rural, e o contraste entre a sociedade rural e urbana não poderia ser maior. Mas a combinação de crescimento do setor urbano moderno e de revolução agrícola reduziu o número de trabalhadores rurais na sociedade em geral, inclusive em números absolutos, e também contribuiu para diminuir a percentagem de indigentes e pobres nas áreas rurais. Sendo assim, a população rural atingiu seu número máximo em 1970, com 41 milhões de pessoas (que então representavam 44% da população), e continuou caindo a cada década, chegando a apenas 32 milhões em 2000 (o que representa apenas 19% da população).[40] Em 1996, aproximadamente dois terços da população brasileira viviam em cidades de 20 mil habitantes ou mais.[41]

Com o grande crescimento da agricultura comercial moderna e a lenta penetração dos meios de comunicação modernos nas áreas rurais, as marcadas e tradicionais diferenças entre a população urbana e a rural têm desaparecido gradativamente. Deve-se adicionar a esses fatores econômicos a decisão extraordinariamente tardia do governo de, no final do século XX, estender os benefícios da previdência social à até então negli-

---

[39] Pnud, Cedeplar, Atlas racial brasileiro de 2004.

[40] IBGE-Sidra, tab. 1.288 — População nos censos demográficos por situação do domicílio.

[41] Beltrão, Oliveira e Pinheiro, 2000:2.

genciada área rural. Entre as muitas políticas postas em prática, a mais revolucionária foi a decisão do governo, em 1991, de garantir uma aposentadoria básica (de um salário mínimo) a todos os trabalhadores rurais — um conceito revolucionário na América Latina em termos de segurança social e que praticamente eliminou a pobreza absoluta na área rural. Apesar de as pensões parciais e por acidentes de trabalho para trabalhadores rurais terem sido criadas na década de 1950, foi apenas na Constituição de 1988 que o direito à aposentadoria foi estendido a todos os trabalhadores rurais que atingissem uma certa idade, e somente em 1991 a medida foi finalmente implementada. Essa aposentadoria foi concedida a todos os trabalhadores rurais que completassem 65 anos (homens) e 55 anos (mulheres) independentemente de terem contribuído ou não para o fundo nacional de aposentadoria do Instituto Nacional de Seguridade Social.[42] A partir da segunda metade do século XX, a saúde e a educação pública começaram a ser levadas a muitas das áreas rurais que até então permaneciam isoladas. Todos esses fatores contribuíram para a progressiva redução das diferenças entre as populações urbana e rural. Mas, apesar da redução nas diferenças entre os indicadores sociais das áreas rural e urbana, essas permaneceram significativas. A renda média de uma família da zona rural era apenas a metade daquela de uma família residente nos centros urbanos. Apenas pouco menos da metade das famílias dos centros urbanos ganhava menos de cinco salários mínimos, enquanto três quartos das famílias da zona rural situavam-se nessa faixa de renda.[43] Também é importante dizer que, em todas as regiões do país, a distribuição de renda era moderadamente menos concentrada na zona rural do que nas áreas urbanas.[44]

---

[42] Beltrão, Oliveira e Pinheiro, 2000. A Constituição de 1988 também garantiu uma pensão correspondente a um salário mínimo aos deficientes e idosos. Esses dois benefícios fazem parte dos programas de prestação continuada.

[43] IBGE, 2003, tab. população 2000aeb_s020.

[44] Da ordem de um índice de Gini de 59 nas áreas urbanas e de 55 na zona rural. IBGE-Sidra, tab. 2.037 — Índice de Gini da distribuição do rendimento nominal mensal dos domicílios particulares permanentes, com rendimento domiciliar, por situação do domicílio.

Conclusão

Se as diferenças entre sexos, locais de residência e possivelmente até raça e etnia têm lentamente diminuído, a desigualdade na distribuição de renda por classe social permanece inalterada. Esse é o maior problema hoje no Brasil. Apesar da massificação da educação fundamental e, em menor medida, do ensino médio, além da criação de uma vasta rede de universidades federais, estaduais e privadas e da grande queda no índice de analfabetismo, a desigualdade no Brasil continua a mesma. Apesar de as distorções salariais e as políticas negativas de controle salarial serem comumente usadas como justificativa para a desigualdade, o fato é que, mesmo em épocas de crescimento econômico, com mercado de trabalho livre e governo democrático, as distorções de renda e classe pouco mudaram no Brasil. Todos reconhecem que esse é um problema significativo, mas poucos têm sugestões sérias sobre como pôr fim a essas distorções. A pobreza e o analfabetismo têm diminuído graças a políticas sociais mais intensas, mas a riqueza continua concentrada como sempre foi. Segundo as Nações Unidas, houve um aumento na desigualdade de renda em dois de cada três municípios na década de 1990. Além disso, em 22 dos 23 estados e unidades territoriais do país, o índice de Gini foi pior em 2000 do que era em 1990, sendo melhor apenas no estado de Roraima, na Região Norte, e mesmo assim apenas porque a renda média caiu.[45]

Embora o Brasil ainda apresente indicadores sociais e de desigualdade inaceitáveis, há claramente uma tendência geral positiva em todos os indicadores, particularmente naqueles relacionados com a educação e a saúde. Há também uma gradativa redução nas desigualdades entre regiões, sexos, raças e na comparação urbano/rural. Os avanços são menos expressivos quando analisamos a distribuição de renda, pois só recentemente a distribuição medida pelo índice de Gini passou a mostrar sinais positivos, sendo os efeitos ainda tímidos, se considerarmos o grau de desigualdade existente no Brasil. Se a estabilidade obtida com o Plano Real e a recuperação do emprego representam os aspectos mais consistentes, outros as-

---

[45] Pnud, Fundação João Pinheiro, Atlas do desenvolvimento humano no Brasil de 2003.

pectos também contribuem para a redução da desigualdade, como, por exemplo, a política de elevação real do salário mínimo, que beneficia também aposentadorias; os programas de benefícios continuados (idosos e deficientes); a aposentadoria rural e os programas de distribuição de renda, como o Bolsa Família. Esses programas, além de seu efeito positivo no processo de redução da desigualdade, têm impacto na diminuição do número de pessoas que vivem abaixo do nível de pobreza e de indigência. Um estudo atual mostra que 28% da queda do índice de Gini no período 1995-2004 seriam explicados pelos programas de benefícios continuados e pelo Bolsa Família. As aposentadorias, contributivas ou não, que se beneficiam do aumento real do salário mínimo explicariam 32% da melhoria no índice de Gini.[46] Embora a retomada do crescimento e do emprego sejam elementos essenciais para a melhoria dos indicadores sociais, é evidente que a desigualdade só será reduzida através de políticas públicas efetivas no que diz respeito a serviços sociais fundamentais, como educação e saúde, saneamento e habitação, e de políticas compensatórias que distribuam renda, como as implantadas nos últimos 10 anos. Somente essas políticas evitarão que as vantagens de um novo ciclo de crescimento sejam apropriadas apenas por uma parcela ínfima da população. As forças do mercado, em face das desigualdades existentes, infelizmente não promovem a redução da desigualdade de renda. É fundamental uma ação ativa do poder público. Qualquer diminuição a longo prazo da desigualdade está intimamente relacionada às políticas públicas. Apesar de o crescimento econômico contribuir para a melhoria desses índices, não pode haver redução da desigualdade a longo prazo sem políticas públicas sistemáticas de redistribuição de renda. Apenas com esses programas firmemente implantados no orçamento nacional é que esses extraordinários níveis de desigualdade poderão ser finalmente reduzidos.

---

[46] Soares et al., 2006.

Referências bibliográficas

BARROS, Ricardo Paes de; FRANCO, Samuel; MENDONÇA, Rosane. *A recente queda da desigualdade de renda e o acelerado progresso educacional brasileiro da última década*. Rio de Janeiro: Ipea, 2007. (Texto para Discussão, 1.304.)

BELTRÃO, Kaizô Iwakami; OLIVEIRA, Francisco Eduardo Barreto de; PINHEIRO, Sonoê Sugahara. *A população rural e a previdência social no Brasil:* uma análise com ênfase nas mudanças constitucionais. Rio de Janeiro: Ipea, 2000. (Texto para Discussão, 759.)

CASTRO, Maria Helena Guimarães de. *Educação para o século XXI:* o desafio da qualidade e da equidade. Brasília: Inep/MEC, 1999.

FERRANTI, David de et al. *Inequality in Latin America:* breaking with history? Washington, DC: World Bank, 2004.

FISHLOW, Albert. A distribuição de renda no Brasil: um novo exame, *Dados*, n. 11, 1973.

IBGE. *Estatísticas do século XX*. Rio de Janeiro: IBGE, 2003.

LANGONI, Carlos. *Distribuição da renda e desenvolvimento econômico do Brasil*. Rio de Janeiro: Expressão e Cultura, 1973.

ROCHA, Sonia. *Desigualdade regional e pobreza no Brasil:* a evolução – 1981-95. Brasília: Ipea, 1998. (Texto para Discussão, 567.)

SILVA, Antonio Braz de Oliveira e; MEDINA, Mérida Herasme. *Produto interno bruto por unidade da Federação* – 1985-1998. Brasília: Ipea, 1999. (Texto para Discussão, 677.)

SOARES, Fabio Veras et al. *Programas de transferência de renda no Brasil:* impactos sobre a desigualdade. 2006. Disponível em: <www.anpec.org.br/encontro2006/artigos/A06A156.pdf>.

WOOD, Charles Howard; CARVALHO, José Alberto M. de. *A demografia da desigualdade no Brasil*. Rio de Janeiro: Ipea, 1994.

6

O declínio recente da pobreza
e os programas de transferência de renda

SÔNIA ROCHA

Vivemos hoje no país uma conjunção favorável de fatores — aumento da taxa de investimento, crescimento econômico sem restrição externa, redução da pobreza e da desigualdade —, o que ocorre apesar de apenas parte do dever de casa ter sido feita. Certamente, permanecem problemas de redefinição do papel do Estado, além de racionalização do gasto público, de maneira a garantir recursos para áreas críticas de infraestrutura física, leiam-se transportes e energia, e de qualificação do capital humano, problemas que correm o risco de pôr a perder a tendência econômica e social que se configura como claramente favorável.

O objetivo deste texto é de, a partir das evidências de queda continuada da pobreza que se verifica desde 2004, atingindo mínimos absolutos na história do país, examinar aspectos relacionados com a forte expansão da política de transferência de renda, e do Bolsa Família especificamente, como carro-chefe da política social do governo federal. Embora, como se sabe, as transferências não sejam o determinante principal da queda recente da pobreza, têm, considerando os montantes envolvidos, papel relativamente importante, por serem focalizadas. Este texto tratatá das mudanças que vêm ocorrendo na operacionalização do programa, reforçando sua base institucional e melhorando o mecanismo de transferência de renda *stricto sensu*, assim como dos aspectos polêmicos relativos às condicionalidades e às *portas de saída* do programa. Enfocarei ainda a superposição dos *novos* programas de transferência assistenciais, criados desde meados da década de 1990, a maioria deles unificados no Bolsa Família, aos programas constitucionais preexistentes, voltados para os idosos e os portadores de deficiência pobres, uma vez que esta superposição contraria os objetivos desejáveis de racionalidade, coerência e eficácia da política pública.

O texto está assim organizado: na próxima seção, à guisa de pano de fundo, será apresentada e comentada a evolução recente das proporções de pobres e indigentes, bem como aspectos relativos a mudanças que vêm ocorrendo na espacialização e caracterização da pobreza no Brasil. A terceira seção trata do Bolsa Família e da necessidade de redesenhar os programas assistenciais de transferência de renda, compatibilizando parâmetros e formas de operação do Bolsa Família e dos programas constitucionais preexistentes. Finalmente, a quarta seção alinhava recomendações quanto à integração dos programas de modo a preservar a coerência das transferências assistenciais no âmbito da política social.

O declínio recente da pobreza

Nos três últimos anos, os resultados da Pesquisa Nacional por Amostra de Domicílios (Pnad) têm mostrado um declínio continuado da pobreza e da indigência, medidas a partir da renda das famílias. Essa evolução, que acompanha o comportamento favorável da atividade econômica com um componente distributivo muito bem caracterizado, é vista com alívio depois do longo período de resultados oscilantes que se seguiram ao Plano Real. Assim, embora a melhoria da renda na base da distribuição, que ocorreu após a estabilização monetária, tenha sido ímpar na sua intensidade e permanência, pouco se avançou nos anos seguintes. A partir da proporção de pobres de 33,2% em 1995, os indicadores de pobreza oscilaram em torno desse patamar conforme a conjuntura econômica. Os resultados da crise de 2003 — quando tanto a proporção de pobres quanto a de indigentes[1] apresentaram um repique, atingindo 35,6% e 10%, respectiva-

---

[1] Define-se como pobres aqueles cuja renda familiar *per capita* se situa abaixo do valor necessário para atender a todas as necessidades básicas, enquanto indigentes são

mente — tornaram evidente o fracasso do período pós-estabilização em termos de melhoria da renda dos mais pobres. No entanto, outros indicadores de condição de vida revelavam uma história muito menos adversa.

Assim, o acesso a serviços de saneamento melhorou, embora permaneçam déficits importantes de esgotamento sanitário, que afetam tanto pobres quanto não pobres, embora prejudiquem infinitamente mais os pobres. Melhoraram continuamente as condições de habitação no que se refere à durabilidade dos materiais empregados, à lotação dos cômodos e a outros itens de conforto dos domicílios, como posse de bens duráveis, e isso apesar do comportamento da renda.[2] A frequência à escola e o acesso a serviços de saúde aumentaram, embora permaneçam problemas sérios de qualidade. Essas mudanças positivas da condição de vida podem ser sintetizadas pelo comportamento dos indicadores de esperança de vida e de queda da mortalidade infantil, que vêm melhorando de forma sustentada ao longo do tempo.

Essa evolução ambivalente — estagnação da renda dos pobres, mas acompanhada de melhorias em sua condição de vida — tornou-se francamente positiva desde 2004, quando a renda dos mais pobres se elevou, em função da conjuntura econômica favorável e da expansão das transferências de renda, com impacto direto sobre os indicadores de pobreza e de indigência do ponto de vista da insuficiência de renda.

O gráfico apresenta a evolução da pobreza e da indigência desde 1995, o que permite verificar os progressos sustentados a partir de 2003. Cabe notar que, no caso da pobreza, a queda observada nos dados mais recentes, relativos a 2006, é a mais acentuada desde a estabilização. No caso da indigência, em 2006, o ritmo de queda da proporção se manteve, apesar

---

aqueles cuja renda é inferior ao valor necessário para atender aos custos apenas de alimentação. São utilizadas a cada ano 24 linhas de pobreza e 24 linhas de indigência, de modo a levar em conta os diferenciais de custo de vida para os pobres em diferentes locais de residência.

[2] É esclarecedor sobre o perfil do pobre no Brasil o fato de que, apesar de o valor das linhas de pobreza variar de R$ 71,80 a R$ 280,14 por pessoa/mês, cerca de 85% dos pobres têm televisão em cores em seu domicílio. Para uma discussão mais detalhada sobre o perfil dos pobres, ver Rocha, 2008.

da expansão nominal de 22% e real de 19% do dispêndio do Bolsa Família, que beneficia mais diretamente os indigentes do que os pobres.

Apesar dos progressos irrefutáveis e empiricamente comprováveis na redução da pobreza sob qualquer ponto de vista, isto é, da renda, das condições de vida ou do grau de desigualdade, é frequente a incredulidade a esse respeito, o que se explica muitas vezes pelas evoluções locais diferenciadas da pobreza. Assim, enquanto ocorria uma queda sustentada da pobreza nas áreas rurais (a proporção passou de 41,5% em 1995 para 29,4% em 2006), não houve progressos nas áreas metropolitanas (31,2% em 1995 e 31,3% em 2006).

Evolução da proporção de pobres e indigentes (%) 1995-2006

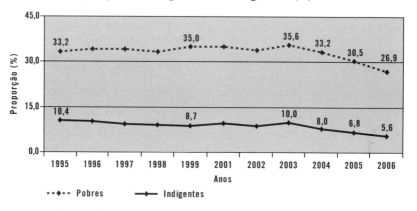

Nota: Exclui área rural da Região Norte.

A pobreza nas metrópoles tem, naturalmente, maior visibilidade e repercussão nacional, sendo o fenômeno frequentemente generalizado para o país de forma indevida. Há que se reconhecer, no entanto, que a metropolização da pobreza torna mais complexo o problema a tratar e mais cara sua solução, já que, nessas áreas, os efeitos adversos da pobreza são potencializados pela desigualdade de renda, de riqueza e de poder, criando situações explosivas. Além disso, o mercado de trabalho metropolitano é mais exigente, dificultando a inserção produtiva daqueles com pouca qualificação e que, na área rural, têm, mal ou bem, as atividades de subsistência como alternativa. Como o custo de vida nas metrópoles é mais elevado para todos, incluindo os pobres, é mais difícil garantir o mínimo necessário à sobrevivência digna, seja através do trabalho, seja através dos benefícios previdenciários e assistenciais.

A esse respeito é importante notar que, apesar da primazia inevitável das metrópoles em termos de poder e influência, os valores-chave para as políticas previdenciária e assistencial, como o salário mínimo e o valor do benéfico Bolsa Família, continuam a ser estabelecidos nacionalmente, passando por cima de diferenciais de custo de vida locais e beneficiando relativamente mais as áreas rurais. Nesse sentido, essas políticas públicas têm contribuído para reduzir de forma mais acentuada a pobreza rural, tradicionalmente a mais crítica, levando a uma convergência dos indicadores de pobreza para as diferentes áreas do país. São assim relativamente mais beneficiados aqueles que, na área rural, têm que fazer face a déficits mais críticos de atendimento de serviços públicos.

Apesar do papel das políticas públicas na redução da desigualdade da incidência da pobreza entre as diferentes áreas do país, é bem sabido e documentado que o comportamento do mercado de trabalho tem sido o principal responsável pelos bons resultados de redução da pobreza obtidos nos últimos três anos. Isso se deve a uma conjunção favorável de fatores, que resultou na expansão da ocupação e em ganhos de rendimento do trabalho mais acentuados na base da distribuição, permitindo reduzir não só a pobreza como a desigualdade.[3] Como é compreensível, variações para mais ou para menos do rendimento do trabalho têm necessariamente um papel preponderante na pobreza, já que esse rendimento corresponde a cerca de três quartos da renda das famílias. No entanto, quando se trata dos determinantes da queda da pobreza e da indigência, é inescapável dar destaque às transferências assistenciais. Estas, embora ainda sejam responsáveis por uma parcela reduzida da renda das famílias, vêm crescendo como resulta-

---

[3] Vale lembrar que a desigualdade vinha se reduzindo de forma sustentada desde meados da década de 1990, mas numa conjuntura adversa, em que o rendimento médio declinava. A política de valorização real do salário mínimo representou uma proteção efetiva dos rendimentos mais baixos, fossem eles os do trabalho, ou os previdenciários e assistenciais, reduzindo a desigualdade e evitando um resultado mais adverso no que concerne à pobreza enquanto insuficiência de renda até 2003.

do de políticas de Estado. Ademais, como são focalizadas, acabam por ter um impacto mais acentuado sobre a pobreza e a indigência. No período 1999-2005, o valor real das transferências assistenciais cresceu 166,7%, enquanto o rendimento do trabalho aumentou 19,7%, fazendo com que sua participação na renda das famílias pobres chegasse a 6,1% em 2005.

Esse crescimento das transferências assistenciais se deu pela expansão da clientela atendida tanto por programas constitucionais (Benefícios de Prestação Continuada — BPC/Lei Orgânica da Assistência Social — Loas), quanto por novos programas como o Bolsa Família (BF), além de pelos efeitos de valorização real do salário mínimo sobre o dispêndio das transferências constitucionais. Ao final de 2007, o dispêndio total com transferências chegou a R$ 20,5 bilhões e o Bolsa Família consolidou seu papel de carro-chefe da política social do governo, apesar de lhe caber uma parcela menor — 39,6% ou R$ 8,1 bilhões — desse total.[4]

Os programas assistenciais de transferência de renda

Pode-se utilizar políticas diversas para reduzir a pobreza do ponto de vista da renda, sendo as transferências diretas de renda aos pobres uma delas. Propostas de introdução de novos programas de transferência de renda no Brasil vieram à tona desde o final da década de 1980,[5] para fazer face, de forma imediata, à estagnação dos índices de pobreza em níveis elevados e à desigualdade de renda característica da pobreza no Brasil.[6] Depois de experimentos em escalas diversas e visando o atendimento de clientelas diferenciadas, os programas federais criados desde meados dos

---

[4] Os dados referem-se ao acumulado até novembro de 2007. Os dados relativos a dezembro de 2007 não estavam disponíveis quando da redação deste texto.

[5] Já existem no Brasil, desde a década de 1970, programas de transferências de renda assistenciais para a proteção de idosos e portadores de deficiência de baixa renda, hoje operando paralelamente ao Bolsa Família e demais "novos" programas de transferência de renda criados desde meados da década de 1990. A superposição dos dois tipos de programa de transferência de renda será tratada mais adiante.

[6] Cabe destacar os projetos de lei de iniciativa do senador Suplicy sobre um programa de garantia de renda mínima, assim como a proposta do Bolsa Escola, incorporado ao programa de governo do Partido dos Trabalhadores para as eleições presidenciais de 1989. A respeito, ver Suplicy, 1992; e Rocha, 2006.

anos 1990 foram unificados com algumas modificações de parâmetros operacionais sob o atual Bolsa Família em 2003.[7]

Embora o Bolsa Família esteja hoje consolidado, tendo atingido, no final de 2006, a meta de atendimento de 11 milhões de famílias estabelecida pelo governo federal, persistem controvérsias sobre sua oportunidade e sua eficácia. Discutiremos a seguir alguns aspectos relativos a objetivos e operacionalização do programa, assim como seu papel no contexto de uma política antipobreza.

Aspectos relativos a objetivos e operacionalização

É incontestável que, desde a implantação do Bolsa Escola no município de Campinas e no Distrito Federal em meados da década de 1990 ao Bolsa Família de hoje, progressos importantes foram realizados não só em termos de operacionalização, como do entendimento das possibilidades e dos limites de programas desse tipo. Controvérsias entre especialistas, frequentemente divulgadas pela imprensa, têm sido úteis para correções de rumo, assim como para o esclarecimento da sociedade e dos agentes diretamente envolvidos.

Cabe lembrar que as mudanças introduzidas em 2003 pelo governo Lula incluíram a universalização do programa, visando atender a todas as famílias pobres, com crianças ou não, uma decisão que não teve a aprovação irrestrita dos especialistas. Sem dúvida, a operacionalização do programa seria mais fácil com a ancoragem nos serviços de educação e saúde, além do que, ao mesmo custo, o programa poderia garantir uma proteção mais abrangente às crianças, que desempenham um papel estratégico no rompimento do círculo vicioso da pobreza. Muitos veem com desalento o fato de, por exemplo, o Bolsa Família ter um impacto educacional tão pouco expressivo.[8]

---

[7] Além dos programas implementados pelos governos municipais, principalmente seguindo o formato do Bolsa Escola, foram criados pelo governo federal o Programa de Erradicação do Trabalho Infantil (Peti), o Bolsa Alimentação, e o próprio Bolsa Escola, além do Cartão Alimentação, no início do governo Lula.

[8] Tratando do BF no âmbito das políticas sociais, Schwartzman (2007) afirma que "seu impacto educacional tem sido, na melhor das hipóteses, marginal".

Apesar de se propor a atender a todas as famílias pobres, o programa tem o mérito de estabelecer um teto de renda muito baixo para a obtenção do benefício por famílias sem crianças, além de prever valores adicionais associados à presença de crianças nas famílias pobres.[9] Isso significa que famílias com crianças ainda se beneficiam de uma proteção maior do programa. Outrossim, o valor não chega a representar um desestímulo à inserção produtiva dos beneficiários, exceto naqueles casos de evidente exploração do trabalhador, que, por isso, devem ser combatidos.

Com a unificação da maioria dos "novos" programas sob o Bolsa Família em outubro de 2003, ocorreram progressos na sua institucionalidade, o que implica, por exemplo, melhor definição do papel dos agentes envolvidos, maior clareza de regras e procedimentos, regularidade e confiabilidade do pagamento mensal do benefício.[10] O pagamento mensal sem interrupções deu credibilidade ao programa, sendo um aspecto de fundamental importância para os beneficiários, que passaram a poder contar, de fato, com a renda adicional.[11] Foi mantido e fortalecido o vínculo de colaboração entre o governo federal — responsável pela gestão do programa e pelo pagamento dos benefícios — e os governos municipais — responsáveis pelo cadastramento e pela infraestrutura necessária ao cumprimento das condicionalidades. O pagamento do benefício via cartão magnético, assim

---

[9] O valor básico de R$ 60,00 por mês e por família para todas as famílias com renda *per capita* de até R$ 60,00 pode ser acrescido de R$ 18,00 por criança até 15 anos, limitado a três crianças por família. As famílias com renda *per capita* entre R$ 60,01 e R$ 120,00 qualificam-se apenas ao benefício variável associado à presença de crianças. Em consequência, o valor do benefício concedido pelo programa variava, no início de 2008, de R$ 18,00 a R$ 114,00 por mês e por família. Para fins de comparação, o valor do salário mínimo mensal era de R$ 380,00.

[10] Em dezembro de 2007 ainda foram pagos 322 mil benefícios dos programas remanescentes no âmbito do Ministério do Desenvolvimento Social (Bolsa Escola, Bolsa Alimentação, Cartão Alimentação e Auxílio Gás), permanecendo o Peti fora do âmbito de ação do ministério.

[11] Na segunda metade da década de 1990, por motivos administrativos, orçamentários e outros, o pagamento mensal dos benefícios do Bolsa Escola já na sua fase federal, que ainda se fazia com a intermediação dos municípios, era frequentemente descontinuado, o que criava problemas tanto para os beneficiários, quanto para os gestores municipais do programa.

como o uso sistemático do Cadastro Único[12] para fins de acompanhamento e controle são medidas positivas, que criam obstáculos ao uso clientelista do programa no nível local.

O Cadastro Único, que contém informações sobre as características das famílias pobres e de seus membros, pode tornar-se um instrumento central para a gestão do programa. É provável que a atualização contínua e o gerenciamento ativo do cadastro venham permitindo aperfeiçoar a focalização. A Pnad 2004 revelou que havia ainda uma significativa clientela de 5 milhões de famílias, que, apesar de elegíveis, não recebiam qualquer benefício; e que, em contrapartida, havia algum vazamento de benefícios para famílias com rendas superiores às previstas pelo programa.[13] O suplemento da Pnad 2006[14] permitirá verificar a focalização recente, além de realizar o confronto de características das famílias no Cadastro Único e na pesquisa domiciliar.

Apesar das melhorias operacionais no que concerne ao seu objetivo específico de transferir renda, o programa tem sido frequente objeto de polêmica em relação a dois aspectos: o papel das condicionalidades e as "portas de saída".

As denominadas condicionalidades são as contrapartidas exigidas dos beneficiários quanto a vacinação, frequência à escola pelas crianças e acompanhamento pré-natal e pós-puerperal. Quando não atendidas levam, em última instância, à suspensão do benefício. Apesar de seu caráter compulsório ter como objetivo a melhoria das condições de vida das famílias assistidas, existem problemas de oferta dos serviços em questão. Assim, por exemplo, apesar de já ter sido praticamente atingida a universalização do acesso à escola das crianças na faixa etária da escolaridade obrigatória, a correção das conhecidas deficiências das escolas e do ensino ministrado não tem ocorrido como o desejado, tornando frequentemente burocrático e inócuo um eventual controle de presença das crianças em famílias bene-

---

[12] O Cadastro Único foi criado em julho de 2001, durante a administração de Fernando Henrique Cardoso, mas só passou a ser operado efetivamente a partir de 2004.

[13] Rocha, 2006.

[14] As informações do Suplemento da Pnad 2006 foram divulgadas em março de 2008.

ficiárias do Bolsa Família, que tem como objetivo romper o círculo vicioso da pobreza. Schwartzman (2006) mostrou que dos sete aos 13 anos, 90% das crianças frequentam a escola regularmente, de modo que o Bolsa Família não poderia ter o papel relevante de indutor da frequência à escola.[15] Esse fato significa, ademais, que as deficiências de aprendizagem reveladas por testes como o Pisa têm que ser imputadas à má qualidade do ensino e a deficiências do funcionamento da escola de maneira mais geral, e não ao absenteísmo. Mesmo tendo sido detectado algum diferencial na presença à escola entre os beneficiários e não beneficiários do então Bolsa Escola (diferencial máximo de 11,5 pontos percentuais no décimo de renda familiar mais baixo), pode-se depreender que a presença é, em última instância, pouco relevante se não há aprendizado por parte dos que estão presentes.

Nesse contexto, o desafio não é fazer cumprir a contrapartida, mas melhorar a qualidade do ensino para garantir que a presença da criança na escola signifique aprendizado efetivo. É fundamental evitar o desinteresse, e que crianças sejam deixadas para trás,[16] o que causa repetência e culmina com o abandono da escola sem que a escolaridade básica tenha sido concluída. Mas isso depende fundamentalmente de iniciativas educacionais fora do âmbito do programa de transferências.[17]

Assim, embora as crianças de famílias pobres sejam as principais vítimas das atuais deficiências do ensino básico no Brasil, há que separar o que o programa de transferência de renda pode realizar do que está fora de sua competência. Temos, por exemplo, sólidas evidências empíricas de que faltas à escola não se dão por conflito com o trabalho,[18] de modo que o Bolsa Família não tem o potencial de afetar o trabalho precoce, o que

---

[15] Schwartzman (2006) com base na Pnad 2001.

[16] A mudança de estratégia é essencial para fazer a escola mobilizar-se para que todas as crianças progridam, na linha adotada pelo US Department of Education ("No Child Left Behind"). Além disso, trata-se de adotar de forma generalizada e sob controle estrito as práticas educacionais que reconhecidamente "funcionam".

[17] Sobre a necessidade inadiável de reformas educacionais, ver Oliveira, 2006.

[18] Schwartzman (2006) mostrou que, mesmo no quinto mais baixo da distribuição de rendimentos, apenas 5% dos beneficiários do Bolsa Escola citaram o trabalho como razão para faltar à escola.

caberia ao Peti fazer, com atividades em tempo integral. Apoio pedagógico e atenção especial às crianças logo que apresentem dificuldade de aprendizado são medidas dispendiosas, mas essenciais para que o acesso universal à educação possa desempenhar o papel fundamental de redutor das desigualdades e eliminação da pobreza absoluta.

Quanto à preocupação com as "portas de saída" do programa e da pobreza, é essencial colocar a questão em bases realistas. A clientela do programa é pobre devido a deficiências importantes de capital humano, que dificilmente podem ser sanadas no curto prazo. Isso porque, embora a inserção no mercado de trabalho exija qualificação crescente, sendo oito anos de escolaridade o nível mínimo aceito pelo mercado, existe um enorme contingente de 8 milhões de indivíduos de 18 a 25 anos, portanto jovens, que não completaram a educação básica.[19] Nesse contexto de "descasamento" entre demanda e oferta de mão de obra segundo o nível de qualificação, a transferência assistencial representa para as famílias muito pobres a garantia de alguma renda de forma estável e previsível, até que, em algum momento no futuro, provavelmente não antes do transcurso de uma geração, o déficit de qualificação esteja sensivelmente reduzido.

Ademais, as transferências não podem eliminar de imediato a pobreza em função do baixo valor do benefício — o que, é importante enfatizar, não significa recomendar que seu valor seja aumentado. Simulações feitas supondo a cobertura total das famílias elegíveis com base nas regras do Bolsa Família mostram que o impacto sobre os indicadores de pobreza são necessariamente limitados,[20] permitindo apenas amenizar

---

[19] Dos indivíduos em idade ativa (entre 10 e 65 anos de idade), 46,9% tinham menos de oito anos de escolaridade. Mesmo entre os jovens de 18 a 25 anos, 29,6% destes, o que correspondia a 8 milhões de pessoas em 2005, não tinham completado os oito anos de escolaridade básica. Ver Rocha, 2007.

[20] Simulações realizadas com base nos dados de rendimento da Pnad 2002, quando o Bolsa Família ainda não existia e os outros "novos" programas tinham cobertura muito limitada, revelaram uma queda potencial da proporção de pobres no país de 2,9 pontos percentuais (de 34% para 31,1%) e de 6 pontos percentuais (de 45% para 39%) no caso da razão do hiato. O valor da transferência não possibilita que a maioria dos beneficiários ultrapasse a linha da pobreza, mas ocorre sempre algum aumento da renda e consequente redução do hiato, com alguma melhoria concomitante do nível de bem-estar dos beneficiários.

os efeitos da pobreza, estando longe de eliminá-la. Não cabe, portanto, estabelecer limites de tempo para a permanência dos beneficiários no programa, já que sua saída da pobreza depende, essencialmente, de melhorias de sua inserção produtiva, associada a determinantes exógenos ao programa, tais como melhoria do nível de educação/qualificação para o mercado de trabalho, assim como taxa e tipo de crescimento econômico.

O papel das transferências no contexto das políticas social e antipobreza

Embora o Bolsa Família careça da base legal que torne sua manutenção pelo governo federal obrigatória, o enorme número de famílias hoje atendidas — pouco mais de um quinto das famílias brasileiras —, assim como a estrutura criada para a sua gestão lhe dão caráter de estabilidade, sendo improvável, inclusive por motivos políticos, sua suspensão no horizonte previsível.[21] No entanto, ao se tornar a menina dos olhos da política social do governo Lula, o Bolsa Família tem avançado seguindo uma lógica própria, que, em muitos aspectos, se mostra incompatível com outros mecanismos de política social, mesmo da política social antipobreza.

Parte ponderável das resistências ao Bolsa Família vem dos que o qualificam como assistencial, o que, embora irrefutável, não é um vício: a transferência de renda se constitui, tanto para gestores quanto para beneficiários, como a essência do programa, enquanto as iniciativas de promoção social a ele associadas são claramente acessórias. No entanto, a resistência ao caráter assistencial da transferência de renda do BF parece ignorar a existência, desde a década de 1970, de transferências assistenciais que são, ainda hoje, mais importantes que o Bolsa Família em termos do dispêndio realizado.

---

[21] Lavinas e Garçon (2006) destacam que o benefício constitucional é um direito, não podendo, portanto, ser afetado por restrições orçamentárias, enquanto o Bolsa Família pode ter sua demanda não atendida. Embora formalmente isso seja verdadeiro, a concessão de novos benefícios tanto de um quanto de outro programa pode ser afetada, na prática, por restrições orçamentárias.

Trata-se dos benefícios constitucionais pagos a idosos e portadores de deficiências pobres, regulados pela Lei Orgânica da Assistência Social (Loas). Criado em 1974, esse programa adquiriu a feição atual com as mudanças introduzidas pela Constituição de 1988: transferências mensais — os chamados benefícios de prestação continuada (BPCs) —, cujo valor é igual ao do salário mínimo, beneficiam idosos e portadores de deficiência com renda familiar *per capita* inferior a um quarto do salário mínimo. Apesar de ser um sistema que poderia estar consolidado devido ao seu tempo em operação, continua se expandindo celeremente, tanto em cobertura — 2 milhões de benefícios em 2000 para 3,1 milhões em 2007,[22] — quanto em dispêndio, em função também da valorização real do salário mínimo — R$ 331,4 milhões e R$ 1,2 bilhão ao mês, respectivamente. Assim, apesar de pagar benefícios que correspondem a 27,9% do número daqueles pagos pelo Bolsa Família, seu dispêndio é 52,1% superior ao do programa de transferências focalizadas mais recente.[23]

Apesar de o BF e o BPC terem como objetivo a proteção dos pobres, apresentam, além de diferenças na base legal, critérios operacionais muito distintos. Assim, embora a renda familiar *per capita* seja o critério de pobreza em ambos os casos, tanto o conceito de família quanto o teto de renda que permite o acesso ao benefício são diferentes, assim como o valor do benefício propriamente dito (ver tabela). A rigor, a diferença no valor dos benefícios dos programas constitucionais e do Bolsa Família pode ser entendida como função da prioridade relativa que a sociedade queira dar aos idosos e portadores de deficiência pobres no conjunto mais amplo de pobres. No entanto, a ausência de normatização e homogeneização dos conceitos de família e de rendimento familiar, assim como do valor do teto de rendas são certamente indesejáveis, revelando a falta de coerência da política antipobreza, que resulta, em parte, do engessamento cons-

---

[22] Dados relativos ao mês de novembro de cada ano. O crescimento médio anual do número de benefícios nesse período — 6,1% ao ano — se encontra em claro descompasso com o crescimento dos agregados demográficos de referência e com o comportamento da renda das famílias.

[23] Valores relativos a 2007 acumulados até novembro. Fontes: Dataprev e Ministério do Desenvolvimento Social.

130 O SOCIÓLOGO E AS POLÍTICAS PÚBLICAS

titucional e, em parte, da implementação atabalhoada de novos programas em função da urgência política. Vale observar que, ao utilizar o salário mínimo como referência, o sistema constitucional tem o valor de seus benefícios reajustados automaticamente a cada ano, enquanto não existe regra estabelecida para o reajuste dos valores transferidos pelo Bolsa Família, que, criados em outubro de 2003, foram reajustados pela primeira vez em 20% em agosto de 2007. Não se trata aqui de postular a elevação do valor dos benefícios pagos pelo BF, mas de evidenciar as incoerências entre os dois sistemas de transferências.

Características operacionais dos dois sistemas de transferência de renda

Características	Constitucional	Bolsa Família
Público-alvo	Idosos e portadores de deficiência pobres	Pobres em geral
Conceito de família	Grupo de pessoas cf. art. 16 da Lei nº 8.213, de 1981 ("conceito previdenciário")	Grupo de pessoas conviventes no mesmo domicílio
Valor do teto de renda*	¼ do salário mínimo	–
Em janeiro de 2008	R$ 95,00	R$ 120,00
Valor do benefício	1 salário mínimo	–
Em janeiro de 2008	R$ 380,00	R$ 18,00 a R$ 114,00

* Renda familiar *per capita*.

Como o objetivo desses sistemas é amenizar as condições de pobreza no presente e reduzir de forma definitiva a incidência da pobreza no futuro, é urgente reconfigurar o desenho da política de transferências assistenciais, unificando os dois sistemas hoje existentes, de modo a maximizar o impacto desejado em face do montante de recursos mobilizados.

Transferências focalizadas e política social

Pode-se antecipar que os bons resultados em termos de redução da pobreza verificados em 2006 devem ter tido continuidade em 2007, como sugerem os indicadores conjunturais quanto ao aumento do emprego e da renda do trabalho neste último ano. Apesar do comportamento favorável da atividade econômica, que levou à redução da pobreza via mercado de trabalho, as transferências de renda focalizadas continuaram a se expandir celeremente, pelo aumento da clientela e dos valores transferidos. Assim, em 2007, o BPC teve seu dispêndio afetado pela expansão de sua clientela em 5,2% e pelo aumento real de 3,6% do salário mínimo.[24] Quanto ao Bolsa Família, com a meta de atendimento de 11 milhões de famílias atingida no final de 2006, o governo decidiu reajustar o valor dos benefícios em 20% em meados de 2007. A decisão recente de garantir a cobertura do BF aos jovens de 16 e 17 anos representa uma nova expansão do número de beneficiários, de modo que a proposta de orçamento da União para 2008 incluiu um aumento de 18,4% do dispêndio do Bolsa Família em relação a 2007.

A expansão continuada das transferências ocorreu apesar da conjuntura econômica favorável e, portanto, da inexistência de pressões para o aumento dos benefícios assistenciais. Nesse contexto, seria oportuno reexaminar a política antipobreza, compatibilizando seus mecanismos entre si e com os da política social de maneira mais geral. Podem ser identificadas três linhas de ação no que concerne a aperfeiçoamentos desejáveis das transferências assistenciais.

A primeira seria conceber medidas voltadas para a redução da desigualdade dos pobres com relação às transferências assistenciais, diminuindo as diferenças no que tange aos critérios de elegibilidade e aos benefícios proporcionados pelos dois sistemas. A faceta mais óbvia dessa desigualdade é o hiato dos valores pagos pelo BPC e pelo BF, o que significa proteger com intensidade diferente subgrupos de pobres. Os indicadores de pobreza referentes à insuficiência de renda mostram de forma dramática o resultado das diferenças dos dois programas sobre a incidência de pobreza por idade: tomando a proporção de pobres no Brasil, estimada em 30,3% em 2005, essa proporção varia inversamente à idade, chegando a 52,4% entre as crianças de até quatro anos, enquanto era de 9% entre os indivíduos com 60 anos e mais. É importante destacar que, ape-

---

[24] Evolução ocorrida entre novembro de 2006 e novembro de 2007.

sar da expansão dos novos programas e da evolução demográfica favorável devido à queda da fecundidade, a diferença da proporção de pobres entre crianças e idosos aumentou no período recente, o que certamente não é um resultado desejável.[25] Naturalmente, essas evidências colocam em xeque não só o aspecto distributivo no âmbito das transferências, mas também aspectos mais gerais da política antipobreza, como as relativas às formas mais efetivas de proteger os pobres, e as crianças pobres em particular.

Nesse sentido, uma segunda linha de ação a considerar tem a ver com o papel das transferências no âmbito da política social e, especialmente, da política antipobreza. Há que se utilizar a atratividade do Bolsa Família, que permite obter as informações do Cadastro Único, para promover melhorias de vida para os pobres, em particular no que concerne ao aumento do estoque de capital humano, que é a maneira mais efetiva de romper o círculo vicioso da pobreza. Assim, embora reconhecendo que transferências de renda focalizadas são essenciais diante da enorme desigualdade de renda, e, como já se mencionou, das desvantagens estruturais dos pobres, elas se tornaram, indevidamente, o ponto focal da política antipobreza, colocando em segundo plano iniciativas de fato transformadoras, como as educacionais. Isso é compreensível, já que é mais fácil montar um sistema novo de transferências aos pobres, independente até mesmo do sistema preexistente, do que corrigir as mazelas educacionais, que envolvem um sistema consolidado — anacrônico, deteriorado e crivado de vícios por todos os lados —, além de disputas inevitáveis associadas às necessidades de mudanças de estruturas e dos modos de fazer. Idealmente, o Bolsa Família e o Cadastro Único a ele associado poderiam ser instrumentos para estabelecer mecanismos antipobreza articulados, visando atender às necessidades diversas e diferenciadas de cada família pobre. A atenção *tailor-made* às famílias pobres, *à la* Chile, tem uma complexidade e um custo muito elevado, mas deve ser um objetivo a perseguir, começando por áreas

---

[25] Em 1999, a proporção de pobres entre crianças de 0 a 4 anos era de 54,5% e entre indivíduos de 60 anos ou mais, de 15,9%, mostrando que os progressos realizados desde então beneficiaram muito mais os idosos. Ver Rocha, 2008.

críticas, aliás, como formalmente tem sido proposto desde o início da década de 1990 pelas políticas antipobreza no Brasil. Programas como o Comunidade Solidária, do governo FHC, e o Fome Zero, do governo Lula, levam em conta explicitamente, na sua concepção, a característica multidimensional da pobreza e a conhecida heterogeneidade do contingente de pobres em um país tão grande e diverso como o Brasil. No entanto, as ações antipobreza de fato integradas pouco têm avançado. O objetivo a perseguir é manter as transferências — mas sob um modelo unificado — como apenas um dos elementos de uma política antipobreza verdadeiramente multidimensional.

Finalmente, haveria que considerar os efeitos dos programas de transferência que ultrapassam em muito o escopo da assistência social. Sabe-se, por exemplo, que a atual equiparação das transferências "constitucionais" ao salário mínimo tem o impacto perverso de desestimular a filiação ao regime geral de previdência social. Nesse sentido, seria recomendável introduzir um deságio do BPC em relação ao valor mínimo do benefício associado ao sistema contributivo, com o objetivo de recuperar a atratividade do referido regime geral para os trabalhadores que percebem rendimentos próximos ao valor do salário mínimo.[26] É também necessário estabelecer uma regra de ajuste do valor dos benefícios "constitucionais" desvinculada da do salário mínimo, nos moldes do que já é feito na previdência para valores superiores ao mínimo.[27] Benefícios assistenciais, sejam eles o BPC ou o BF, deveriam estar, pela lógica, sujeitos ao mesmo princípio de reajuste de valor.

---

[26] Giambiagi (2007) não propõe desvincular o BPC do salário mínimo, mas um deságio permanente da ordem de 25%. No entanto, qualquer tipo de mudança requer emenda constitucional.

[27] A equivalência ao salário mínimo é estabelecida pela Constituição. A esse respeito, é interessante lembrar que o Bolsa Família desvinculou o valor da renda familiar *per capita*, usado como critério de elegibilidade, do valor do salário mínimo, o que constituía uma regra geral dos "novos" programas anteriores. Essa desvinculação e o fato de os benefícios do Bolsa Família terem ficado constantes de 2003 a agosto de 2007 foram de importância fundamental para facilitar a expansão rápida da cobertura do programa no período de implantação.

Referências bibliográficas

GIAMBIAGI, Fábio. *Brasil, raízes do atraso:* paternalismo x produtividade. 2. ed. Rio de Janeiro: Elsevier, 2007.

LAVINAS, L.; GARÇON, S. Gasto social no Brasil: transparência sim, *parti pris* não! *Econômica*, v. 5, n. 1, p. 145-162, 2006.

OLIVEIRA, João Batista Araújo. *Reforma da educação*: por onde começar? Belo Horizonte: Instituto Alfa e Beto, 2006.

ROCHA, Sonia. *Transferências de renda focalizadas* – evidências recentes sobre implementação e impactos. Rio de Janeiro: Fundação Konrad Adenauer, Instituto de Estudos do Trabalho e Sociedade, out. 2006. 30p.

_____. O mercado de trabalho e a inserção produtiva dos jovens. In: *Seminário de Análise dos Resultados da Pesquisa Nacional por Amostra de Domicílios*, 2., 2007. Brasília: CGEE/MDS, mar. 2007.

_____. Pobreza: evolução recente e as "portas de saída" para os pobres. In: VELOSO, João Paulo dos Reis; ALBUQUERQUE, Roberto Cavalcanti de (Coords.). *A verdadeira revolução brasileira:* integração de desenvolvimento e democracia. Rio de Janeiro: José Olympio, 2008.

SCHWARTZMAN, Simon. Programas sociais voltados à educação no Brasil. *Sinais Sociais*, n. 1, p. 114-144, maio/ago. 2006.

_____. Desafios das políticas sociais. In: *Fórum Latino-americano de Políticas Sociais*: abordagens e desafios. Belo Horizonte: s.ed., 2007.

SUPLICY, Eduardo. *Programa de garantia de renda mínima*. Brasília: Senado Federal, 1992.

7

Por que a educação brasileira é tão fraquinha?

CLÁUDIO DE MOURA CASTRO
E JOÃO BATISTA ARAÚJO E OLIVEIRA

O presente capítulo focaliza algumas ideias vitais para se entender a educação brasileira, que, em boa medida, andam na contramão do pensamento comum e corrente na área. Vejamos o conjunto de proposições que sintetizam as teses aqui defendidas:

- O maior problema da educação brasileira está no que não se fez durante quatro séculos, muito mais do que no malfeito ou não feito nas últimas décadas. Ou seja, as consequências do déficit acumulado nos planos econômico, social, cultural e educacional são mais graves do que as ações ou inações presentes.

- Na escola, aprendemos as grandezas da nossa história. Dela saímos também com a impressão de que o século XX foi medíocre e confuso. Dois equívocos. Antes do século XX éramos muito pobres e atrasados. Operando no mesmo diapasão, nossa educação era também extraordinariamente frágil. Em contraste, foi no século XX que se deram as grandes transformações e saltos que nos permitiram mudar de patamar, na economia, e também na educação.

- Os primeiros feitos significativos começam na década de 1940, com a criação do Senai. Na década de 1950, o Manifesto dos Pioneiros coloca o tema da educação na agenda do país. Na década de 1960, começa a expansão maciça do então ensino primário, continuada com a extensão do ensino fundamental para oito anos. Contudo, a real prioridade do governo federal se manifesta na criação de uma rede de universidades públicas, da pós-graduação e da pesquisa.

- Somente na década de 1990 se consolida o processo sério de universalização da educação, que vai eliminando o desequilíbrio entre um ensino superior hipertrofiado e uma educação básica atrofiada. É o despertar do gigante.

- Resolvido, em grande medida, o problema quantitativo, inclusive no ensino médio, hoje deveríamos ter como prioridade lidar com a péssima qualidade da nossa educação básica. Diante dessa prioridade, todas as outras empalidecem (inclusive, reformas no ensino superior).

O atraso histórico do Brasil e as transformações do século XX

O Brasil cresceu muito no século XX, em um período relativamente curto. A educação também cresceu, mas não o suficiente, diante das necessidades da economia e da demografia. Nas últimas décadas, aumentou não apenas a necessidade de escolas e vagas, mas sobretudo a necessidade de ter uma população dotada de conhecimentos, competências e atitudes adequadas aos desafios da sociedade contemporânea.

Pode-se dizer, meio sofismando, que a "culpa" é da economia. Se a educação ficou para trás, isso foi porque a economia cresceu muito rapidamente e se tornou mais voraz no que diz respeito às exigências sobre o capital humano. Esse é um tema fundamental. A educação no Brasil disparou. Sob qualquer comparação internacional, seu desenvolvimento no último meio século foi espetacular. Não há como falar em uma educação estagnada.

No início do século XX, não tínhamos muito mais do que 10% dos alunos frequentando a escola da época (o curso primário). Na década de 1950, metade ainda estava fora. O Censo Escolar de 1981 já apontava um excesso de matrículas em relação ao tamanho das coortes de sete a 14 anos: esse excesso era fruto dos elevados níveis de repetência e convivia com expressivos contingentes de crianças fora da escola. Ao fim da década de 1990, quase todos os jovens de sete a 14 anos estavam na escola de ensino fundamental (96%-98% da coorte) e mais de 80% dos jovens de 15 a 17 anos, na escola de ensino fundamental ou médio. Sob qualquer perspectiva, é um avanço espetacular.

Para melhor entender o século XX, é preciso rever o que aprendemos nas interpretações mais banalizadas da nossa história. A história do Brasil aprendida na escola contém um erro de perspectiva. Falamos das descobertas heroicas, exaltamos o ciclo do pau-brasil, do ouro, da borracha e do café. Pensamos num Brasil de passado glorioso. Esquecemos que era um Brasil muito pobre, muito medíocre. Mesmo para os padrões modestos da América Latina, não fizemos grandes coisas nos quatro primeiros séculos.

Em contraste, os livros de história nos dão a impressão de que o século XX foi um período de confusão, dominado inicialmente por uma República Velha medíocre, a era do café com leite. Lemos sem paciência sobre uma sequência de pequenas revoluções, em 1922, em 1925, em 1930 e 1932. Entra general, sai general, entra ditador, sai ditador. Ou seja, a leitura do século XX que nos é dada pelos livros de história é de um século cinza, sem graça e sem charme. Nada é comparável a d. Pedro I, o imperador heroico e arrebatado que desembainhava espadas e também compunha belas músicas. Ou a d. Pedro II, o imperador acadêmico, o intelectual que entendia de tudo.

Mas, ao arrepio de tal visão tristonha, o século XX foi o século em que o Brasil tirou o pé da vala comum da pobreza. Em termos *per capita*, foi o país que mais cresceu nesse período. Entre 1870 e 1987, o PIB *per capita* foi multiplicado 157 vezes, contra apenas 84 vezes para o Japão e 53 para os Estados Unidos.[1] Foi um dos poucos países que mudaram de lado, deixando de ser pobre. Ainda não conseguimos ser ricos. Estamos no meio do caminho. Mas esse salto do Brasil somente ocorreu no século XX e em nenhum outro anterior. Esse fato não pode ser subestimado.

Em 1870, o Brasil estava abaixo da renda *per capita* latino-americana. Já a renda *per capita* argentina era o dobro da brasileira. Ou seja, os argentinos eram duas vezes mais ricos que os brasileiros, mesmo antes do seu grande surto de crescimento na primeira metade do século XX.[2] Em contraste, hoje temos uma renda *per capita* muito próxima daquela da Argentina, embora a comparação seja problemática, por conta de variações de taxa de câmbio.

---

[1] Maddison, 1989:19-36. Note-se que, em termos *per capita*, o Japão cresceu mais rápido, pois tinha uma demografia modorrenta, diante da nossa.

[2] Maddison, 1989.

138 O SOCIÓLOGO E AS POLÍTICAS PÚBLICAS

Portanto, temos que buscar nossos déficits nos séculos anteriores e reconhecer que o século XX foi aquele em que demos a grande virada. Diante do tamanho dos saltos que demos, será que não estamos pedindo demais do século que acaba de terminar?

A questão que se coloca, portanto, não é o que fizemos ou deixamos de fazer no século XX, mas o que deixamos de fazer ao longo dos séculos anteriores. Nas últimas cinco ou seis décadas, possivelmente, fizemos mais e melhor do que em todos os séculos anteriores. Não se trata de subestimar os eventuais erros e omissões. Seria uma miopia histórica. Em vez disso, precisamos entender o tamanho do atraso por uma perspectiva histórica. E, a partir daí, examinar o que é possível fazer para avançar.

O problema da educação brasileira: o que não se fez por quatro séculos[3]

Nossa educação sofreu mais de quatro séculos de abandono. Tal desleixo nos deixou sequelas muito mais graves do que aquelas geradas por erros ou barbeiragens cometidas no século XX e, sobretudo, na sua segunda metade.

Em meados do século XIX, nossos vizinhos argentinos tinham no seu presidente Rivadavia um grande defensor da educação. Sarmiento veio depois, patrocinando um forte surto de desenvolvimento da educação naquele país. No Uruguai, no mesmo fim de século, Varela adotou postura semelhante, colocando também em marcha um vigoroso processo de universalização do ensino.

Aqui no Brasil, quase nada aconteceu nesse período. Herdamos a tradição portuguesa de um ensino que conseguia ser ainda mais débil do que o espanhol, também de pouco brilho, em comparação com o restante da Europa. No período colonial, recebemos de Portugal uma administração que impunha restrições ao desenvolvimento do ensino no Brasil. Porém, muito mais grave do que isso foi a herança espontânea de uma educação mirrada e medíocre na própria metrópole.

Em 1821, Rugendas afirmou que, no Brasil, "não se deu a devida importância à instrução primária das classes baixas e médias da sociedade

---

3 Texto baseado em Castro, 2005.

e os que nas classes elevadas sentiam a necessidade de uma prestação mais completa, nem por isso encontravam mais recursos".

Com frequência ouvimos denúncias da queda de qualidade no ensino que sucedeu aos colégios jesuítas, provocada pela expulsão do Brasil dessa ordem religiosa. Mas é preciso entender também que, tanto antes quanto depois, era tudo muito pequeno. No período dos jesuítas, seus colégios cobriam 0,1% da população (compare-se com um terço de cobertura hoje). Estima-se que, quando chegou a família real, apenas 3% dos brasileiros eram alfabetizados.

Ilustrativo do descaso para com a educação é o fato de que a cidade de São Paulo ficou sem escolas formais por 43 anos após a expulsão dos jesuítas. Outro exemplo: em 1772 foi criada a cadeira de retórica nessa cidade, mas seu provimento só se deu 10 anos depois.

O governador-geral Morgado de Mateus encontrou sérias dificuldades para montar sua equipe de governo em São Paulo. Queixou-se ao primeiro-ministro de Portugal: "Não achei quem tivesse letras, ou que, ao menos por remédio, pudesse remediar essa falha".

No início do século XIX, o desempenho do nosso ensino tampouco foi aceitável. Para ilustrar, poucos eram os brasileiros que podiam ler seus dois maiores jornais – o *Correio Braziliense* e o *Investigador Português* – ambos editados em Londres. O redator do primeiro, Hipólito José da Costa, foi preso pela Inquisição e acabou tendo que fugir de Lisboa.

Pedro Bial (em *Roberto Marinho*) reproduz um parágrafo de Gilberto Amado, onde este descreve o jornalismo brasileiro de 1911 no país: "O jornal (*O País*) ocupava-se mais de Portugal do que do Brasil. O Brasil, como ele o refletia, nada mais era do que um pedaço de Portugal. Hoje... não se faz ideia entre nós de quanto o Brasil era português. A imprensa estava, em grande parte, em mãos de imigrantes lusos".

O contraste com a Europa é muito forte. Em 1612, "o ducado de Weimar ordena que toda criança de seis a 12 anos deveria estar na escola". Seguem o mesmo trilho outros pedaços do que viria a ser a Alemanha. Tais sistemas públicos de alfabetização universal são logo seguidos pelos demais países hegemônicos da Europa. Note-se a duração de seis horas para a jornada escolar, proeza que ainda não conseguimos realizar. Na

Viena de 1774, aprova-se uma lei proibindo a contratação de aprendizes e empregadas domésticas sem um certificado escolar.

As colônias americanas da Nova Inglaterra não estavam nada atrasadas nesse particular. Já no século XVIII, caminharam rapidamente para a escolarização universal, ou quase.

Entre nós, a educação era compatível com a mediocridade intelectual dos colonizados e colonizadores. Em contraste com a Europa, nota-se uma grande preocupação com a educação das elites mais do que com uma base educacional para todos. Os próprios jesuítas tinham uma preocupação muito maior com os estudos secundários do que com a escolarização básica. Estavam mais interessados em aproximar-se das elites do poder e de recrutar mais "soldados de Cristo" do que em criar uma base de educação para todos.

Mas mesmo a educação das elites era débil e improvisada. Na verdade, até muito mais adiante, em direção ao fim do século XIX, não se pode falar em educação elitista para as elites. No dizer de Bastos Ávila, era "um ensino de inutilidades ornamentais". O que havia era uma educação péssima para as elites e quase nada para os demais. João Alfredo Correa de Oliveira, senador, ministro e filho de senhor de engenho foi educado por uma costureira que trabalhava para sua mãe. O visconde de Moreira Leme estudou com a mãe, sem haver jamais frequentado uma escola. Amadeu Queirós, primo de Eça de Queirós, foi educado pelo avô. Mas John Luckoc (1942:79) pergunta: "O que pode ensinar quem nada sabe?... Não havia outro meio, portanto, senão permitir que as crianças crescessem selvagens, em meio de uma chusma de escravos e vagabundos da pior espécie com quem testemunham e aprendem a praticar todas as vilanias de que sua tenra idade era capaz".

Na Europa, em períodos anteriores, as condições eram melhores, mas não tanto. Contudo, começaram vigorosamente a mudar no século XVIII, o que só veio a acontecer no Brasil bem no meio do século XX.

Os primeiros êxitos só começam no pós-guerra

Apesar do quadro de mediocridade no ensino, somente em direção a meados do século XX começaram a aparecer eventos mais significativos.

No nosso entender, o primeiro salto foi a criação do Senai. A partir da década de 1930, São Paulo se industrializava a um ritmo acelerado. Mas, sem boa educação e praticamente sem escolas de formação profissional, a indústria paulista ressentia-se da precariedade da sua força de trabalho. Atropelando o governo, com seus intelectuais e burocratas, Roberto Simonsen capitaneou alguns industriais paulistas, tentando convencer o presidente Getúlio Vargas a criar uma contribuição na folha de salário e dedicá-la à manutenção de uma rede de cursos de formação profissional, operados pelas federações de indústrias. Ou seja, a primeira revolução educativa foi provocada pelo jovem empresariado industrial e, não, pelos educadores.

Essa iniciativa permitiu ao Brasil ter escolas de formação profissional com qualidade quase equivalente às europeias. A iniciativa — inspirada nos sistemas alemão e suíço — foi um extraordinário êxito. Observadores de bancos multilaterais (BID e Banco Mundial) e de agências especializadas das Nações Unidas (Unesco e OIT) estão perfeitamente de acordo com a percepção de que o Brasil possui uma educação formal de Terceiro Mundo e um sistema de formação profissional de Primeiro Mundo — embora de pequeno porte, considerando o tamanho de sua força de trabalho.

Os primeiros avanços significativos na educação acadêmica brasileira não se deram no ensino básico, em que eram maiores as carências e que corresponde a uma trajetória natural. Por que tal distorção de prioridades? A resposta encontra-se na nossa história política e cultural. Os ricos sempre tiveram educação, seja pela via dos preceptores, seja pelas escolas privadas que cresceram no século XX — ainda que a sua qualidade não tenha sido lá grande coisa. E aos não ricos sempre faltou capacidade de expressão política, além de uma despreocupação histórica com os assuntos de ensino. O resto segue daí. Quando os problemas de educação começaram a ficar mais visíveis, a racionalidade dos políticos tomaram o caminho de atender primeiro quem pode mais e tem mais voz.

Dentro dessa lógica política, o segundo salto foi a criação da rede de universidades federais e o desenvolvimento da pós-graduação e da pesquisa. Afinado com o nosso grande descaso para com o ensino básico, tal crescimento se deu antes de termos uma boa base educacional. É rigorosamente o contrário do que fizeram os países europeus e os Estados Unidos e Canadá. Mais recentemente, os países do sudeste da Ásia fizeram o mesmo. Nessas nações, o crescimento do ensino superior teve lugar depois de haver uma base sólida, que começa com a alfabetização e continua no ensino médio. Mas nossa experiência não é inteiramente distinta do que aconteceu com a maioria dos nossos vizinhos na América Latina (embora a eles houvesse faltado o mesmo vigor e competência que o Brasil aplicou no ensino superior). Somente Argentina e Uruguai tiveram um forte avanço da educação básica antes de expandirem o acesso ao ensino superior.

É curioso notar a perfeita coerência entre o governo civil, que começou a desenvolver a rede de universidades federais, e o governo militar, que deu rigorosa continuidade à mesma linha. Ou seja, a nossa cultura e a nossa tradição política é que determinaram tais formas de crescimento. Os militares eram brasileiros e compartilhavam as mesmas crenças e equívocos. Não trouxeram prioridades novas ou diferentes.

É particularmente útil destacar que, havendo começado a construir uma rede significativa de universidades públicas somente na década de 1960 (antes, só a USP merecia tal categorização), viramos o milênio com uma liderança incontestе na produção científica latino-americana. As publicações brasileiras nos periódicos internacionais selecionados pelo *Current Contents*[4] se aproximam da metade do que produz a América Latina. Com efeito, estamos muito à frente do segundo e do terceiro colocados, respectivamente Argentina e México. Atingir o topo do Terceiro Mundo (atrás da Índia e da China) é uma realização expressiva.

Em contraste com os desencontros das políticas do ensino fundamental e do médio, é na nossa pós-graduação que estão as joias da coroa, plasmadas no extraordinário crescimento da ciência brasileira. É o único real destaque do Brasil na educação.

Quando consideramos Capes, CNPq, Finep e Fapesp, estamos diante de agências que têm um padrão internacional de qualidade. Há alguns anos, um dos autores participou de uma reunião em Washington em que

---

[4] Trata-se de uma lista internacionalmente consagrada de periódicos de padrão internacional. É a referência clássica para comparações internacionais de avanço científico.

POR QUE A EDUCAÇÃO BRASILEIRA É TÃO FRAQUINHA? **143**

estava presente um dos diretores da National Science Foundation, juntamente com dirigentes das agências brasileiras. Em seu pronunciamento, o diretor americano disse: "Com a Fapesp presente, nós não podemos falar em cooperação técnica. Só podemos falar de 'trocar figurinhas'. Sabemos que estão fazendo praticamente o mesmo que nós. Não achamos que estamos fazendo melhor que eles". Certamente, haverá aí uma ponta de diplomacia ou demagogia. Mas um cientista americano não diria isso se estivesse muito longe da verdade. Ou seja, os padrões mantidos pela Fapesp são altamente respeitáveis. Capes, CNPq e Finep não ficam muito atrás. O nível de organização do nosso sistema de bolsas de estudo, seja no país, seja para o exterior, pode ser comparado ao de qualquer país do Primeiro Mundo.

Foi feito um levantamento das publicações da década de 1950 de autores brasileiros em revistas de primeira linha internacionais, incluídas no *Current Contents*. Nessa década, não há registro de uma só publicação internacional por autor brasileiro. É preciso notar que a Argentina então já tinha três prêmios Nobel na área das *hard sciences*.

Ao fim dos anos 1970, o Brasil ultrapassou a Argentina, a primeira colocada na América Latina até então. Em 1980, passamos a ser o 28º país em produção científica, de acordo com o ISI/*Current Contents*. Hoje estamos em 15º lugar, e até o 30º lugar não há nenhum país do Terceiro Mundo, à exceção da Índia e da China. A cada dois ou três anos, a produção científica do Brasil passa à frente de algum país desenvolvido. Já ultrapassou Israel, que apesar de pequeno é tradicionalmente um grande produtor de ciências.

Hoje, vivemos uma situação surrealista: o Brasil tem menos de 1,15% do comércio internacional, mas tem 2% da produção mundial da pesquisa exportada. Ou seja, apesar de ser um país enorme, mal-educado e cheio de arestas, exporta mais ciência que café, soja e outros produtos, em termos proporcionais.

Mais ainda, para cada publicação brasileira que sai em um dos 4 mil periódicos do *Current Contents*, o Brasil tem cerca de 10 publicações que aparecem aqui mesmo, em nossas próprias revistas científicas. Note-se também que o país está em 19º lugar em citações por outros autores. Ou seja, a qualidade das suas pesquisas está próxima da média mundial, composta quase que só de autores de países desenvolvidos.

Esse grande crescimento da pesquisa publicada dentro e fora do país é um resultado espantoso, que revela façanhas, contradições e erros. Não devia haver tal inversão de prioridades com relação ao ensino básico. Não deveríamos ter investido tanto em pesquisa, antes de alfabetizar e oferecer um ensino fundamental com uma qualidade minimamente aceitável.

Mas, agora que já cometemos a insensatez, não podemos subestimar o valor dos investimentos feitos no desenvolvimento da capacidade científica e de pesquisa. De fato, a pesquisa entrou na rotina. Hoje, fazer pesquisa não é mais um ato heroico. Cerca de 100 mil cientistas estão produzindo pesquisa no Brasil. Os mecanismos de financiamento estão funcionando — com muitas imperfeições, mas funcionam. Os cientistas continuam reclamando, como sempre. Mas o volume e a qualidade da pesquisa publicada não podem ser ignorados ou subestimados.

Terminamos, reiterando a nossa grande perplexidade diante dos estilos de crescimento da nossa educação. Temos uma pós-graduação de Primeiro Mundo. Temos uma formação profissional insuficiente para as exigências da economia, mas também de qualidade. Como é possível termos uma educação básica de Terceiro Mundo?

A ênfase no ensino básico só começou na década de 1990

Os últimos 15 anos foram talvez a única década e meia em que a educação básica mereceu alguma atenção. Nas décadas de 1960 e 70 as políticas públicas não foram além da preocupação com escolas, vagas ou ampliação da duração do ensino primário. Na década de 1980 começaram as tentativas formais de torná-la uma prioridade. Por exemplo, o ministro Eduardo Portella percebeu corretamente o problema e colocou a educação fundamental como prioritária. Para demarcar ainda mais suas prioridades, dedicou um espaço mínimo para a educação superior e nem mencionou a pós-graduação no seu Plano de Ação para o MEC. Porém, o que acabou crescendo nessa época foi mesmo a pós-graduação e a educação superior. Dentro do MEC, não foi possível fazer absolutamente nada na educação básica que era para ser a estrela do seu plano. O Brasil não estava preparado para levar a sério a educação básica.[5] Nesse nível, o ministro não conseguiu dar sequer um passo à frente.

A demanda por educação cresceu exponencialmente a partir dos anos 1960. Mas a demanda nunca foi pela qualidade. Primeiro foi a demanda por vagas, depois por prédios, em seguida por professores, mais tarde, e até hoje, por mais anos de escolaridade. Os governos — especialmente nos estados e municípios — foram extremamente competentes em responder a essa demanda quantitativa, apesar de contar com poucos recursos, incentivos e coerções. A Lei Calmon é uma das poucas exceções. Sem sofrer pressão direta nessas questões, o governo federal limitou-se a ações pontuais e sempre isoladas. Ademais, o Ministério da Educação sempre foi cativo das pressões e interesses do ensino superior, e de modo especial das universidades federais.

Todavia, a abertura da economia e as transformações tecnológicas da década de 1990 introduziram um novo elemento na equação. Isso porque as empresas passaram a exigir níveis mais elevados de escolaridade. No final da década de 1980, começaram a ganhar vulto, pela primeira vez, movimentos de empresários em favor da educação básica. Instituições internacionais como o Banco Mundial começaram a colocar o tema em sua pauta de negociações e empréstimos, inspirados nas novas teorias sobre o capital humano. O exemplo dos tigres asiáticos reforça a convicção de que existe uma associação entre educação e desenvolvimento econômico. Além, é claro, da correta percepção do povo, que vê na educação a oportunidade de melhores ganhos e de mobilidade social. O tema da educação básica saiu dos limites das discussões pedagógicas e adquiriu maior legitimidade, especialmente no âmbito do governo federal e do Ministério da Educação.

Ao mesmo tempo, começaram a aparecer os resultados da expansão maciça do ensino fundamental. De um lado, teve início a pressão para expan-

---

[5] Isso não significa a ausência de movimentos sociais, críticas e contribuições de intelectuais, acadêmicos e ativistas. Ao contrário, nas décadas de 1970 e 80 foram fermentadas as ideias que levaram à descoberta da educação básica e de sua importância na década de 1990.

dir o ensino médio — que foi quase universalizado em menos de uma década. Jovens e jovens adultos, terminando o fundamental, decidiram continuar estudando. Criaram assim um fato político novo. A decisão de continuar na escola obrigou os estados a expandir as vagas no ensino médio, levando a uma expansão que não havia sido prevista para esse nível.

Ao mesmo tempo, cresceram e se tornaram mais conhecidas as evidências sobre as ineficiências do sistema: repetência, evasão e, com a introdução do Saeb e do Pisa, os problemas da qualidade. Ao mesmo tempo que se pediam mais recursos para a educação, começaram as pressões para melhorar a eficiência e a qualidade do gasto: mais do que gastar mais seria preciso gastar melhor. O desenho original do Fundef, em 1997, se encaixa nessa premissa.

É curioso observar que o crescimento do ensino superior foi muito maior na década de 1990 do que a efetiva demanda dos egressos do ensino médio. Por volta do ano 2000, a quantidade de vagas oferecidas nos vestibulares já era superior ao total de egressos do ensino médio. Isso reflete, de um lado, que a pressão pelo acesso ao ensino superior é universal e irresistível. Só os países da antiga Cortina de Ferro, enquanto tinham mão forte, conseguiram conter a pressão para expandir o ensino superior. Virtualmente em todos os outros países, a matrícula no superior foi pressionada pela demanda por parte dos graduados do ensino médio. No Brasil ocorreu a mesma coisa.

Mas a velocidade da expansão do ensino superior reflete um outro aspecto: a capacidade de resposta do ensino superior é muito maior e mais ágil do que a própria demanda. Até a década de 1990 a expansão do ensino superior foi limitada por dois fatores: o mais importante deles foi a falta de alunos graduados do ensino médio. A outra foram os rigores da burocracia para a abertura de cursos e a expansão de vagas.

Como resultado, temos uma taxa de transição espantosa entre os graduados do ensino médio e os que ingressam no ensino superior: mais de 60%. De um total de mais de 2 milhões de graduados do ensino médio entram mais de 1,6 milhão no primeiro ano das universidades. Na maior parte dos países, a transição do ensino médio para o superior é da ordem de 30%-50%. Só nos Estados Unidos e em alguns outros países é um pouco maior. Trata-se de um crescimento extremamente acelerado, que só havia acontecido na década de 1960, no período da implantação da rede de universidades federais.

Resumindo, na década de 1990 completou-se a revolução quantitativa da educação brasileira. Esse salto permitiu universalizar a matrícula dos jovens de sete a 14 anos e atingir mais de 80% de matrículas entre os jovens de 15 e 18 anos. Essa é a faixa etária do ensino médio, mas boa parte desses alunos está defasada e permanece cursando o fundamental. Ou seja, essa taxa de 80% reflete mais o esforço de escolarizar do que o resultado. Na segunda metade da década, começou a expansão dos ensinos médio e superior. A tabela apresenta a relação entre o tamanho das coortes de idade e as matrículas no que seriam os respectivos níveis de ensino.

Oferta e demanda em 2007

Nível	Demanda: tamanho total das coortes	Oferta: matrícula no nível de ensino	Matrícula bruta (%)
Ensino fundamental (nove anos)	29.700.000	32.086.188	108
Ensino médio (três anos)	10.200.000	8.360.664	82
Ensino superior (quatro anos)	13.600.000	4.453.156	33

Fontes: Tamanho das coortes estimado pelas médias das respectivas faixas etárias, com base nos dados do Datasus; matrícula informada pelo Censo Escolar de 2007 (ensinos fundamental e médio) e Censo do Ensino Superior de 2006. Cabe observar que a matrícula no 1º ano do ensino fundamental ainda se encontra destorcida: há crianças de seis anos não matriculadas e há crianças de seis anos matriculadas em pré-escolas.

Como resultado dessa explosão de matrículas em todos os níveis, a quantidade não é mais o grande problema. De fato, a quantidade permanece um problema somente quando a qualidade no nível inferior é inadequada. Ou seja, a quantidade insuficiente de alunos que se formam no fundamental é fruto da qualidade do ensino, que ainda é fraca. As travas não são mais de quantidade de professores — o Brasil tem entre 20% e 30% a mais de professores no fundamental do que precisava. Se ninguém fosse reprovado, o Brasil teria um excedente de mais ou menos 30% dos seus professores no fundamental. Provavelmente, não precisaria contratar um só professor para universalizar o ensino médio.

Em suma, o Brasil aprendeu a fórmula de fazer a educação crescer. Não é mais mistério. A sociedade brasileira sabe fazer prédio, sabe criar faculdades para formar professores, sabe expandir matrícula, sabe administrar o sistema, sabe comprar livro, sabe fazer merenda, sabe conduzir todo o processo. Sabe também pressionar politicamente, para que o dinheiro apareça, quando recursos financeiros são necessários para expandir a matrícula. Portanto, do ponto de vista quantitativo, a questão está encaminhada. Ajustes na eficiência do sistema poderiam fazer esses recursos renderem mais. Nessa área ainda há muito a fazer. Mas esse já não é o maior problema. O gargalo hoje continua sendo o da falta de qualidade. Se antes não tínhamos quantidade nem qualidade, hoje temos a primeira e falta-nos a segunda.

O grande problema hoje é a qualidade da educação básica

Não existem dados que permitam comparar a qualidade atual da educação com o que havia antes de 1960 ou mesmo em 1970. Há uma percepção generalizada de que a escola, especialmente a escola pública, decaiu de qualidade com a massificação ocorrida. Tudo indica que houve uma queda na qualidade, apesar de não existir qualquer avaliação confiável entre 1950 e 1990. Indicações indiretas fazem supor que houve uma queda. Houve uma grande expansão de matrícula, sem que os recursos se expandissem proporcionalmente. Além disso, deu-se pouquíssima atenção à qualidade. Recursos foram mal gastos e a gestão foi deficiente. É como se a sociedade tivesse outras preocupações e prioridades. É interessante registrar que o aparecimento de péssimos resultados nas avaliações internacionais mal foi registrado pelos jornais. Não deu manchete destacada.

Mas, a partir de 1993, apareceu o Sistema Nacional de Avaliação da Educação Básica (Saeb), que é uma prova de rendimento escolar aplicada numa amostra bastante grande, da ordem de 200 mil alunos. Tal amostra é mais do que suficiente para capturar, com precisão, qualquer evolução do sistema. Trata-se de uma prova tecnicamente muito bem executada e que vem sendo repetida a cada dois anos. O Saeb nos oferece uma boa medida de qualidade, permitindo comparações intertemporais.

Como ninguém conseguiu demonstrar qualquer tipo de erro técnico no Saeb de ordem a invalidar as comparações, não é possível refutar os seus resultados. Surpreendentemente, o Saeb nos diz que não houve uma queda significativa de qualidade na década. Ou seja, a hipótese de que a qualidade da educação, desde 1993, se mantém quase constante não pode ser negada por nenhum tipo de argumento técnico. O que se observou foi uma leve queda ao longo do tempo. Mas inferior às flutuações de ano a ano. Além disso, um estado sobe em um ano e cai em outro. Diante desse sobe e desce sem uma tendência secular clara, é inevitável a conclusão de que, milagrosamente, o nível de qualidade da educação brasileira não sofreu uma queda significativa. Tal resultado se opõe frontalmente ao que nos diria a intuição. Todos pensávamos que seria inevitável uma drástica queda na qualidade, como resultado da enorme expansão quantitativa.[6] Há controvérsias técnicas acerca do que seria uma "queda significativa". Mas mesmo que aceitemos a tese de que a redução nas pontuações não é apenas ruído estatístico, trata-se de uma perda muito modesta e próxima da margem de erro do teste.

Seja como for, em termos absolutos, a qualidade é muito fraca. Sabemos disso pelo Saeb e pelas provas internacionais. A prova Brasil, aplicada pela primeira vez em 2005, mostra que a distribuição da má qualidade ocorre em todo o país — praticamente nenhum município ou rede de ensino consegue ficar acima dos níveis minimamente aceitáveis. Em 2001, o Brasil entrou no Programa Internacional de Avaliação de Alunos (Pisa) e tirou o último lugar. Em si, isso não significou grande coisa, porque ali praticamente só estavam os países da OCDE, isto é, os países mais ricos do mundo. Realisticamente, entrando no Pisa, só podíamos disputar com o México. Ao fim e ao cabo, saímos um pouco abaixo daquele país. Nos anos seguintes, entrou no Pisa uma segunda leva de países de desenvolvimento comparável ao do Brasil. Nessas novas apli-

---

[6] É necessário considerar explicações alternativas. Uma delas é que o nível médio é muito baixo para sofrer quedas sensíveis. Outra é que o ensino fundamental já estava praticamente universalizado quando começou o Saeb — o que houve foi um aumento do número de concluintes. Apenas no ensino médio houve uma explosão da oferta.

150 O SOCIÓLOGO E AS POLÍTICAS PÚBLICAS

cações, ficamos no meio desse "segundo pelotão", um pouco atrás de Uruguai, Argentina e Chile. Esse é um resultado muito ruim. Apenas passamos na frente de países como Peru, Indonésia e Tunísia. De forma semelhante ao Saeb, o Pisa prescreve níveis mínimos de competência. E tal como no Saeb, a esmagadora maioria dos alunos fica abaixo desses níveis.

Ademais, não foi só no Pisa que os resultados foram decepcionantes. Nas outras provas internacionais a que o Brasil se submeteu, os resultados também foram muito pobres. Não conseguimos sequer chegar ao nível de rendimento escolar que seria esperado para o nosso nível de renda *per capita*. Tais resultados — e muitos outros — foram publicados e republicados. Estão na internet, publicados em livros e nos sites da OCDE e do MEC. Não é justificável que alguém possa ignorá-los — seja autoridades, acadêmicos, formadores de opinião e até mesmo o público que lê jornais.

A educação já entrou há muito tempo na agenda do país — de outra forma seria difícil explicar o explosivo crescimento das matrículas. Os níveis em que se deu esse crescimento, no entanto, já deixam entrever que nem sempre as respostas às pressões se deram em função de critérios de racionalidade. Isso se torna evidente, por exemplo, no caso da expansão do ensino superior, alvo preferencial da classe média e que foi contemplado muito antes da universalização do ensino fundamental ou da expansão do ensino médio.

Da mesma forma, pode-se dizer que, há décadas, as questões do ensino fundamental tornaram-se parte cada vez mais importante do discurso oficial, especialmente do governo federal. No entanto, dificilmente se pode dizer, com base nos recursos, no balanço entre as prioridades e nas propostas de ação, que haja no Brasil uma política coerente e realista para melhorar a qualidade de sua educação, para melhorar sua eficiência ou, menos ainda, para tornar a educação um instrumento de redução das desigualdades sociais. A educação melhora, sim, mas como resultante do processo de desenvolvimento, e não como promotora deste. A educação melhora a vida das pessoas que se educam mais, sim, inclusive dos mais pobres, mas como resultante dos processos gerais de desenvolvimento da educação, e não de políticas voltadas para a promoção da equidade ou para a redução de desigualdades.

A análise anterior permite responder, portanto, a pergunta contida no título do presente capítulo. Cabe indagar, no espaço que resta, se a educação tem condições de melhorar, e qual seria o fortificante.

O futuro da educação

A história do Brasil, inclusive a do século XX, sugere um padrão de desenvolvimento bastante inalterado: à medida que as coisas melhoram, em geral, a educação também melhora. À medida que a educação melhora, ela melhora primeiro para os mais ricos e, em seguida, para a maioria formada pelos desfavorecidos.

E nisso tudo persistem as deficiências de qualidade. O aluno que conclui hoje o ensino fundamental de nove anos sabe, em média, o que deveria saber um aluno de 4ª série. Esse padrão dificilmente será alterado de maneira endógena, ou seja, dentro de uma dinâmica interna da escola. No entanto, as novas exigências da globalização poderão convencer o país — e suas elites — de que, na sociedade do conhecimento, a educação de má qualidade é mau negócio. Cada talento perdido é uma perda de capital humano, uma perda de competitividade. Essa foi a mola que motivou as revoluções educacionais ocorridas desde a década de 1960 em vários países. E nelas, quem sabe, o Brasil poderia encontrar inspiração para fazer a sua revolução educativa.

Se a experiência de outros países servir de base para o Brasil, será fácil delinear as condições necessárias para uma revolução educativa. Tanto a análise das reformas educativas empreendidas ao longo dos últimos 50 anos quanto a análise da evolução da educação nos países da OCDE revelam o mesmo resultado. Os países onde a educação funciona bem possuem sistemas escolares e escolas com um conjunto básico de características em comum.[7] Trata-se de um segredo de polichinelo.

---

[7] Referimo-nos aqui tanto à literatura sobre reformas educativas quanto à literatura sobre escolas eficazes.

152 O SOCIÓLOGO E AS POLÍTICAS PÚBLICAS

A receita da boa escola:

- *Primeiro: os professores são bem formados.* Isso ocorre antes de eles começarem a lecionar. Em todos os países da OCDE, os futuros professores são recrutados entre os 25% melhores alunos dos cursos secundários. As razões pelas quais isso ocorre variam entre cultura, prestígio da profissão, condições de trabalho etc.

- *Segundo: as escolas recebem do governo que as supervisiona um programa de ensino, geralmente muito claro e bastante detalhado, a respeito do que elas devem ensinar em cada série e disciplina.* As diretrizes são mais específicas nas séries iniciais e mais gerais, mas igualmente claras, nas séries mais avançadas. Normalmente, a partir da 9ª série, o ensino é diversificado e há opções para escolas e alunos.

- *Terceiro: os diretores têm poder e autoridade para administrar as escolas.* A margem de autonomia varia entre os vários países, da mesma forma que variam os estilos gerenciais. Mas as escolas e os sistemas de sucesso operam num clima organizacional saudável, em que a liderança prioriza o elevado desempenho acadêmico dos alunos.

- *Quarto: existe avaliação.* A forma de avaliação varia nos diferentes países, épocas e culturas. Mas os resultados são esperados, medidos e cobrados.

- *Quinto: a avaliação tem consequências.* Comumente, as consequências estão associadas ao desempenho, seja dos alunos, seja do cumprimento de outras metas, seja em virtude da pressão dos pais. Se os objetivos e resultados não são atingidos, alguma coisa acontece com o professor, o diretor ou a escola.

A receita das reformas bem-sucedidas:

Se existe uma receita universal para fazer educação de qualidade, essa lista possivelmente constitui-se na fórmula que se revelou mais eficaz. Mas como em todas as receitas, não basta a lista de ingredientes, é preciso entender o modo de usar. Também nessa área, podemos aprender algo com a experiência internacional.

- *Primeiro, reformas educativas levam tempo, no mínimo décadas.* As que dão certo são fruto de um processo de consenso social, que, depois de sedimentado, permite que as reformas mantenham o seu rumo.

- *Segundo, reformas educativas obedecem a um tipo de sequência de prioridades.* Na maioria das grandes reformas da última metade de século, o padrão foi claro. Em primeiro lugar, o país universaliza um nível de ensino. No segundo momento, expande o nível acima, enquanto consolida a qualidade do nível anterior, e assim sucessivamente.
- *Terceiro, reformas educativas mudam de estratégias, sem perder o foco.* Por exemplo, algumas reformas podem se iniciar com forte intervenção nas escolas e no trabalho do professor, até que haja uma nova geração de professores bem formados. Na Coreia, a ênfase do ensino médio foi mudando em função do crescimento da economia.
- *Quarto,* também podemos aprender duas outras lições da experiência internacional e da evidência sobre o que funciona em educação e em reformas educativas. A primeira é que uma andorinha não faz verão: *para funcionar, a escola precisa ter as cinco características básicas operando de forma simultânea e sinérgica.* Reformar a educação não é melhorar uma escola ou criar uma escola padrão. De fato, *as reformas educativas que dão certo implicam a criação de condições para que todas as escolas possam ser eficientes.* Se elas o serão ou não, dependerá das circunstâncias de cada uma, não da falta das condições necessárias. A segunda é que *não existem medidas isoladas, como se fossem vacinas para melhorar a educação.* Os vários mitos do aumento de recursos para a educação, do nível salarial dos professores, do número de alunos por classe, de ter ou não computador são apenas isso — mitos. Podem ser importantes em um caso, mas totalmente irrelevantes em outro. O que importa é o conjunto de condições básicas para a escola funcionar.

Resta saber se a sociedade brasileira e suas lideranças serão capazes de desencadear esse processo e criar as condições necessárias e suficientes para implementar uma verdadeira reforma da educação. Caso contrário, a história se repetirá. Vamos melhorando aos poucos, aos trancos e barrancos, incluindo os pobres e excluídos sempre que é possível e sobram recursos. Resta ver se isso será suficiente para nos manter competitivos num mundo em que a riqueza das nações se mede pelo conhecimento e pelas competências de seus cidadãos.

Referências bibliográficas

CASTRO, Cláudio de Moura. Prefácio. In: MARCÍLIO, Maria Luiza. *História da educação*. São Paulo: Instituto Braudel, Imprensa Oficial, 2005.

LUCCOCK, John. *Notas sobre o Rio de Janeiro e partes meridionais do Brasil*. São Paulo: Martins, 1942.

MADDISON, Angus. Desempenho da economia mundial desde 1870. In: GALL, Norman et al. *Nova era da economia mundial*. São Paulo: Pioneira, 1989. p. 19-36.

8

A internacionalização da formação de doutorado, o mercado de trabalho acadêmico no Norte e a circulação de cérebros latino-americanos*

JORGE BALÁN

Quando em 1989 Simon Schwartzman e José Joaquín Brunner nos convocaram para formar uma equipe de pesquisa comparada, os ventos da reforma sopravam da Europa ocidental.[1] Traziam consigo um novo consenso sobre a necessidade da expansão da matrícula no ensino superior, coincidente com aquele do clima pós-autoritário na América Latina, mas também propunham mudanças significativas nos modelos de relacionamento entre os governos centrais e as instituições. Os governos europeus entendiam a necessidade de se rever o financiamento público das universidades para assegurar os resultados que a sociedade exigia, incrementando a eficiência interna das instituições, afirmando a diferenciação institucional com missões claras e complementares, estabelecendo novos sistemas de manutenção de qualidade para aumentar a transparência do mundo acadêmico e delimitar a responsabilidade das administrações universitárias, sensibilizando a universidade quanto às demandas do entorno e em particular do setor produtivo. Esses temas, com algum atraso, foram se instalando na agenda latino-americana.

---

* Tradução de Felipe Schwartzman.

[1] Sobre a inspiração e os resultados desse projeto, ver, entre outros, Schwartzman, 1993; Brunner, 1994; e Balán, 2000.

156 O SOCIÓLOGO E AS POLÍTICAS PÚBLICAS

A internacionalização do ensino superior — parte integrante da agenda de reformas europeia dos anos 1990, com forte tônica regional — estava então apenas começando como desafio na América Latina. Um artigo da primeira fase do projeto, publicado em 1994, dedicou somente um parágrafo ao assunto, mencionando a urgência de se internacionalizar o currículo e os critérios de credenciamento das carreiras, além de se facilitar a mobilidade internacional do corpo acadêmico.[2] No projeto, prestamos atenção limitada às consequências da abertura dos mercados internacionais de trabalho qualificado sobre o conjunto das instituições e sistemas nacionais. Desde então, a mobilidade das instituições e programas e as consequências previstas nos tratados internacionais sobre o comércio internacional de serviços educativos tornaram-se um ponto focal da agenda.[3] Os mercados educacionais de graduação, e sobretudo das novas pós-graduações profissionais (administração de empresas, informática e sistemas, profissionais de saúde), se globalizaram e se tornaram muito mais competitivos. A partir dessa época, muitos países da região lançaram programas de internacionalização da educação superior orientados para a competição no crescente mercado internacional de estudos universitários.

A formação de pós-graduação, em particular no nível de doutorado, é um componente crítico para a expansão da capacidade de pesquisa e a melhoria do ensino universitário. Ainda que presente na agenda latino-americana desde os anos 1960, o doutorado teve avanços limitados na região — com a exceção notória do Brasil — e sua internacionalização foi também muito mais restrita do que a que ocorreu em outras regiões, ainda que os contatos com o mundo exterior tenham aumentado nos últimos 15 anos. A mobilidade de estudantes e pesquisadores é uma perspectiva com forte ambivalência, dada a experiência histórica da "fuga de cérebros". No entanto, o contexto internacional em que essa mobilidade ocorre mudou substancialmente. O objetivo deste capítulo é chamar a atenção para as mudanças em questão e explorar em que medida a inter-

---

[2] Brunner, 1994.

[3] Didou, 2005; e Didou e Rojas, 2005.

nacionalização dos programas de pesquisa e ensino superior na região constitui uma oportunidade ainda não bem aproveitada.

O novo contexto global: a demanda por recursos humanos qualificados e a política de imigração nos países do Norte

Vários autores ressaltaram a convergência das políticas de abertura dos mercados de trabalho qualificado e a competição internacional por talentos durante as últimas duas décadas.[4] Na década de 1990, os governos de muitos países desenvolvidos — incluindo aqueles que poucos anos antes tinham dado por terminado os programas de trabalhadores visitantes (*guest workers*) — diagnosticaram uma crescente escassez de trabalhadores qualificados em profissões tais como programação de computadores, engenharia, serviços de saúde e contabilidade, e adotaram políticas para favorecer a competitividade de suas indústrias de serviços, facilitando a contratação de profissionais e técnicos estrangeiros. Os países tradicionais de imigração deram então maior prioridade às credenciais educacionais e à experiência de trabalho em detrimento de outros critérios (humanitários, reunião familiar, país de origem, idade e composição familiar) e implantaram sistemas de pontos que outorgam muito peso às credenciais educativas, ao domínio de línguas e à experiência de trabalho, sem eliminar outras condições. Além disso, a maioria dos países-membros da OCDE desenvolveu sistemas de admissão temporária para fins de trabalho para pessoas com qualificações especiais.

O exemplo mais bem-sucedido foi o do Reino Unido, que combinou, em anos recentes, políticas pró-mercado na educação superior e o emprego de profissionais estrangeiros e contratações acadêmicas. Em 1997, o governo britânico consolidou a regulação de entrada de trabalhadores estrangeiros e consolidou sua posição como principal polo de atração na Europa para cidadãos da União Europeia, em particular dos países da Europa central e oriental, que se agregaram aos fluxos já estabelecidos vindos da Ásia e dos países da Comunidade Britânica. Em 2005, havia uma dezena de formas diferentes de se entrar no Reino Unido, tendo ingressado no

---

[4] Tremblay, 2005; Kuptsch, 2006; Findlay e Stam, 2006; e Solimano, 2008.

158 O SOCIÓLOGO E AS POLÍTICAS PÚBLICAS

país 400 mil trabalhadores estrangeiros, não incluídos os estudantes.[5] Alemanha, França, Espanha e Itália também estabeleceram novas regulações para a entrada temporária de trabalhadores qualificados, ao mesmo tempo que a Irlanda — tradicional país de emigração — transformou-se num importante foco de atração migratória qualificada em relação ao tamanho de sua população.

Em 1990, os Estados Unidos ampliaram o número de vistos outorgados a residentes permanentes com base no emprego e criaram uma nova categoria de trabalhadores temporários (H1-B) para facilitar o recrutamento de profissionais de ocupações de alta demanda.[6] A cota, ampliada e estendida no final da década, regula a entrada de profissionais, inclusive daqueles com intenção de se converterem logo em imigrantes — uma diferença em relação ao visto de estudantes —, e delega considerável autoridade aos empregadores que patrocinam o candidato.[7] Existe uma cota adicional para egressos de universidades norte-americanas com diploma de pós-graduação, e não há limite de cotas para as contratações do governo ou de organizações sem fins lucrativos, como universidades.

O Canadá, com um programa equivalente implementado pelas províncias, compete abertamente pelos trabalhadores temporários admitidos nos Estados Unidos que temem não ter seus vistos renovados, com anúncios dos governos das províncias em jornais norte-americanos prometendo melhores condições trabalhistas no outro lado da fronteira. Tal como os demais regimes de trabalho temporário, o canadense também favorece estrangeiros egressos de instituições de ensino superior do país, que podem se inscrever sem precisar regressar aos seus países de origem. A Austrália utiliza uma via de entrada especial para os graduados de suas universidades, como incentivo para o estudo naquele país.[8]

As políticas que facilitam a contratação de trabalhadores qualificados estrangeiros tiveram origem intelectual na literatura sobre a fuga de cére-

---

[5] Salt e Millar, 2006; e Findlay e Stam, 2006.

[6] Espenshade, 2001; e Reksulak et al, 2006.

[7] Martin, 2006.

[8] Minha principal referência para esse tema são os textos do livro da Organização Internacional do Trabalho, editado por Kuptsch e Pang, 2006.

bros para os Estados Unidos durante o pós-guerra.[9] Até 1970, Alemanha, Canadá e Reino Unido eram os principais países de origem dos cientistas e engenheiros estrangeiros nos Estados Unidos, enquanto China e Índia ocupavam o quarto e o quinto lugares. No início do novo milênio, Índia e China já eram os principais países de origem de trabalhadores qualificados para os Estados Unidos, seguidos de Japão, Filipinas e Vietnã, enquanto Alemanha, Canadá e Reino Unido, ainda que mantendo saldos negativos em relação aos Estados Unidos, já os compensavam folgadamente com saldos positivos obtidos em relação à Europa central, à Europa oriental e à Ásia. A América Latina, com a exceção parcial do México, é uma região que participa apenas de forma marginal nesses novos fluxos internacionais de profissionais e cientistas, ainda que tenha sofrido, tal como outros países em desenvolvimento, a "fuga de cérebros" nas décadas de 1960 a 1980.

As estimativas recentes do volume líquido de migrantes internacionais qualificados — que devem ser tomadas com muita cautela já que se baseiam em suposições pouco realistas — permitem algumas conclusões reveladoras sobre a competição global por talentos.[10] Nos anos 1990, cresceu o estoque de imigrantes com educação pós-secundária, que passou de 30% para 35% do total em uma década. Os imigrantes com qualificações terciárias nos países da OCDE — 85% dos quais se concentraram nos Estados Unidos, Canadá, Austrália, Reino Unido, Alemanha e França — cresceram em cerca de 800 mil por ano durante essa década. O saldo líquido desses fluxos para os países da OCDE — a soma das entradas e saídas, dividida pelo total da força de trabalho qualificada —, que estava em torno de 1% em 1990, aumentou para 1,6% em 2000.[11]

Dois aspectos relevantes desses complexos sistemas de admissão temporária são muito difíceis de se estimar quantitativamente. Primeiro, os saldos líquidos escondem um enorme crescimento do volume de travessias fronteiriças por motivos de trabalho e do volume de pessoas com re-

---

[9] Brandi, 2006.

[10] Beine et al., 2008; e Docquier e Rapoport, 2007.

[11] Vinokur, 2006.

sidência dupla ou múltipla.[12] Por outro lado, o novo regime de mobilidade internacional de trabalhadores qualificados se sobrepõe a uma maior flexibilização dos contratos de emprego qualificado, tanto no mundo acadêmico quanto na indústria, com regimes trabalhistas que promoveram essa mobilidade ao erodir as fontes tradicionais de segurança empregatícia. Enquanto alguns autores, como Richard Florida, enfatizam a mobilidade espacial como uma característica positiva dos novos trabalhadores "talentosos" ou "criativos", com forte espírito empresarial, outros assinalam a precarização do emprego em laboratórios industriais e nas universidades como uma fonte de tensão nas carreiras acadêmicas.[13] O forte crescimento da oferta de profissionais estrangeiros pôs um freio no aumento de salários nos Estados Unidos a partir da década de 1970, levando mesmo a uma redução no período posterior a 1990, quando o volume de profissionais estrangeiros cresceu rapidamente.[14]

A mobilidade de estudantes entre fronteiras e entre mercados

Tradicionalmente, os estudantes eram admitidos nos países receptores com base na suposição de que não poderiam se converter em imigrantes — nos Estados Unidos, o visto de estudante pode ser negado caso se suspeite que o candidato tem a intenção de imigrar — e com restrições severas quanto à possibilidade de emprego remunerado durante os estudos. Mudanças recentes a esse respeito nos principais países de destino abriram uma "porta acadêmica" para a imigração,[15] apesar das intenções declaradas pelos governos da Comunidade Europeia de não fomentarem a fuga de cérebros. O estudo no exterior — quaisquer que sejam os planos originais do estudante — se converte em um período de teste, tanto para o estudante quanto para o país receptor, sobre a adequação do estudante como candidato a residência no país de destino. Os estudantes obtêm informações sobre emprego, condições e estilo de vida e a cultura do país receptor que os ajudam a ava-

---

[12] Richard Florida (2007) popularizou esse tema, chamando a atenção para os riscos que os Estados Unidos correm de perder sua hegemonia global na atração de talentos.
[13] Ackers e Oliver, 2007.
[14] Espenshade, 2001; e Espenshade et al., 2001.
[15] Tremblay, 2005; Kuptsch, 2006; e Findlay e Stam, 2006.

A INTERNACIONALIZAÇÃO DA FORMAÇÃO DE DOUTORADO **161**

liar melhor seus planos futuros. Além disso, adquirem, juntamente com os conhecimentos e habilidades específicas, competências linguísticas, normas de comportamento e de disciplina no trabalho, todos esses comprováveis pelas autoridades que eventualmente decidirão sobre a adaptação do candidato às condições estabelecidas para a migração. Ao se graduarem, a maioria dos estudantes que desejam migrar são considerados melhores candidatos para a migração do que aqueles que, com uma formação equivalente, permaneceram em seus países de origem.[16]

Ainda que os Estados Unidos tenham sido, desde a segunda metade do século XX, o principal país de destino para estudantes internacionais, em anos recentes, as principais inovações governamentais para estimular o ingresso de estudantes estrangeiros e para facilitar o vínculo entre estudos de nível superior e participação no mercado de trabalho ocorreram em seus principais concorrentes. Isso se deve, pelo menos em parte, à autoridade restrita do governo federal para financiar ou orientar as instituições universitárias de modo a que suas metas sejam atingidas, principalmente no que diz respeito ao seu peso relativo no financiamento da ciência (e, portanto, na formação de pós-graduação), além das restrições impostas a partir de 2001. Em comparação, em todos os outros sistemas que aqui nos interessam — Reino Unido, França, Alemanha, Austrália, Canadá e Japão — os governos centrais controlam a maior parte dos recursos econômicos e políticos tanto na educação superior quanto na pesquisa científica e, portanto, podem mais facilmente estabelecer políticas nacionais de apoio à mobilidade de estudantes e pesquisadores. Esses países se envolveram, a partir dos anos 1980, com reformas de mercado orientadas para a transformação da relação entre os governos e as instituições de educação superior. Algumas das medidas tomadas para favorecer a educação internacional e o acesso de estudantes e graduados estrangeiros ao mercado de trabalho foram implementadas nesse contexto de reformas. Os três grandes países europeus — Reino Unido, Alemanha e França — que receberam, cada um, cerca de 200 mil estudantes estrangeiros por ano, assim como os outros sete, que

---

[16] Kuptsch, 2006.

receberam entre 20 e 30 mil, tenderam a adotar medidas semelhantes para candidatos não europeus.

A Austrália se destaca no conjunto por ter iniciado a reforma da educação superior de um modo intimamente vinculado à política migratória. Em meados da década de 1980, o governo australiano autorizou as universidades públicas — que naquela época recebiam 85% de seus recursos do Estado — a cobrarem de estudantes estrangeiros, a fim de cobrir os custos de educação. As universidades deveriam se tornar mais empresariais e diminuir sua dependência do erário público. O governo pretendia estabelecer a educação superior como uma nova indústria de exportação (com ofertas na Austrália e no exterior) e ajudar as empresas australianas nos mercados asiáticos. A matrícula dos estudantes estrangeiros — concentrada em cursos de informática e administração de empresas — cresceu a taxas anuais altíssimas, chegando a representar uma quarta parte da matrícula total.[17] Enquanto isso, a partir de 1996, a Austrália modificou sua política de imigração permanente, dando maior preferência do que no passado à educação e à experiência de trabalho como critérios prioritários e desenvolvendo um novo programa de vistos de trabalho temporário que, tal como o norte-americano, responde às demandas dos empregadores que os solicitam. Em anos recentes, cerca de 5% da força de trabalho australiana — e uma percentagem ainda maior entre os trabalhadores qualificados — têm vistos temporários. Uma das categorias mais populares é o visto concedido a graduados estrangeiros de universidades australianas.

O Reino Unido foi o primeiro país europeu a estabelecer preços diferenciados para estudantes estrangeiros não pertencentes à Comunidade Europeia, incentivando assim suas universidades a abrir-lhes as portas para contribuir não só com a política de competitividade no mercado global de talentos, mas também com o financiamento autônomo das instituições de ensino superior. Em 2004, o governo autorizou os graduados estrangeiros em ciências e engenharia, provenientes de países não membros da Comunidade Europeia, a permanecer no país e a se incorporarem à força de trabalho, enquanto, em 2006, consolidou um regime de entra-

---

[17] Marginson, 2002.

da de trabalhadores por pontos, similar ao australiano, com vantagens para os graduados em instituições de educação superior britânicas. Um informe recente indica o quão exitosa foi a política de atração de estudantes, apesar de os custos para os estudantes estrangeiros serem possivelmente os mais altos do mundo, graças à percepção sobre a qualidade de seus programas, sua curta duração — incluindo mestrados profissionais de um ano —, às altas taxas de graduação e à imersão no idioma inglês. A maior autonomia das universidades britânicas no que diz respeito à contratação transitória de docentes, a novos programas e à admissão de estudantes é um fator de êxito na competição por estudantes estrangeiros. O fato de o Reino Unido ter, na Europa, a política de imigração para o trabalho mais flexível é também determinante para esse êxito, seja porque a transição de um *status* a outro é mais fácil, seja porque estudantes e trabalhadores contratados vêm dos mesmos países, incluindo agora um forte contingente da Europa oriental.

Quase todos os países facilitaram o emprego temporário de estudantes e a possibilidade de permanência por períodos limitados depois da graduação para fins de trabalho e de formação. França e Alemanha melhoraram, primeiro, as condições de trabalho dos estudantes para, em seguida, mudar as regras que restringem a transição de *status* de estudante para trabalhador. Ambos os países introduziram primeiro autorizações para os graduados de programas com forte demanda de mão de obra, mas rapidamente abriram as portas do mercado para outros graduados. O Canadá, a partir deste ano, autoriza os egressos de programas de computação e informática a solicitarem licenças de trabalho, mesmo não tendo ofertas concretas. A maioria dos países também eliminou a exigência, anteriormente generalizada, de realizar os trâmites migratórios a partir do exterior, com a enorme facilidade que isso significa para todos os graduados estrangeiros.

O caso especial do doutorado e da formação pós-doutoral

A literatura especializada destaca o forte crescimento do volume de estudantes internacionais, sua concentração nos países de língua inglesa, a aparição de novos competidores no mercado e a especialização de certos

164 O SOCIÓLOGO E AS POLÍTICAS PÚBLICAS

países no que diz respeito aos programas de formação que oferecem e aos estudantes que recrutam (por exemplo, a concentração de estudantes de administração e computação do Sudeste asiático em universidades australianas). Os dados estatísticos fornecidos por governos ou instituições estatísticas têm definições pouco compatíveis internacionalmente, não permitindo generalizações muito precisas. É sabido que o volume de estudantes tem aumentado mais rapidamente em áreas profissionais como computação, administração de empresas e saúde, nos níveis tanto de graduação quanto de pós-graduação. Aqui estou interessado especificamente na formação de pesquisadores e acadêmicos em programas de doutorado e pós-doutorado, uma minoria entre os estudantes estrangeiros.

Embora os programas de doutorado tenham se expandido em todo o mundo — especialmente em países como Japão, China, Índia e Coreia, tradicionais provedores de estudantes de doutorado —, o número de estudantes que realizam sua formação de doutorado e pós-doutorado em países estrangeiros continua crescendo tanto em termos absolutos quanto como proporção do total na maioria dos programas. O número total e a proporção de estudantes chineses e coreanos que terminam o doutorado em seu país de origem aumentaram várias vezes nos últimos anos, mas o volume e a percentagem de estudantes dessas nacionalidades em programas de doutorado mantêm-se elevados no Reino Unido e nos Estados Unidos, países que ocupam lugares privilegiados nesses níveis de formação, em especial nas ciências naturais e nas engenharias. Aproximadamente a metade dos candidatos a doutorado em ciências e engenharias nesses países são estudantes internacionais. Alemanha, França, Canadá, Austrália e Japão são competidores importantes, embora em todos esses países a proporção de estudantes estrangeiros seja bastante menor. É notória a transformação do doutorado na Europa continental nas últimas décadas, em particular desde a Declaração de Bolonha e a formalização do terceiro ciclo.[18]

No início do milênio, o número de estudantes estrangeiros que chegava à Grã-Bretanha excedia com folga os números das últimas décadas, resultando em um estoque de mais de 300 mil estudantes — em sua maio-

---

[18] European University Association, 2007.

ria em tempo integral —, que representavam cerca de 15% da população estudantil (nos Estados Unidos a cifra é muito menor, por volta de 5%). Dois de cada três estudantes internacionais provinham de países não membros da União Europeia e, portanto, pagavam matrícula integral. Os estudantes internacionais respondem por mais de 30% das matrículas de pós-graduação, que se concentram, sobretudo, nos novos programas profissionais,[19] e 42% dos títulos de doutorado britânicos são outorgados a estudantes estrangeiros. O Reino Unido é hoje o principal destino de detentores da bolsa de cooperação europeia em pesquisa, as prestigiosas bolsas de doutorado e pós-doutorado Marie Curie, a que somente candidatos da Comunidade Europeia podem se candidatar.

Em meados dos anos 1990, a visão crítica prevalecente nos meios acadêmicos norte-americanos antecipava um efeito "malthusiano" do crescimento sem controle nem regulação central dos programas de doutorado que levaria a altos níveis de desemprego se não fosse freado a tempo. No entanto, com ligeiras oscilações anuais, o número de doutorados continuou crescendo, graças à proporção de títulos obtidos por estudantes estrangeiros não residentes. Os estudantes estrangeiros têm servido como uma fonte quase inesgotável de candidatos competitivos, contribuindo para a qualidade dos programas e frequentemente também com algum financiamento, e produzindo uma forma dupla de ajuste do volume da formação de doutores às variações do mercado norte-americano. Primeiro, ante a diminuição da demanda interna por estudos de doutorado — seja por questões demográficas ou pelo atrativo de outras carreiras —, os programas de doutorado se valem dos estudantes estrangeiros para manter a massa crítica necessária e a escala econômica de funcionamento requerida pelo alto investimento em equipamentos de pesquisa, mas sem diminuição da qualidade dos estudantes. Segundo, quando a demanda do mercado acadêmico perde dinamismo e não absorve da forma desejada os novos doutores, empurrando-os para posições menos prestigiosas na indústria — algo que preocupa intensamente os departamentos e universidades que outorgam os títulos —, os estudantes estrangeiros têm

---

[19] Findlay e Stam, 2006.

166 O SOCIÓLOGO E AS POLÍTICAS PÚBLICAS

uma opção a mais que os locais: o regresso a seus países de origem.[20] Ademais, cabe ressaltar que os estudantes de doutorado estrangeiros têm, em média, taxas de graduação mais altas e terminam o doutorado em menos tempo que os estudantes nacionais.

A formação de pós-doutorado se expandiu ainda mais rapidamente que a de doutorado nos Estados Unidos e no Reino Unido. A limitada informação disponível permite estimar em anos recentes um estoque total de 50 mil pesquisadores em nível de pós-doutorado. Ao final dos anos 1990, um artigo enfatizava seu rápido crescimento, com um número maior de pesquisadores com vários anos nessa categoria, um passo requerido na direção de um emprego como pesquisadores, mas, ao mesmo tempo, uma forma de emprego temporário.[21] Os salários não são regulados por qualquer padrão uniforme e dependem da disponibilidade de fundos de pesquisa e das políticas adotadas por cada universidade, seguindo os pisos aconselhados pelas principais fontes de recursos. Os estrangeiros ganham em média menos que os nacionais, ainda que sua presença esteja correlacionada, de modo geral, com um crescimento no número de publicações e patentes e uma produtividade científica maior.

Alguns autores assinalaram que a alta produtividade científica dos Estados Unidos baseia-se, em alguma medida, na existência de uma oferta significativa de pesquisadores jovens mal remunerados, com empregos precários e carreiras incertas na pesquisa acadêmica — tal como ocorre com a maioria dos pesquisadores em programas de pós-doutorado.[22] Os candidatos internacionais, para os quais essas posições são muito cobiçadas, apesar dos salários baixos e do futuro incerto, seguramente contribuem para manter tais condições. Para outros autores, a baixa remuneração e as maiores incertezas da carreira acadêmica explicam, por sua vez, a dificuldade em recrutar os melhores candidatos nacionais, que encontram outras carreiras mais atraentes.[23]

---

[20] Geiger, 1997.

[21] Äkerlind, 2005.

[22] Mervis, 1999; e Corley e Sabharwal, 2007.

[23] Zumeta e Raveling, 2002.

O número de contratos acadêmicos temporários cresceu rapidamente desde a década de 1980, não só nas posições vinculadas à docência, como é bem sabido, mas também na pesquisa. As categorias de pesquisador de pós-doutorado ou sob contrato escondem uma variedade enorme de situações particulares, em geral bastante precárias, ligadas à habilidade do pesquisador de competir com êxito por fundos próprios.[24] Na Grã-Bretanha, onde o processo foi mais acelerado, existem um limite de tempo após o qual as contratações são consideradas permanentes, limite que pode se tornar mais rígido a partir das diretrizes da Comissão Europeia sobre termos contratuais.[25] Nos Estados Unidos, ao contrário, os contratos temporários frequentemente são objeto de renovações sucessivas, de forma que a percentagem de pesquisadores em programas de pós-doutorado após seu primeiro ano como tais continua crescendo.

O mercado acadêmico no Norte e suas possíveis consequências para a América Latina

As transformações apontadas nos mercados de ensino e de trabalho para jovens pesquisadores nas universidades e institutos de pesquisa nos Estados Unidos, no Reino Unido e em outras potências científicas têm consequências para a formação e a retenção de acadêmicos e pesquisadores latino-americanos que ainda não haviam sido investigadas. A recente literatura sobre a circulação de talentos — focalizada na dimensão das inovações tecnológicas e empresariais, mas pouco preocupada com o mercado acadêmico — chama a atenção para o potencial das diásporas científicas e redes transnacionais no desenvolvimento econômico dos países de origem.[26] A precarização do emprego na área de pesquisa e o crescente número de residentes temporários criaram condições que as políticas orientadas para o aproveitamento desses pesquisadores nos países de origem não deveriam desconhecer. Tampouco se pode esquecer que mui-

---

[24] Armbruster, 2008.

[25] Ackers e Oliver, 2007.

[26] Ver, entre outras revisões recentes da literatura, as de Mahroum, 2005; e Vinokur, 2006; para a América Latina, consultar Pellegrino e Pizarro, 2001; e Pellegrino, 2001.

tos laboratórios e centros de pesquisa do setor industrial têm se internacionalizado, como se pode ver nas estatísticas sobre o crescimento do gasto industrial com P&D — criando oportunidades no setor de pesquisa e desenvolvimento fora dos países centrais, onde favorecem os empregos de nativos daqueles países com estudos no estrangeiro. Embora o fenômeno seja particularmente notável no Leste asiático, também se pode observá-lo no Brasil, no México e em outros países da região.[27]

As oportunidades criadas nesse novo contexto internacional deveriam ser mais bem estudadas e incorporadas no desenvolvimento de políticas de recursos humanos para a pesquisa e o ensino. Luchilo e Albornoz (2008) elaboraram recentemente três possíveis cenários futuros para a América Latina, considerando a intensificação da competição global por estudantes de pós-graduação, e partindo do pressuposto de que a demanda continuará crescendo, sobretudo na Europa, enquanto as maiores ofertas de estudantes — as provenientes do Leste e do Sul asiáticos — irão diminuir à medida que a China, a Índia, a Coreia e outros países da região passem a expandir seus programas de doutorado.[28] Esses cenários consideram tanto a emigração de estudantes de pós-graduação — que os autores restringem ao doutorado acadêmico — quanto a possível atração de estudantes internacionais para a América Latina. O primeiro cenário — o mais provável no futuro — é a adaptação passiva às tendências globais de internacionalização. Essa adaptação resultaria no aumento continuado do volume de estudantes que fazem doutorado no exterior e não regressam, gerando uma contínua erosão na capacidade nacional em ciência e tecnologia. O segundo é um cenário que surge de uma reação negativa dos governos e dos sistemas de educação superior à internacionalização, tal como na orientação curricular dos programas de graduação, na falta de estímulos para o estudo no exterior e na ampliação do empre-

---

[27] National Science Board, 2008.

[28] Não creio que essas hipóteses sejam inteiramente verdadeiras. O forte crescimento dos programas de doutorado na China, em Taiwan e na Coreia não vem impedindo que continue muito alto o número de estudantes no estrangeiro. A proporção de estudantes estrangeiros em programas de doutorado na Europa é ainda baixa, à exceção de Reino Unido, Suíça e Holanda.

go e das bolsas domésticas para graduados. Uma consequência negativa dessa estratégia — entre outras — seria a diminuição das possibilidades de retorno dos que emigraram e dos que, contrários às políticas governamentais ou mesmo em reação a elas, buscam emigrar no futuro. O terceiro cenário inclui um forte estímulo à internacionalização, com uma política governamental mais ativa e coordenada com as instituições, para aumentar a oferta de pós-graduados de padrão internacional.

Esse cenário coincide com as recomendações atuais sobre a colaboração governamental com redes acadêmicas, administradas por organizações não governamentais e universidades competitivas de nível internacional, para a utilização dos talentos no exterior e o fortalecimento da pesquisa e da formação de pós-graduação no país, inclusive mediante uma política de incentivos à admissão de estudantes internacionais. A participação ativa de governos, universidades e programas de pesquisa da região em projetos colaborativos de pesquisa e formação avançada faz parte do mesmo cenário. As políticas de bolsas e outros apoios à internacionalização, concentrados nesses projetos colaborativos, potencializam os recursos disponíveis e permitem a participação na formulação de regras relativas à formação transnacional de pesquisadores e docentes. Alguns grandes projetos já desenvolveram esse tipo de regras, que são facilmente transferíveis. É o caso, por exemplo, do programa de pesquisas sobre HIV-Aids desenvolvido no NIH, nos Estados Unidos, que prevê o estabelecimento conjunto de prioridades de pesquisa, a preferência por programas de formação "sanduíche", com mentores compartilhados, e o apoio ao acesso contínuo à informação, a facilitação do retorno etc.[29]

Concluindo, é preciso conhecer melhor como o contexto internacional, aqui descrito brevemente, afeta o comportamento dos pesquisadores da região, em particular daqueles formados fora dela, no momento de formular políticas de internacionalização da educação superior e da pesquisa científica, dirigidas para o fortalecimento das capacidades nacionais e regionais.

---

[29] Kupfer et al., 2004.

Referências bibliográficas

ACKERS, Louise. Promoting scientific mobility and balanced growth in the European research area. *Innovation: The European Journal of Science Research*, v. 18, n. 3, p. 301-317, 2005.

_____; OLIVER, Liz. From flexicurity to flexsecquality? The impact of the fixed-term contract provisions on employment in science research. *International Studies of Management and Organization*, v. 37, n. 1, p. 53-79, 2007.

ÄKERLIND, Gerlese S. Postdoctoral researchers: roles, functions and career prospects. *Higher Education Research & Development*, v. 24, n. 1, p. 21-40, 2005.

ARMBRUSTER, Chris. The rise of the post-doc as principal investigador? How PhDs may advance their career and knowledge claims in the new Europe of knowledge. *Policy Futures in Education*, v. 6, n. 4, p. 409-423, 2008.

BALÁN, Jorge. *Políticas de reforma de la educación superior y la universidad latinoamericana hacia el final del milenio*. Cuernavaca: Universidad Nacional Autónoma de México, 2000.

_____. La competencia internacional por los talentos. *Primera Revista Lationamerica de Libros*, PRLOnline, v. 15, n. 42, 2008.

BEINE, Daniel et al. Brain drain and human capital formation in developing countries: winners and loosers. *The Economic Journal*, v. 118, n. 528, p. 631-652, 2008.

BRANDI, M. Carolina. La historia del brain drain. *Revista Iberoamericana de Ciencia, Tecnología y Sociedad*, v. 3, n. 7, p. 65-85, 2006.

BRUNNER, José Joaquín. *Educación superior in América Latina*: una agenda de problemas, políticas y debates in el umbral del año 2000. Buenos Aires: Centro de Estudios de Estado y Sociedad, 1994.

CORLEY, Elizabeth A.; SABHARWAL, Meghna. Foreign-born academic scientists and engineers: producing more and getting less than their U.S.-born peers? *Research in Higher Education*, v. 48, n. 8, p. 909-940, 2007.

DIDOU, Sylvie. *Internacionalización y proveedores externos de educación superior in los países de América Latina y in el Caribe*: principales problemáticas. México: Asociación Nacional de Universidades e Instituciones de Educación Superior (Anuies)/ Instituto de Educação Superior na América Latina e Caribe (Iesalc), 2005.

_____; ROJAS, Javier Mendoza. *La comercialización de los servicios educativos*: retos y oportunidades para las instituciones de educación superior. México: Anuies, 2005.

DOCQUIER, Frederic; RAPOPORT, Hillel. *Skilled migration*: the perspective of developing countries. Bonn, Germany: Institute for the Study of Labor, 2007. IZA Discussion Paper n. 2873.

ESPENSHADE, Thomas J. High-end immigrants and the shortage of skilled labor. *Population Research and Policy Review*, v. 20, n. 1-2, p. 135-141, 2001.

_____ et al. Employment and earnings of foreign-born scientists and engineers. *Population Research and Policy Review*, v. 20, n. 1-2, p. 81-105, 2001.

EUROPEAN UNIVERSITY ASSOCIATION. *Doctoral programmes in Europe´s universities*: achievements and challenges. Brussels: European University Association, 2007.

FINDLAY, Allan M.; STAM, Alexandra. *International student migration to the U.K.*: training for the global economy or simply another form of global talent recruitment?, Georgetown University, trabajo presentado a la conferencia "International competition for S&E students and workers", 2006.

FLORIDA, Richard. *The flight of the creative class:* the new global competition for talent. New York: Collins, 2007.

GACEL-ÁVILA, Jocelyne. *Internacionalización de la educación superior*: paradigma para la ciudadanía global. México: Anuies, 2003.

GEIGER, Roger. Doctoral education: the short-term crisis vs. long-term challenge. *The Review of Higher Education*, v. 20, n. 3, p. 230-251, 1997.

KUPFER, Linda et al. Strategies to discourage brain drain. *Bulletin of the World Health Organization*, v. 82, n. 6, p. 616-623, 2004.

KUPTSCH, Christiane. Students and talent flow — the case of Europe: from castle to harbour? In: _____; PANG, Eng Fon. *Competing for global talent*. Geneva: International Labour Office/International Institute for Labour Studies, 2006.

_____; PANG, Eng Fong. *Competing for global talent*. Geneva: International Labour Office/International Institute for Labour Studies, 2006.

LUCHILO, Lucas; ALBORNOZ, Mario. Universities and global competition for graduate students: scenarios for Latin America. *Technology Analysis & Strategic Management*, v. 20, n. 3, p. 351-367, 2008.

MAHROUM, Sami. The international policies of brain drain: a review. *Technology Analysis and Strategic Management*, v. 17, n. 2, p. 219-230, 2005.

MARGINSON, Simon. Nation-building universities in a global environment: the case of Australia. *Higher Education*, n. 43, p. 409-428, 2002.

MARTIN, Phillip L. Competing for global talent: The US experience. In: KUPTSCH, Christiane; PANG, Eng Fong. *Competing for global talent*. Geneva: International Labour Office/International Institute for Labour Studies, 2006.

MERVIS, Jeffrey. Cheap labor is key to U.S. research productivity. *Science*, v. 285, n. 5433, p. 1519-1521, 1999.

MOGUÉROU, Phillipe. Doctoral and postdoctoral education in science and engineering: Europe in the international competition. *European Journal of Education*, v. 40, n. 4, p. 367-392, 2005.

NATIONAL SCIENCE BOARD. *Science and Engineering Indicators 2008*. Arlington, VA: National Science Foundation, 2008.

PELLEGRINO, Adela. Trends in Latin America skilled migration: brain drain or brain exchange? *International Migration*, v. 39, n. 5, 2001.

_____; PIZARRO, Jorge Martínez. *Una aproximación al diseño sobre políticas de migración internacional calificada en América Latina*. Santiago, Chile: Centro Latinoamericano y Caribeño de Demografía (Celade), 2001.

REKSULAK, Michael et al. *Barrier to entry*: the political economy of H1-B visas. Disponível em: http://home.olemiss.edu/~shughart/Barrier_to_Entry.pdf. Acesso em: 2006.

SALT, John. *Current trends in international migration in Europe*. Brussels: Council of Europe, 2006.

_____; MILLAR, Jane. Foreign labour in the United Kingdom: current patterns and trends. *Labour Market Trends*. London: Office for National Statistics, Oct. 2006. Disponível em: <www.statistics.gov.uk/articles/labour_market_trends/foreign_labour.pdf >.

SCHWARTZMAN, Simon. Policies for higher education in Latin America: the context. *Higher Education*, v. 25, n. 1, p. 9-20, 1993.

SOLIMANO, Andrés. *The international mobility of talent*: types, causes, and development impact. Oxford: Oxford University Press, 2008.

TREMBLAY, Karine. Academic mobility and immigration. *Journal of Studies in International Education*, v. 9, n. 3, p. 196-228, 2005.

VINOKUR, Annie. Brain migration revisited. *Globalization, Societies and Education*, v. 4, n. 1, p. 7-24, 2006.

ZUMETA, William; RAVELING, Joyce S. *The best and the brightest for sciences*: is there a problem here? Washington: Commission on the Professions in Science and Technology, 2002.

PARTE III

PESQUISA E AVALIAÇÃO EM POLÍTICAS PÚBLICAS

9

Pensando e mudando a atividade estatística brasileira

NELSON DE CASTRO SENRA

Em abril de 1994 — tempos difíceis no Brasil —, Simon Schwartzman, intelectual consagrado, de renome nacional e internacional, familiar à pesquisa acadêmica, aceitou o imenso desafio de comandar a atividade estatística do país, pondo-se à frente do IBGE. Teria um enorme trabalho a desempenhar, e por certo tinha consciência disso. O fez por convite do senador Beni Veras, então ministro do Planejamento, quase ao término do governo Itamar Franco (out. 1992-dez. 1994), seguindo na função no primeiro mandato de Fernando Henrique Cardoso (jan. 1995-dez. 1998), e só não continuando no segundo (jan. 1999-dez. 2002) por não ter tido gosto em fazê-lo. Mesmo saindo, sua gestão, por sua solidez e amplitude, estimularia uma admirável continuidade administrativa.

O país, que depois de longo vazio eleitoral elegera um presidente da República, Fernando Collor de Mello (mar. 1990-out. 1992), viu seu governo acusado de corrupção, um processo parlamentar de *impeachment*, e, ato contínuo, a posse do vice-presidente Itamar Franco. O governo empossado, lutando sempre para agradar às várias forças em jogo — em luta sem quartel contra o monstro da inflação, que, ao fim de longo e criativo processo de mudanças, daria ao país uma nova moeda, o real —, teria muitos titulares no Ministério do Planejamento, com péssimos reflexos internos no IBGE. Mesmo quando não se lhe mudavam o presidente, al-

176 O SOCIÓLOGO E AS POLÍTICAS PÚBLICAS

teravam-se suas relações formais com as novas pessoas no governo; desde há muito, seus orçamentos minguavam, seus recursos humanos se evadiam, ou viviam em anomia numa sucessão grevista jamais vista. Em meio a essa crise, que abalava sua legitimidade, solapava sua credibilidade, assumiu Simon Schwartzman, e o fez com ousadia e segurança. Sua gestão daria ao IBGE as condições de recuperar sua modernidade.

O intelectual na atividade estatística

Escritor incansável, talvez mesmo compulsivo, Simon publicou diversos artigos e livros sobre vários assuntos, quase sempre tomados como referência intelectual.[1] Sobre a atividade estatística escreveu textos vitais, dos quais vale destacar: "Legitimidade, controvérsias e traduções em estatísticas públicas", apresentado em Bielefeld, na Alemanha, em 1996; "Expansion and inclusiveness of statistics", apresentado em Istambul, na Turquia, em 1997; "O futuro das estatísticas internacionais, uma visão do Sul", apresentado em Aguascalientes, no México, em 1998; e mais, "Cor, raça e origem no Brasil", um valioso experimento metodológico, iniciado ainda no IBGE, e divulgado em 1999; entre vários outros. Alguns desses textos foram depois postos em um livro focal — *As causas da pobreza* —, publicado em 2004 pela Editora FGV. Outros textos tratam do cotidiano da atividade estatística, com foco no IBGE, e será neles, sobremodo, que este capítulo irá se basear.[2]

Antes, porém, de, por assim dizer, entrar no IBGE, vale realçar sua especial contribuição à configuração de uma sociologia das estatísticas, um campo de pesquisa em gestação (mesmo no mundo), pelo qual se tomam as estatísticas como objeto de estudo e não (o que é mais comum) como meio de análise (para gerar as políticas públicas e para amparar as pesquisas acadêmicas, entre outros usos). Suas reflexões serão admira-

---

[1] Por essa razão, é muito cioso do tempo de que dispõe, não escondendo sua impaciência diante do que porventura considere divagações estéreis, "perda de tempo"; contudo, não deixa de ser afável e gentil, ao seu modo.

[2] Todos os textos de Simon Schwartzman citados neste capítulo estão disponíveis em sua excelente página na internet: <www.schwartzman.org.br>. Por isso, as referências das citações serão feitas de modo simplificado, para tornar o texto mais leve.

das, mas não serão lidas e relidas o suficiente, tirando-lhes o máximo da essência; de fato, em geral, os *estaticistas* (produtores das estatísticas) não têm o hábito de pensar suas atividades, as intimidades das informações estatísticas e das instituições estatísticas. Enfim, diz Simon:

> [As] informações [estatísticas] são de especial interesse para o sociólogo da ciência por serem produzidas por instituições que são, simultaneamente, centros de pesquisa — envolvendo, portanto, valores científicos e tecnológicos, além de perspectivas e abordagens típicas dos seus campos de investigação — e instituições públicas ou oficiais, sujeitas às regras, valores e restrições do serviço público. (...) Como muitos outros campos do conhecimento, a estatística pública [teve, ao longo do tempo] de obter legitimidade aos olhos de seus patrocinadores e, para isso, [teve] de se estabelecer como uma disciplina científica confiável e como um empreendimento prático.[3]

À continuação do pensamento, trata de redes, cadeias, alianças, traduções, controvérsias, padronizações, em leituras criativas de Bruno Latour e de Michel Callon, e também de legitimidade e credibilidade, parceria, cooperação e coordenação, registro administrativo, independência técnico-científica das instituições estatísticas, conceitos que trabalharia no cotidiano do IBGE. Avançar nessas ideias exigiria muito espaço e tempo, o que não temos, donde, remeto os interessados aos seus textos mais teóricos, em especial ao texto em tela; fiquemos, então, com essas reflexões trazidas à prática, quando, à frente do IBGE, comandou a atividade estatística brasileira. Um período histórico.

Uma antiga atuação no IBGE

Na gestão Edmar Bacha, entre as várias ideias de reforma estrutural, sobressaiu a proposta de delegar a Escola Nacional de Ciências Estatísticas (Ence), criada em 1953, a alguma universidade. As reações contra essa

---

[3] As estatísticas públicas e a medição da pobreza. In: *As causas da pobreza*. Rio de Janeiro: FGV, 2004. p. 69-71. (Versão modificada de "Legitimidade, controvérsias e traduções em estatísticas públicas", de 1996.)

178 O SOCIÓLOGO E AS POLÍTICAS PÚBLICAS

ideia foram muitas, vindas de dentro e de fora; alguns argumentos eram substanciosos, outros nem tanto, sendo criado um impasse de difícil solução. Então, em julho de 1986, decidiu-se por solicitar um parecer a uma comissão de avaliação formada por notáveis, consagrados em diferentes campos: Nelson do Valle Silva, Basílio de Bragança Pereira, Ricardo Milton Frischtak e Tadeu Keller Filho, coordenados por Simon Schwartzman, que fez e assinou um relatório conclusivo, entregue em outubro.

> A Comissão considera que, a médio e longo prazo, tanto o IBGE quanto o Sistema Estatístico Nacional teriam muito a ganhar se a Ence fosse transformada em uma entidade academicamente forte, dotada de um núcleo de professores e pesquisadores de alto nível, bem relacionada com a área universitária, e na qual ensinassem os melhores profissionais de dentro e de fora do Instituto. Esta é também a expectativa sentida pela comunidade estatística do Rio de Janeiro, manifestada nos contatos mantidos pela Comissão durante seus trabalhos. Para que isto se transforme em realidade, cabe ao IBGE redefinir a posição da Ence em sua estrutura, e dotá-la de uma liderança orientada para estes fins, aumentando ainda, com o tempo, os recursos materiais e humanos de que hoje a Escola dispõe. Desta forma, a Comissão crê que o IBGE estaria dando cumprimento pleno a uma de suas finalidades precípuas como órgão de coordenação do Sistema [Estatístico] Nacional, que é a de contribuir para o desenvolvimento da ciência estatística no Brasil em todos os seus aspectos.
>
> (...)
>
> Uma instituição do porte e da responsabilidade do IBGE não pode prescindir da proximidade com um setor dedicado a estudos e pesquisas em sua área de atuação, e à formação de pessoal de alto nível por diversas formas e mecanismos, como forma de se garantir contra a burocratização e a rigidez que ameaçam sempre instituições públicas de seu porte. É natural que existam, em qualquer instituição complexa, tensões e contradições entre setores dedicados à execução de missões e rotinas bem definidas e submetidas a programações e controles rígidos, e aqueles orientados para atividades de tipo mais acadêmico, como os de estudos, pesquisas e educação. Quando esta tensão é resolvida pelo enquadramento do setor mais acadê-

mico pelo setor de execução, o resultado mais frequente é que o primeiro não consegue sobreviver de forma adequada. O outro extremo é o de expelir completamente o setor mais acadêmico para fora da instituição, com prejuízos bastante sérios a médio e longo prazo.[4]

Bela visão! Apropriada a um estudioso da educação. Tempos depois, já no exercício da presidência, Simon continuaria as mudanças havidas na Ence desde então. Já na sua gestão, em 1997, seria criado um curso de especialização em "análise ambiental e gestão do território" e, em 1998, um programa de mestrado em "estudos populacionais e pesquisas sociais", entre outras criações. Em especial, à Ence seria atribuída a condução do Plano Institucional de Treinamento, uma das peças-chave da mudança na política de pessoal.

No início da gestão, um olhar sobre o IBGE

Logo após assumir a presidência (abril de 1994), talvez ainda em junho, Simon Schwartzman enviou carta à direção do *Statistics Canada* solicitando uma consultoria de avaliação do estado da arte no IBGE e, se cabível e possível, um futuro projeto de cooperação interinstitucional. Em julho, viajou ao Canadá, sendo recebido pelo *chief statistician* do Canadá, Ivan Fellegi — desde a época uma referência internacional —, que, com entusiasmo, endossou o pedido feito e, ato contínuo, organizou uma missão tendo Jacob Ryten como chefe. A missão realizou seu trabalho de 26 de agosto a 9 de setembro de 1994, deixando um relatório de 83 páginas em inglês, com seis seções: (1) introdução (com sumário executivo das recomendações); (2) estatísticas econômicas; (3) estatísticas sociais; (4) informática; (5) disseminação; e (6) treinamento. A introdução, seguida do sumário executivo das recomendações, foi traduzida para o português e divulgada amplamente, com o acréscimo de uma interessante apresentação assinada por Simon Schwartzman, na qual afirma:

---

[4] "Relatório da Comissão Externa para a avaliação dos vínculos da Escola Nacional de Ciências Estatísticas — Ence com a Fundação Instituto Brasileiro de Geografia e Estatística — IBGE", em 20 de outubro de 1986. p. 1-2, 7.

A visão que os técnicos do Statistics Canada têm do IBGE, os principais problemas diagnosticados, e os caminhos apontados para sua solução confirmam e aprofundam o entendimento da atual direção do IBGE sobre a instituição. É necessário levantar o moral dos técnicos do IBGE, melhorar as comunicações internas, consolidar os apoios externos, introduzir uma consciência de custos, desenvolver uma política ativa de desenvolvimento de recursos humanos, difundir o acesso a meios computacionais modernos, aumentar a eficiência, reduzir os prazos de processamento e divulgação dos resultados das pesquisas, e difundir melhor os resultados de nossos trabalhos. É necessário, em uma palavra, mudar a cultura da instituição, de maneira a torná-la mais orientada para a qualidade, para a valorização técnica de seu pessoal, para o uso eficiente dos recursos, o cumprimento de prazos e o pronto atendimento aos usuários. Muitas destas dificuldades decorrem de restrições externas que o IBGE não tem como alterar a curto prazo. Mas há muito a fazer internamente, e, na medida em que o funcionamento interno da instituição melhore, haverá mais condições para conseguir os recursos financeiros e institucionais necessários para ir mais adiante.[5]

Antes de tudo, a missão não lhe trouxe novidades, confirmando sua percepção da realidade ibgeana. Era preciso, com urgência, "levantar o moral dos técnicos", "melhorar as comunicações internas", em suma, "mudar a cultura da instituição", orientando-a para a qualidade. Mas trouxe de positivo a vantagem de ser uma avaliação internacional. Havia muito a fazer, o que tomaria bastante tempo e exigiria recursos fartos, mas que não seriam obtidos nem a longo prazo, muito menos a curto prazo. Mas não havia tempo a esperar, pelo que era urgente fazer-se algo, algo que ganhasse a boa vontade brasiliense, daí obtendo os recursos essenciais, com mais e melhor regularidade, ainda que inferiores ao montante necessário. Então, aplicou-se a motivar os técnicos, cujo ânimo estava rasante.

---

[5] "Apresentação ao sumário das recomendações do relatório sobre a Fundação Instituto Brasileiro de Geografia e Estatística". p. 3.

Ele agiu, e já ao final daquele mesmo ano, 1994, preparou e divulgou o texto "O presente e o futuro do IBGE", no qual oferecia um primeiro balanço de gestão. Apresentou sua percepção da realidade ibgeana, que a missão canadense confirmara, e prosseguiu relacionando as ações em vista. Afora um sumário executivo, o texto tem cinco seções: (1) a missão institucional do IBGE; (2) um balanço das atividades em 1994; (3) as condições de funcionamento do IBGE; (4) ações estratégicas; e (5) conclusão: o futuro do IBGE. Diz Simon:

> A Fundação Instituto Brasileiro de Geografia e Estatística — IBGE se aproxima dos seus sessenta anos com uma excepcional folha de serviços prestados ao País. Contando a população, demarcando e identificando o território, revelando como as pessoas vivem, trabalham e produzem e como evoluiu a economia, o IBGE é possivelmente a instituição que mais conhece o Brasil, e é conhecida por todos. Para a população brasileira, a sigla "IBGE" é sinônimo de informação acurada, independente e respeitada, uma imagem cuidada e preservada ao longo de décadas por um grande número de técnicos e servidores administrativos que, espalhados por todo o território brasileiro, recolhem informações e as devolvem à sociedade.
>
> Infelizmente, esta história de relevância, prestígio e dedicação tem sido acompanhada, nos últimos anos, por dificuldades crescentes, que colocam em risco a reputação adquirida e lançam dúvidas sobre o futuro. Resultados de pesquisas importantes levam anos para serem divulgados: usuários e pesquisadores que necessitam de dados encontram dificuldades em consegui-los. Greves periódicas paralisam os trabalhos, criam animosidades, interrompem pesquisas cruciais, e criam a imagem de uma instituição dominada pela pressão de grupos corporativos sem compromisso com suas finalidades. Em dez anos, dez presidentes se sucederam em sua direção,[6]

---

[6] Nesses 10 anos, 1984-94, não houve 10 presidentes, mas sete: Jessé Montello, Edmar Bacha, Edson Nunes, Charles Mueller, Eduardo Augusto Guimarães, Eurico Borba e Sílvio Minciotti. É possível que ele tenha contado também aqueles que responderam pela presidência por curtos períodos.

182 O SOCIÓLOGO E AS POLÍTICAS PÚBLICAS

dando uma imagem de instabilidade que vem associada à inexistência de projetos de desenvolvimento institucional de longo prazo.[7]

O balanço baseia-se, afirmou, "na experiência acumulada nestes meses", "na constante troca de ideias, opiniões e discussões que tivemos com todos os setores da Casa durante este tempo", assim como nas sugestões dos canadenses. Simon notou, com oportuna perspicácia, haver "uma cultura de compromisso e dedicação, que permanece apesar das dificuldades que serão relatadas mais adiante", sendo, por certo, "a base sobre a qual o futuro do IBGE poderá ser construído".[8] No sumário executivo, sintetizou o estado da arte no IBGE, suas maiores restrições e dificuldades, e indicou as mudanças necessárias.

> A situação do IBGE não é diferente da de outros setores da administração pública que, no Brasil como em outros países da região, sofreram com a redução dos recursos, crescente burocratização e o inchamento de pessoal mal remunerado e desmotivado. No entanto, países que ingressaram em processos vigorosos de modernização econômica e institucional, como o México, a Argentina e o Chile, estão conseguindo transformar seus institutos de estatística em instituições eficientes, atualizadas e capazes de fornecer à sociedade as informações vitais que necessitam. Não há razão pela qual o mesmo não possa ser feito no Brasil.
>
> Para chegar a um patamar adequado de funcionamento, similar ao dos institutos de estatística dos países desenvolvidos, o IBGE necessita recobrar sua capacidade de trabalhar como uma instituição autônoma, livre dos controles burocráticos de detalhe impostos pelo governo federal à administração pública. Os controles formais devem ser substituídos por um mandato claro de atividades a serem desempenhadas em benefício da sociedade, mecanismos apropriados de acompanhamento e supervisão externa de desempenho, e um orçamento global a ser administrado com autonomia. (...) Além do envolvimento de seus técnicos e servidores administrativos, será necessário buscar a

---

[7] "O presente e o futuro do IBGE", p. 7.
[8] Ibid., p. 3.

assistência de outros institutos de estatística mais desenvolvidos e trazer a contribuição de especialistas em reengenharia e desenvolvimento organizacional, sem descuidar da visão dos usuários e demandantes dos serviços do IBGE nas universidades, no governo e no setor empresarial. É um projeto de vários anos, que deve ser iniciado o quanto antes. Todo este processo deverá ser supervisionado por um Conselho Técnico formado por membros do governo, personalidades externas e dirigentes do IBGE, que dará a orientação e proporcionará o respaldo intelectual, institucional e político necessário.[9]

Em 1996, faria outro balanço sobre 1995 no Relatório anual IBGE 1995 (excelente em conteúdo e em formato), com as seguintes unidades: (1) estrutura; (2) estatísticas demográficas, sociais e econômicas; (3) informações territoriais; (4) modernização tecnológica em informática; (5) atendimento, documentação e disseminação de informações; (6) a Escola Nacional de Ciências Estatísticas; (7) pessoal, recursos físicos e financeiros. A apresentação, intitulada "O espelho do Brasil",[10] é uma reflexão bastante valiosa:

> Instituições que produzem estatísticas básicas e informações geográficas são o espelho de seus países, não somente pelos dados e informações que produzem e disseminam, como também pelo que estes dados expressam em termos do que preocupa estas sociedades, e do que elas gostariam de ser. A maneira pela qual estas instituições funcionam, seus acertos e desacertos, as críticas e o apoio que recebem, também são reflexos deste espelho, indicações da capacidade que têm os países de se organizar para conhecer sua própria realidade, e utilizar estes conhecimentos para buscar novos caminhos. (...) O ano de 1995 marca o início de um trabalho de recuperação que tem como base a estabilidade institucional e de recursos proporcionada pela estabilização da moeda e garantida pela preocupação do governo Fernando Henrique Cardoso e do Congresso Nacional em propor-

---

[9] "O presente e o futuro do IBGE", p. 8-9.

[10] Por muito tempo as estatísticas eram entendidas como "espelho do príncipe", servindo à sua educação. Só muito depois, já no liberalismo, é que passou a ser vista como "espelho da sociedade", e é nesse sentido que Simon Schwartzman utiliza o termo no título.

cionar ao Instituto os meios para seu funcionamento. O trabalho se iniciou em várias frentes, e os primeiros resultados já estão começando a aparecer. Trata-se, primeiro, de colocar em dia as principais estatísticas e informações cartográficas nacionais, tornando mais nítida a imagem que o Brasil tem de si mesmo. Em grande parte, é um trabalho interno de colocar em dia as pesquisas, buscar novas metodologias e renovar a agenda de temas e questões a serem pesquisados. Isto depende, também, de uma grande aproximação e diálogo intenso com os usuários destes dados – governo, empresários, organizações comunitárias, instituições de pesquisa e planejamento, meios de comunicação – assim como com outros produtores de informações similares no setor público e privado.[11]

Ao final desse relatório é anunciada a instalação de grande parte do IBGE em moderno edifício na av. Chile, no Centro do Rio de Janeiro, próximo a edifícios famosos como o da Petrobras, o do antigo BNH, o do BNDES, o da Caixa Econômica Federal, assim como o da nova Catedral Metropolitana, consagrada a São Sebastião, padroeiro da cidade. O edifício faz esquina com a rua do Lavradio, de grande relevo para a história do Brasil, ali estando situados o antigo Superior Tribunal de Justiça (Supremo Tribunal) do Império, bem como a Loja Grande Oriente do Brasil, da maçonaria brasileira, na qual muito da independência brasileira foi plasmada. Com essa mudança, o IBGE deixava o complexo da Mangueira, que, com o tempo, acabaria encravado numa imensa favela, em região bastante perigosa. Isso se dava mais de 10 anos depois de Edmar Bacha anunciar a mudança como medida básica, promessa repetida, sem exceção, desde então, por todos os presidentes. Grande decisão!

Momento de grandeza: encontro nacional – 60 anos do IBGE

De 27 a 31 de maio de 1996, ocorreu o Encontro Nacional de Produtores e Usuários de Informações Sociais, Econômicas e Territoriais, tendo como lema "Informação para uma sociedade mais justa". Agregava oito atividades simultâneas: a IV Conferência Nacional de Estatística, a III Conferên-

---

[11] "O espelho do Brasil", p. 3-4.

cia Nacional de Geografia e Cartografia, o Seminário Desafios para Repensar o Trabalho, uma reunião de instituições produtoras, um fórum de usuários, um simpósio de inovações, uma jornada de cursos e uma mostra de tecnologia de informação. Na apresentação do programa, Simon Schwartzman explicou o sentido daquele evento, e o fez como leitor atento de Bruno Latour.[12] Vejamos:

> Uma das maneiras de olhar o ofício de produzir informações sociais, econômicas e territoriais é como arte de descrever o mundo. Estatísticas e mapas transportam os fenômenos da realidade para escalas apropriadas à perspectiva de nossa visão humana e nos permite pensar e agir a distância, construindo avenidas de mão dupla que juntam o mundo e suas imagens. Maior o poder de síntese dessas representações, combinando, com precisão, elementos dispersos e heterogêneos do cotidiano, maior o nosso conhecimento e a nossa capacidade de compreender e transformar a realidade. Visto como arte, o ofício de produzir essas informações reflete a cultura de um País e de sua época, como essa cultura vê o mundo e o torna visível, redefinindo o que vê e o que há para se ver.[13]

Aí está a ideia de serem as estatísticas capazes de tornar próximos e presentes mundos distantes e ausentes, dessa forma tornando-os conhecidos e pensáveis, portanto governáveis; as estatísticas são entendidas, a um só tempo, como tecnologias de distância e de governo. Beleza de visão, tão rica quanto difícil aos ouvidos desatentos ou desabituados; poucos terão feito eco a essa visão, infelizmente.

O evento, enfim, foi um sucesso absoluto, com grande presença de público nacional. Entre os conferencistas internacionais marcaram presença os cientistas Robert W. Marx ("Applications and benefits of tiger and the decennial census to data analysis"), Peter Wagner ("Statistics, social

---

[12] Como evidência desse interesse, vale a leitura de "Os dinossauros de Roraima (ou a sociologia da ciência e da técnica de Bruno Latour)", publicado em *Novos Estudos Cebrap*, São Paulo, n. 39, p. 172-179, jul. 1994.

[13] Apresentação do Encontro Nacional de Produtores e Usuários de Informações Sociais, Econômicas e Territoriais, realizado de 27 a 31 de maio de 1996 (p. 1).

186 O SOCIÓLOGO E AS POLÍTICAS PÚBLICAS

science and democracy"), Alain Desrosières ("Du singulier au general: l'information statistique et la construction de l'Etat").

O imperativo da coordenação

Em 1996, Simon Schwartzman elaborou um pequeno texto (três páginas somente),[14] que, embora tivesse caráter oficial por sua posição como presidente, trazia, antes de tudo, sua visão pessoal da temática em discussão: "a coordenação do Sistema Nacional de Informações Estatísticas e Geocientíficas", uma ideia que crescia em suas reflexões.

A seu juízo, os textos legais que davam ao IBGE a atribuição de coordenação da atividade estatística, embora necessários, eram insuficientes. Sem condições instrumentais, a coordenação não passava de figura de retórica; e mesmo havendo os devidos instrumentos — classificações, glossários, cadastros, entre outros — como eles não cobrem todo o espectro do processo de pesquisa, este ficava sempre em aberto, ao alvitre dos diferentes produtores.

Simon vê como natural ("normal") que, "em uma sociedade aberta e pluralista, diversas instituições produzam dados nem sempre coincidentes, em função de diferentes critérios, metodologias e interesses", contudo, entende ser essencial haver um conjunto de "informações confiáveis e suficientemente abrangentes, do ponto de vista temático e espacial, como base para as políticas públicas e como referências para a sociedade e a comunidade internacional"; essas informações, acrescenta, "são um bem público, e como tal devem ser produzidas por instituições também públicas, que possam garantir sua continuidade e confiabilidade", sendo "função do se-

---

[14] O documento não é datado. Em comunicação eletrônica (22-6-2007) tentei dar-lhe uma datação. Disse-me Simon Schwartzman: "deve ter sido preparado para uma reunião seja no Ministério do Planejamento, seja com Vilmar Faria, assessor do presidente Fernando Henrique para a área social, que era meu principal interlocutor no governo. (...) Infelizmente, perdi a data original em que o texto foi escrito (...) e não consegui encontrar nenhum outro documento ou memorando que fizesse referência a ele". Contudo, na última página do documento há referência a um convênio firmado em meados de 1996 com o Ministério do Trabalho, com vistas à unificação das pesquisas de emprego/desemprego, deixando entrever que ele estava em curso, e fora recém-assinado, o que leva, então, a uma datação de início ou meados do segundo semestre de 1996.

tor público cuidar, também, da alocação eficiente dos recursos, evitando a duplicação de gastos para os mesmos fins".[15] Em suma, vá lá que houvesse informações concorrentes e conflitantes, como fruto do ambiente democrático e da autonomia das instituições, mas que elas não viessem de recursos públicos escassos, que deviam ser aplicados concentradamente, não necessariamente num único órgão, mas sempre sob coordenação cooperativa e, não, concorrente. E pergunta, para logo responder:

Como definir a agenda de pesquisas?

Hoje esta agenda é definida internamente pelo IBGE, a partir de linhas de trabalho identificadas pelo seu quadro técnico, em parte atendendo a solicitações de diferentes órgãos de governo, incluindo o Ministério do Planejamento, em parte atendendo a recomendações das Nações Unidas, em parte atendendo a recomendações de comissões consultivas *ad hoc*. Estas demandas são muitas vezes contraditórias, e geralmente não tomam em conta as condições técnicas, administrativas e orçamentárias que o IBGE tem para atendê-las. Além da questão da identificação de temas, a estruturação de uma linha adequada de pesquisas requer a existência de uma equipe técnica especializada, de alto nível, que seja capaz de implementar os projetos que forem identificados com competência, presteza e eficiência. Este problema esbarra na perda importante de pessoal que o IBGE sofreu nestes últimos anos, e que continua a se agravar, pelos salários que paga a seus técnicos mais qualificados.

Como coordenar o IBGE com as demais agências governamentais?

Em todo o mundo a tendência é que os órgãos estatísticos trabalhem cada vez mais, onde couber, com informações geradas pelos registros administrativos, diminuindo os trabalhos de coleta direta de informações. O IBGE tem estabelecido diferentes formas de colaboração com outros órgãos, como a Secretaria da Receita Federal e o Ministério do Trabalho, mas precisaria de um mandato mais claro e definido para poder aprofundar esta linha de trabalho, que deveria incluir inclusive sua participação na elabo-

---

[15] "A coordenação do Sistema Nacional de Informações Estatísticas e Geocientíficas", p. 1-2.

ração dos registros administrativos setoriais, e dos respectivos sistemas de apuração e processamento para fins estatísticos.

Como coordenar o IBGE com os institutos de pesquisa estaduais?

Muitos estados possuem hoje seus próprios institutos estaduais, alguns de porte significativo, como a Fundação Seade, de São Paulo, e a Fundação João Pinheiro, de Minas Gerais. A existência destes institutos se justifica pela necessidade que têm os estados de produzirem informações em níveis mais detalhados de desagregação do que aqueles produzidos pelo IBGE. Em alguns casos, no entanto, como com as estatísticas de emprego, estes institutos realizam pesquisas paralelas às do IBGE, uma duplicação que está se buscando corrigir, através de um convênio assinado com o Ministério do Trabalho. O crescimento destes institutos estaduais e o processo de redução progressiva dos quadros do IBGE colocam em evidência a questão de saber se o governo federal pretende continuar mantendo uma instituição de pesquisa nacional, ou pretende evoluir para uma federação de instituições de pesquisa locais, reservando ao IBGE um papel de coordenação do sistema. Por um lado, a manutenção de uma estrutura nacional como a que o IBGE constituiu nas décadas passadas pode parecer incompatível com as atuais tendências de desburocratização e simplificação do aparelho do Estado. Por outro, o papel de coordenação que poderia ser exercido pelo IBGE sobre uma rede de instituições de pesquisas locais, dependentes de conjunturas políticas regionais e profundamente desiguais em sua competência técnica e administrativa, seria muito reduzido, e poderia deixar o país sem estatísticas nacionais confiáveis. Parece ser aconselhável procurar uma posição intermediária, em que o IBGE se mantenha como órgão nacional, e desenvolva sua capacidade de trabalhar em cooperação ou por subcontratação com instituições locais, quando for o caso, sem perder sua capacidade de produzir um conjunto sistemático de informações básicas de âmbito nacional em um determinado nível relevante de desagregação, e coerentes para todo o país.[16]

---

[16] "A condenação do Sistema Nacional de Informações Estatísticas e Geocientíficas ", p. 2-3.

Nesse diálogo consigo mesmo, *mutatis mutandis*, recupera elementos da concepção fundadora do IBGE, na idealização de Teixeira de Freitas, nos anos 1930. Natural. Afinal, o IBGE nasceu para exercer uma função de coordenação, antes que de produção, como passou a assumir a partir da gestão de Isaac Kerstenetzky. Ora, na razão de discursar a coordenação, é inevitável retornar ao passado, àquela brilhante concepção fundadora que deu cobro aos desarranjos da atividade estatística brasileira (apesar dos grandes esforços de Bulhões Carvalho na Primeira República). E segue sendo um dilema presente ser mais coordenador (o que parece ser um crescente imperativo), ser menos produtor, o que há quase 40 anos se faz, e bem; como mudar, num novo equilíbrio?

Inserção na reforma do Estado

No contexto da reforma do Estado, dirigida pelo ministro Bresser Pereira no primeiro governo Fernando Henrique Cardoso, em fevereiro de 1998, Simon Schwartzman preparou o documento intitulado "O IBGE, quatro anos depois", de valor enorme como balanço. Entendia ter ocorrido uma melhora na imagem pública do IBGE, que atribuía às seguintes ocorrências: a) atualização das pesquisas econômicas e sociais; b) modernização nos sistemas de distribuição de informações; c) modernização do sistema computacional; d) introdução das técnicas digitais na área de cartografia; e) melhoria das condições de trabalho e do sistema gerencial; e f) trabalhos de coordenação institucional. Eis sua opinião balizada:

> No passado recente, o IBGE era percebido como uma instituição assolada por greves constantes, publicando dados atrasados, atendendo mal aos usuários, e se ocultando por trás de uma linguagem difícil e obscura. Esta imagem se alterou profundamente. As greves desapareceram, o Instituto está na imprensa todos os dias, as informações são distribuídas com rapidez e eficiência, e seus dados são recebidos com respeito e consideração, ainda que continue havendo controvérsias em alguns pontos. Esta imagem pública também se reflete para dentro da instituição. Apesar das dificuldades, sobretudo salariais, que afetam o serviço público como um todo, e à existência de um núcleo sindical radicalmente oposto ao governo, que faz tudo para sabotar o trabalho do Insti-

190 O SOCIÓLOGO E AS POLÍTICAS PÚBLICAS

tuto, existe um clima de motivação, interesse e orgulho pelo trabalho realizado entre os funcionários e técnicos que se reflete na qualidade dos produtos.[17]

Contudo, problemas permaneciam: quanto ao pessoal (menos de 8 mil), entre vários pontos, como os baixos salários e os parcos valores das gratificações, tratou do plano de carreiras em ciência e tecnologia, considerando-o inadequado aos trabalhos do instituto (sua única vantagem estaria na premiação das titulações); na questão gerencial, apesar dos avanços nos sistemas de controles e gerência, considerou imprópria a estrutura vigente (na sede e nos estados, capitais e municípios), diante das modernas tecnologias (e da falta de pessoal qualificado). Demandava um *fast track* "que faça com que as decisões [no IBGE] sejam tomadas com rapidez". Algo disso existiu "na reforma recente do Banco Central, assim como na criação das novas agências reguladoras que o governo está constituindo. Esta prioridade, no entanto, nunca chegou a existir para o IBGE".[18]

O IBGE, no contexto da reforma, seria uma agência executiva. Para tanto, um plano de ação foi elaborado nos meses de junho e julho e, em 31 de julho de 1998, integrado ao protocolo de intenções assinado em Brasília, firmado com o ministério supervisor, à época (e ainda hoje) o Ministério do Planejamento e Coordenação. Daí, em formato envolvente e participativo, passou-se à elaboração de um planejamento estratégico, concluído ao final de 1998, ao término da gestão. Com a perda da força inicial da reforma do Estado, as expectativas de aceleração das mudanças caíram por terra, e talvez tenham influído em sua decisão de deixar a função; o que quer que viesse a fazer, daí em diante, exigiria o comezinho das negociações brasilienses, com burocratas arrogantes e comumente despreparados (mesmo ganhando, perderia tempo...).

Ao sair, duas análises do futuro

Em setembro de 1998, em Aguascalientes, no México, Simon Schwartzman proferiu palestra no painel O Futuro das Estatísticas Internacio-

---

[17] "O IBGE quatro anos depois", p. 1.
[18] Ibid., p. 4.

nais, como parte da conferência conjunta da International Association Survey Statisticians e da International Association of Official Statistics, o último encontro de que participou como presidente. Sua palestra intitulou-se "O futuro das estatísticas internacionais — uma visão do Sul", tão curta quanto intensa:

> O quadro que obtemos de tantas apresentações feitas nesta Conferência é que as estatísticas oficiais estão mudando muito rapidamente, não só dentro dos países, mas também como empreendimento internacional. Novas tecnologias estão encurtando o tempo entre a coleta dos dados e a liberação das informações, as mudanças nas demandas estão levando as estatísticas oficiais a alargar o âmbito de sua cobertura, a coordenação e a padronização internacionais estão evoluindo, e uma nova fronteira, para a coleta e a publicação de dados transnacionais, também está surgindo.
>
> Órgãos estatísticos em países menos desenvolvidos têm que se ajustar a este novo quadro, em um contexto caracterizado por dois desafios. O primeiro é que os governos, em todos lugares, estão encolhendo, e os órgãos estatísticos estão enfrentando a necessidade de competir por recursos escassos com outros solicitantes legítimos de recursos públicos. O outro é que novos atores estão entrando em cena na produção e disseminação de dados — departamentos estatísticos de outras agências governamentais e unidades administrativas subnacionais (estados e municípios), organizações privadas, instituições acadêmicas e organizações internacionais.
>
> Em face desta combinação de recursos públicos minguantes e competição crescente pela produção e distribuição de dados, não seria razoável simplesmente fechar ou privatizar os órgãos estatísticos públicos? Há boas razões para que isto não deva ser feito. Países precisam de informações de longo prazo, abrangentes, estáveis e comparáveis internacionalmente, que são bens públicos e não se pode esperar que sejam produzidos através de organizações privadas. Somente instituições públicas podem receber e proteger o direito de acesso a dados confidenciais. Tipos adicionais de informação, porém, ou informações sob medida para usuários específicos, podem ser fornecidos através de outras instituições, além dos órgãos ofi-

ciais de estatística, e cada país deveria decidir que dados adicionais deveriam ser produzidos por seus órgãos oficiais de estatística, e o que deveria ser feito através de outros setores da sociedade. À medida que aumenta a descentralização, aumenta também a necessidade de coordenação, e muitos órgãos de estatística enfrentam a necessidade de mudar do papel de produtor de dados para um crescente papel de coordenação.[19]

De novo retomava o imperativo da coordenação, agora no contexto da globalização, da necessidade de se estabelecer comparações transnacionais. Realçou que os governos vinham respeitando a independência técnico-científica das instituições estatísticas, por um lado, mas, por outro, não lhes dava mais recursos, o que as desafiava à criatividade, até mesmo para poderem enfrentar as demandas crescentes em ambiente de concorrência institucional. Diante desse quadro, prosseguiu sugerindo que os órgãos oficiais (centrais) de estatística deveriam perseguir quatro metas, a saber:

> Primeiro, deveriam tornar-se mais criativos no uso de metodologias avançadas para coleta, processamento e disseminação de dados. Com uma melhor amostragem, é possível aumentar a cobertura e reduzir custos. Melhores registros públicos e o processamento criativo dessas fontes de dados podem reduzir a necessidade de coleta de dados primários. O processamento de dados tradicional, baseado em *mainframe*, pode ser substituído por facilidades computacionais descentralizadas, em rede, muito mais baratas e mais eficientes. Disseminação baseada em computador e uso de novas mídias, como CD-ROMs e Internet, podem reduzir o custo e o volume de produtos baseados em papel e proporcionar aos usuários melhores informações no tempo certo. Com novas tecnologias, é possível produzir mais e melhores produtos por uma fração do custo, mas há custos de treinamento, de desenvolvimento de sistemas e de transição de velhas para novas plataformas de computador e rotinas de processamento de dados, o que pode ser caro e demorado.

---

[19] "O futuro das estatísticas internacionais — uma visão do Sul", p. 1.

Segundo, os órgãos de estatística têm que ser mais criativos no estabelecimento de alianças e vínculos de cooperação com outras instituições produtoras de dados dentro dos países e com organizações internacionais. Parcerias com outras organizações governamentais, acadêmicas e internacionais permitem compartilhamento de recursos, aumento da legitimidade e acesso ao conhecimento e à competência que os órgãos de estatística necessitam. Esses vínculos cooperativos trazem uma série de assuntos e problemas que órgãos de estatística inteiramente centralizados não têm que enfrentar. Como conservar e manter as regras de confidencialidade quando os dados são coletados através de organizações diferentes? Como ter certeza de que os dados estão sendo coletados e processados de modo consistente? Como assegurar a tempestividade da disseminação? Quem será responsável por manter as séries de dados a longo prazo? Quais serão as regras para acesso e análise dos dados? Como compartilhar custos?

Terceiro, instituições oficiais de estatística têm que se esforçar por sua plena institucionalização como corpos técnicos independentes. Hoje, a maioria dos órgãos oficiais de estatística são tratados por seus governos simplesmente como parte de sua burocracia, o que leva a dois tipos de problemas. O primeiro é que eles ficam sujeitos a políticas de pessoal e de administração de recursos, uniformes em âmbito nacional, que são frequentemente incompatíveis com suas necessidades e responsabilidades. O segundo, e mais sério, é que eles ficam expostos a interferências externas na nomeação de suas principais lideranças e até mesmo no modo como coletam e publicam suas informações. Felizmente, está se tornando cada vez mais claro que estatísticas oficiais que sofrem ingerências dos governos carecem de credibilidade e são inúteis, e esta constatação tem refreado a interferência da maioria dos governos no trabalho de seus órgãos de estatística. Mas isso, claramente, não é suficiente. Órgãos de estatística têm que ser protegidos formalmente de governos ocasionais por mandatos predefinidos para os seus altos funcionários, por corpos supervisores estáveis e legítimos, por orçamentos estáveis de longo prazo e por regras apropriadas para administração de pessoal e de recursos.

194 O SOCIÓLOGO E AS POLÍTICAS PÚBLICAS

> Quarto, e provavelmente o que é o mais importante, os órgãos de estatística precisam aumentar sua competência profissional e técnica. Em muitos países, os órgãos de estatística são ainda dominados por pessoal administrativo, executando tarefas rotineiras de coleta e processamento de dados que podem ser rapidamente substituídas por modernas tecnologias de computador e contratação externa de tarefas rotineiras. Competência profissional é necessária para incorporar novas tecnologias, manter a informação atualizada com o estado da arte e dar aos institutos a legitimidade e o reconhecimento entre outros atores significativos, nos próprios países e no estrangeiro.[20]

Simon recupera reflexões antigas: alianças e vínculos de cooperação; criatividade nas metodologias de disseminação, não apenas nas de produção; assimilação da microinformática; aumento da competência dos pesquisadores, entre outros pontos. Os desafios apontados, quase cinco anos atrás, seguiam presentes; muitos foram enfrentados, mas muitos permaneciam; mesmo os já superados exigiam um eterno retorno de revisões. Tudo isso era (e é) por demais cansativo e aborrecido para um intelectual impaciente, com gosto pela solidão criativa. Dar adeus à disponibilidade, engajar-se num cotidiano burocrático, era pedir demais.

Em dezembro daquele mesmo ano, renunciou a continuar na presidência; em janeiro passou o cargo a Sérgio Besserman, que faz uma gestão de continuidade administrativa. No discurso que proferiu retomou essa tônica, agora tendo como foco o IBGE.

Expressou admiração pela instituição — "aprendi bastante sobre a importância e a natureza do trabalho de um órgão nacional de estatística com as características do IBGE" — e por seus técnicos — "pude conhecer um grupo extraordinário de profissionais competentes e responsáveis, verdadeiros servidores e servidoras públicos, que fazem de seu trabalho um sacerdócio, à custa muitas vezes de sacrifícios pessoais". Relevou o "espírito de diálogo e abertura" praticado abertamente com "o corpo técnico do Instituto, os governantes, os parceiros do mundo empresarial,

---

[20] "O futuro das estatísticas internacionais — uma visão do Sul", p. 1-2.

PENSANDO E MUDANDO A ATIVIDADE ESTATÍSTICA BRASILEIRA **195**

governamental e acadêmico, e com a imprensa", na detecção de problemas e na indicação de soluções.[21] Eis algumas temáticas abordadas:

O primeiro destes temas é o do papel do Instituto Brasileiro de Geografia e Estatística na sociedade brasileira e, mais amplamente, dos institutos de estatísticas públicas nas sociedades modernas. A forma pela qual o IBGE está organizado, como órgão administrativo subordinado a um ministro de Estado, reflete uma concepção antiga, segundo a qual os institutos de estatística seriam apenas um braço do governo federal, destinado à coleta de dados solicitados pelos governantes para o melhor exercício de suas funções. Hoje, no entanto, sabemos que os institutos nacionais de estatística são instituições públicas, voltadas à produção de informações confiáveis e relevantes para a sociedade como um todo, sociedade da qual o governo federal é só uma parte. O governo federal, como representante legítimo da sociedade, tem a responsabilidade de garantir o funcionamento de seu instituto de estatística e de zelar pela sua qualidade técnica, isenção e independência, sem abrir mão de seu direito de solicitar ao Instituto que produza as informações de que o governo necessita, mas sem confundir esta responsabilidade e este direito com um simples poder de mando. Posso assegurar que, durante todos estes anos que estive à frente do IBGE, sua independência e autonomia técnica sempre foram respeitadas e garantidas pelos ministros aos quais estive subordinado, mas o fato é que o IBGE ainda não dispõe dos mecanismos legais e institucionais que garantam sua independência técnica e isenção e o protejam de ingerências externas indevidas, e estes mecanismos precisam ser criados com presteza.

O segundo tema é o do tamanho e alcance do IBGE, tanto do ponto de vista de suas áreas de responsabilidade, quanto de sua extensão. A legislação brasileira dá ao IBGE um poder amplo de coordenação das atividades estatísticas e geocientíficas no país, mas na prática muitas destas funções são cumpridas por outros órgãos. Diferentes países adotam diferentes divisões do trabalho em matéria estatística e geocientífica. São poucos os

---

[21] "Transmissão de cargo da presidência do IBGE ao dr. Sérgio Besserman Vianna", 25-1-1999, p. 1.

que reúnem estatística e geografia, em muitos casos as contas nacionais e as informações financeiras e de comércio exterior ficam com os bancos centrais, e estatísticas agrícolas, ou educacionais, são realizadas por órgãos especializados. Nenhuma organização é necessariamente melhor do que outra, mas, quando existe uma grande divisão de trabalho, é necessário um esforço maior de coordenação. Hoje, apesar de alguns trabalhos meritórios neste sentido, como o da Comissão Nacional de Classificação e da Comissão Nacional de Cartografia, existe pouca coordenação na produção de estatísticas de diferentes órgãos de governo ou financiados com recursos públicos, levando a superposições, desperdícios e até mesmo à produção de informações contraditórias. No futuro, a maior parte das estatísticas públicas terá como origem não a pesquisa direta, mas o processamento de informações de registros administrativos obtidos por governos e instituições privadas em suas atividades cotidianas, e as funções de coordenação tenderão a ser muito mais importantes do que as de execução de pesquisas enquanto tais.

O tema da extensão se refere ao relacionamento entre o IBGE, como órgão nacional de estatística, e os interesses de estados e municípios, muitos dos quais produzem seus próprios dados, e gostariam que o IBGE respondesse de maneira mais efetiva e direta às necessidades e prioridades locais. O IBGE é criticado muitas vezes por ser excessivamente centralizado, impermeável às necessidades locais, e grande demais, pela própria pretensão de cobrir todo o território nacional. Sempre orientei o IBGE no sentido de trabalhar, tanto quanto possível, em parceria com instituições estaduais e municipais, e avançamos bastante neste sentido, em atividades tais como a pesquisa mensal de comércio, a pesquisa de orçamentos familiares e, mais recentemente, no trabalho de elaboração da base operacional para o censo do ano 2000. A experiência deste trabalho de cooperação confirma sua importância, mas confirma também que o país não pode abrir mão de um instituto de estatística de alcance nacional, com capacidade de produzir informações fidedignas e confiáveis para todo o país, independentemente de circunstâncias locais. O IBGE precisa, sem dúvida, rever seu organograma e seu quadro de pessoal, para adaptá-lo à nova realidade em que vivemos, mas ele não deixará de ser uma instituição de porte, como ocorre em todos os países que zelam pela qualidade de suas estatísticas públicas.[22]

Dessa forma, voltava aos pontos de sempre: à autonomia e à independência técnico-científica das instituições estatísticas, assim como a sua vinculação na estrutura de governo; à coordenação da atividade estatística, tendo em conta o número crescente de entidades produtoras, estaduais e municipais, públicas e privadas, a exigirem um movimento de harmonização, em especial por estarem usando mais e mais os registros administrativos, heterogêneos por natureza, como fontes-chave de informações individuais. Advogava um trabalho de parceria e cooperação, numa grande divisão de trabalho, sem que se pudesse (ou devesse) abrir mão das estatísticas nacionais, por seu valor próprio, e por necessidade da globalização, sempre a cobrar comparações multinacionais.

Considerações finais

Simon Schwartzman integra a galeria dos notáveis da estatística brasileira, não como um estatístico, que não é, mas como um *estatista*, na expressão excelente do embaixador Macedo Soares, fixando a figura atuante de homens de Estado municiados das representações estatísticas e geográficas de um país. Ele está ao lado, entre outros, de José Cândido Gomes e Sebastião Ferreira Soares, no Império; de Aureliano Portugal e Bulhões Carvalho, na Primeira República; de Macedo Soares e Teixeira de Freitas, na primeira fase de vida do IBGE; de Isaac Kerstenetzky e Eduardo Augusto Guimarães, na sua fase seguinte. Como todos, pensou a atividade estatística e, por assim dizer, a teorizou; com sua percepção sociológica, visitou a intimidade das informações e instituições estatísticas; como poucos percebeu (revelou?) a rede (ou cadeia) de relações sociais presentes no cotidiano daquela atividade. Seu saber, exposto em textos vitais, por falta de hábito dos *estaticistas*, contudo, não foi devidamente compreendido e apreendido, mas não se perdeu, ficando forte-

---

[22] "Transmissão de cargo da presidência do IBGE ao dr. Sérgio Besserman Vianna", 25-1-1999, p. 2-3.

mente em germinação, fazendo, por certo, escola futura. Estava adiante do tempo do IBGE.

Já na prática, à frente do IBGE, deixou marcas visíveis, como a recuperação da dinâmica ibgeana, mudando-lhe culturas antigas, e o levando à modernidade, sobremodo às mudanças tecnológicas, bem expressas numa plataforma de informática amparada (também e fortemente) na microinformática, e numa disseminação altamente dinâmica, com novas mídias, em especial uma página (portal) na internet; no campo da educação, há que se destacar sua política de formação e capacitação do quadro de pessoal, a criação do programa de mestrado (em vias de se tornar um programa de doutorado); no plano administrativo, um planejamento estratégico excelente, preparado em diálogo amplo e aberto com toda a Casa; e, entre outros pontos, uma dinamização da cooperação internacional, algo que andava em descenso, com óbvia perda na maturidade institucional. Enfim, em sua gestão, o IBGE, e por tabela o sistema estatístico brasileiro, consolidou sua legitimidade e recuperou sua credibilidade, tornou-se ainda mais visível, sólido e respeitado, no que ganhou o Brasil.

10

Avaliação externa em novas versões: a voz dos estudantes no ensino superior britânico (2003-08)*

MARIA HELENA DE MAGALHÃES CASTRO

O conceito de "avaliação externa" de que trato aqui tem um sentido pouco usual. Ele foge aos mecanismos e versões mais típicos e ainda atribui funções de avaliação ao segmento dos estudantes. Sintetizo a seguir alguns dos últimos desenvolvimentos da avaliação do ensino superior no Reino Unido. Especificamente, os novos mecanismos instituídos desde 2004 para captar e reverberar a voz dos alunos — o segmento via de regra menos participante (e por boas razões) na condução do ensino superior em toda parte.

De fato, até muito recentemente a competência dos estudantes para avaliar a qualidade do ensino, de seus cursos e instituições era tida como muito limitada. Oferecer canais de voz a alunos era uma medida que frequentemente premiava professores "boas-praças" em detrimento dos mais exigentes e talvez mais competentes etc. Um experiente dirigente de Harvard, Henry Rosovsky,[1] pondera que a experiência ou a passagem dos estudantes pelo complexo mundo universitário não deveria habilitá-los a votar em matérias institucionais. Como a perspectiva e o compromisso dos alunos são de curto alcance e de

---

* Tradução de Mariana Timponi Rodrigues.

[1] Rosovsky (1994) foi diretor do Departamento de Economia (1969-72), *Dean of Arts and Sciences* (1973-85) e membro da Harvard Corporation (Conselho Deliberativo).

200 O SOCIÓLOGO E AS POLÍTICAS PÚBLICAS

curto prazo, não teriam como reunir elementos suficientes para compreender o que se passa em suas instituições. Sendo assim, a representação estudantil estaria de bom tamanho caso se ativesse às matérias acadêmicas e administrativas dos cursos e departamentos. Outro especialista sênior, Martin Trow (1993:2-23), já argumentara anteriormente que a competência dos estudantes para avaliar a formação recebida não se completa antes de 10 a 15 anos após a formatura. Só então é que os ex-alunos reuniriam elementos suficientes para uma boa avaliação da qualidade da educação que receberam.

O que intriga no caso inglês é que os estudantes universitários já possuíam um nível de organização e de participação nos processos de formulação de políticas públicas absolutamente surpreendentes para os padrões brasileiros.

A UNE inglesa: a National Union of Students (NUS)

A National Union of Students (NUS) responde anualmente a centenas de consultas do governo e de organizações do ensino superior sobre matérias postas em pauta pela Education and Skills e outras Comissões do Parlamento, por órgãos do Executivo, e por entidades da comunidade de ensino superior que também produzem recomendações de políticas públicas ou mesmo propostas de leis. A NUS é um dos elos da rede de consultas e debate público sobre o setor. Desde 2004, por exemplo, é citada como parceira institucional das agências de financiamento — Higher Education Funding Council of England (Hefce) — e de avaliação — Quality Assurance Agency (QAA) —, nas quais tem assento no conselho como membro observador do ensino superior, no âmbito do New information and guidance package[2] e do National Survey of Students (NSS).[3]

---

[2] O novo guia lançado para ajudar os alunos a tomar decisões corretas sobre o ensino superior encontra-se no portal <www.aimhigher.ac.uk>, que está estreitamente ligado ao novo guia produzido pela NUS, intitulado "Thinking it through" ("Pensando com cuidado"). Os dois guias ajudam o estudante e seus orientadores a considerar todas as variáveis importantes para a decisão sobre qual curso e instituição de ensino superior escolher. O novo site e guia foi desenvolvido em parceria pela Hefce, DfES, NUS, Hero (Higher Education and Research Opportunities - ver www.hero.ac.uk/uk/home/index.cfm) e pelo Learning and Skills Council. Consultar <www.hefce.ac.uk/News/hefce/2004/aimhigh.htm>.

[3] A primeira *National Student Survey* (Pesquisa de Opinião Nacional dos Estudantes — NSS) perguntou a todos os formandos sua opinião sobre a qualidade dos cursos que

A NUS possui quadro de pesquisadores cujos estudos servem de base para campanhas, muitas vezes bem-sucedidas.[4] Em seu organograma constam setores como *Press and Public Affairs*, que publica um *clipping* e trabalha junto à rede nacional de TV, rádio, imprensa e junto a ministros e outros parlamentares; o de *Learning & Development*, que há décadas forma pessoal para a representação do segmento estudantil; os departamentos de *Member Development* e de *Campaign & Strategy* — este último composto pelas equipes de *Education Policy, Social Policy* e *Political Strategy*.[5]

Fundada a 86 anos, em 1922, a NUS congrega hoje mais de 700 entidades estudantis, que representam 98% do universo dessas entidades e mais de 5 milhões de estudantes de praticamente todas as faculdades e universidades do país.[6] Ela promove quatro conferências anuais; uma conferência nacional, que elege anualmente o seu Conselho Executivo, e outras três conferências regionais e temáticas. A NUS é membro do Esib, entidade de representação das uniões nacionais de estudantes europeias e de várias outras entidades e movimentos sociais, como o National Postgraduate Committee (NPC), o British Youth Council, o Trade Justice Movement, o Make Poverty History, a Student Stop Aids Campaign etc.

Mas talvez a característica mais inusitada da união nacional de estudantes inglesa é ter uma empresa prestadora de serviços — a NUS Services Limited (NUSSL) —, que tem acordo societário com uma corretora de

---

haviam acabado de completar nas universidades e faculdades da Inglaterra, do País de Gales e da Irlanda do Norte. A pesquisa foi realizada pela empresa Ipsos MORI e financiada pelas organizações que custeiam o ensino superior inglês, galês e irlandês e contou com a contribuição da NUS durante todo o seu desenvolvimento. Consultar: <www.hefce.ac.uk/news/hefce/2006/nss.htm>.

[4] Consultar: <www.nus.org.uk/en/Campaigns/Higher-Education/What-are-we- doing-now/>.

[5] Consultar: <www.nus.org.uk/en/About-NUS/Who-We-Are/People/Campaigns-Strategy-Units/>.

[6] Consultar: <www.nus.org.uk/en/Students-Unions/>. No entanto, um número pequeno de universidades importantes não são membros: a de Glasgow, a de St. Andrews, a de Dundee, a de Southampton e o Imperial College of London. Ver <http://en.wikipedia.org/wiki/National_Union_of_Students_of_the_United_Kingdom>.

seguros e negocia descontos em bares e restaurantes, livrarias, lojas de esportes, papelarias etc. e os repassa a seus afiliados na forma de um cartão de débito, o *extra card*.[7]

Em suma, a NUS oferece cursos de formação de lideranças estudantis, desenvolve estudos que a habilitam a intervir e a participar das políticas para o setor e faz bons negócios (inclusive apólices de seguro para seus filiados e um cartão de descontos — o *extra card*).

Organograma da NUS em 2007

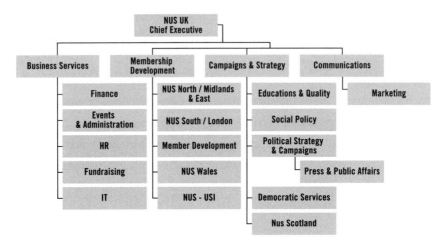

Fonte: <www.nus.org.uk/PageFiles/3256/NUS%20UK%20Overview%20June%202007%2v1.0.pdf>.

Diante de todo o dinamismo da NUS, da abrangência e complexidade dos papéis que assume, fica difícil entender qual a necessidade de se ampliar ainda mais a voz do estudante. Mas o fato é que, desde 2003, os es-

---

[7] A NUS Services Limited é de propriedade da NUS e das uniões de estudantes, e negocia os melhores benefícios para alunos em bares e lojas. Devido aos benefícios negociados pela NUSSL, os alunos das uniões estudantis associadas têm acesso a bebida, alimentação, material de papelaria, equipamento esportivo e outros produtos por preços especiais. A Endsleigh é a corretora de seguros preferida dos alunos da NUS, e negocia seguros a preços competitivos para 1,6 milhão de estudantes do Reino Unido. A NUS detém ações da empresa, e tanto seu presidente quanto seu tesoureiro fazem parte do conselho, o que garante que a empresa permaneça fiel ao movimento estudantil.

tudantes ingleses passaram a contar com os seguintes recursos de expressão e participação:

- um tribunal independente (mais do que uma ouvidoria) o Office of Independent Adjudicator (OIA), criado em 2003 para resolver conflitos dos estudantes com suas IES;
- uma pesquisa nacional de satisfação dos alunos concluintes da graduação com seus cursos e instituições — o *National Students Survey* (NSS), realizado anualmente desde 2004 e com resultados publicados na internet;
- dois dos cinco relatórios permanentes da agência de estatísticas do ensino superior — a Higher Education Statistics Agency (Hesa): um sobre a empregabilidade dos que ingressam no mercado de trabalho e outro sobre o perfil dos estudantes ingressantes, ambos também publicados na internet;[8]
- um site mantido pelo governo — o Unistats (ex-Teaching Quality Information — TQi) —, que compara curso a curso, segundo a pontuação média dos ingressantes, e informa sobre o percentual de egressos empregados seis meses depois da formatura e sobre o percentual de alunos concluintes que se declararam satisfeitos no NSS;[9]
- um serviço de informação, aconselhamento e orientação, disponível no site <www. aimhigher.ac.uk>, que, juntamente com o guia *Thinking it through*, elaborado pela NUS, oferece "orientações e informações abrangentes sobre oportunidades criadas pela educação superior que têm a ver com as necessidades individuais dos estudantes".[10]

---

[8] Consultar: <www.hesa.ac.uk/>. Os dados das IES são analisados pelo grupo de análise e qualidade dos dados. A Hesa coleta cinco conjuntos principais de dados: a) estudantes (perfil, curso escolhido, qualificações); b) destino dos egressos; c) características gerais dos quadros acadêmicos; d) finanças (receitas e despesas de cada IES); e e) dados de todos os cursos que não conferem qualificação ou crédito institucional.

[9] Consultar: <www.unistats.com/>.

[10] O site contém orientações sobre assuntos financeiros, informações sobre a vida estudantil, assim como o perfil de cada faculdade e universidade do Reino Unido que oferece cursos de educação superior. O guia NUS a ele associado ajuda os estudantes a ponderar sobre as opções relacionadas com o site, no qual se encontram respostas para as questões levantadas e se pode explorar novos quesitos.

204 O SOCIÓLOGO E AS POLÍTICAS PÚBLICAS

Além disso, em 2007, o ministério responsável pelo ensino superior — o Department of Inovation, Universities & Skills (Dius, ex-Dfes) — promoveu cinco "júris estudantis" em Londres, Bristol, Manchester, Sheffield, e um de estudantes estrangeiros, para apurar suas opiniões e expectativas sobre seus estudos e os custos envolvidos.

> *DIUS has launched a student listening programme to amplify the student voice in government. One of the strands of this programme was a series of five student juries to capture the views of HE students and feed them into the policymaking process. The juries took place between December 2007 and February 2008. (...) The juries highlighted that the evolving perception of students as "customers" has an impact upon student expectations: they require transparency about what they are paying for and how this money is being allocated – and they expect this to be "value for money". Students articulated a clear expectation regarding the quality of provision of teaching, resources and IAG (Information, Advise and Guidance) that they felt entitled to.*[11]

Duas outras medidas relativamente recentes também concernem ao segmento dos alunos. Desde que o governo permitiu a elevação do teto das anualidades de £ 1.250 para £ 3.000 em 2005, abrindo uma nova área de concorrência entre as universidades, foi também criado o Office for Fair Access (Offa), para verificar se as IES que desejam elevar seus preços possuem mecanismos para garantir o acesso/ingresso de minorias e estudantes de baixa renda.[12] Por fim, embora a oferta de bolsas pelo governo tenha diminuído relativamente à oferta de crédito estudantil, este último passou a ser cobrado com base em um percentual da renda e anistiado num prazo de 20 anos. Todas essas medidas envolveram debates e sofrem a oposição por parte de algum segmento. O financiamento dos estudantes é o tópico mais polêmico e passará por revisão em 2009.

---

[11] Consultar: <www.dius.gov.uk/policy/he_studentjuries.html>.

[12] Consultar: <www.offa.org.uk>. O Offa presta contas do andamento dos "acordos de acesso" feitos e reportados pelas IES em relatório anual ao Parlamento. Seu diretor, *sir* Martin Harris, responde ao secretário de Estado para a Educação. Ver <www.offa.org. uk/about/publications/>.

Das iniciativas relacionadas, os júris estudantis e, principalmente, a criação do OIA, um "tribunal" específico para alunos e instituições, são as mais *suis generis*. A concepção do OIA merece um detalhamento.

Procon para o ensino superior?

O Office of the Independent Adjudicator for Higher Education (OIA) foi criado em 2003 por recomendação do Committee on Standards in Public Life (1996)[13] e do National Committee of Inquiry into Higher Education (1997)[14] de criação de um "júri independente" para o ensino superior. O OIA foi instituído como uma entidade independente para tratar das reclamações dos alunos contra suas IES e melhorar os mecanismos de encaminhamento e resolução de conflitos das IES, através da publicação de recomendações e disseminação de boas práticas nessas matérias. É um serviço gratuito para os estudantes e que tem autoridade sobre todas as IES da Inglaterra e do País de Gales.

O OIA não atende a reclamações que envolvam avaliações de mérito acadêmico, restringindo-se a conflitos que já tenham esgotado todos os procedimentos internos das IES para sua resolução e chegado a uma decisão final de seus *disciplinary or appeal bodies*. Os procedimentos do OIA são informais e buscam resolver conflitos sem acareações. O aluno preenche um formulário com sua reclamação e o OIA o encaminha à IES para que esta se pronuncie. A resposta da IES é encaminhada ao aluno e, com base nessa documentação, a reclamação pode ser classificada pelo OIA como *totalmente justificada, parcialmente justificada* ou *não justificada*. Nos dois primeiros casos, o OIA pode "sentenciar" a IES a atender à demanda do aluno, a indenizá-lo, a rever seus mecanismos internos de resolução de problemas etc.

O resultado da atuação do OIA tem sido o crescimento moderado, mas contínuo, do número de petições nesses três anos de funcionamento. Em

---

[13] Presidido por *lord* Nolan. Consultar: <www.public-standards.gov.uk/>.

[14] Presidido por *sir* Ron Dearing. Após os relatórios dessas comissões, houve um período de consultas que resultou no *white paper* "The future of higher education", de 2003, onde consta a intenção de criar um tribunal independente.

2007, a recomendação era pagar ao reclamante £ 173 mil a título de compensação; estas aumentaram cerca de 25%, passando de 586 em 2006 para 734. Contudo, apenas 26% das reclamações foram consideradas justificadas.

Como interpretar essas medidas? A que necessidades respondem?

Com alguma "licença" semântica, pode-se dizer que temos aí a instituição, pelas autoridades britânicas, de novos mecanismos de avaliação externa por parte dos estudantes — avaliações de seus cursos, instituições e das próprias políticas públicas, especialmente as de financiamento de alunos do ensino superior. Esses mecanismos funcionam como termômetros, medindo o que se passa com os alunos em relação às suas IES e às regulamentações do ensino superior. São avaliações feitas através de pesquisas regulares de satisfação dos formandos com seus cursos e instituições (NSS), de seu perfil e de sua aceitação pelo mercado de trabalho (Hesa); através de um tribunal independente para arbitrar sobre as reclamações e melhorar os sistemas de resolução de conflitos entre alunos e IES, no interior das instituições de ensino superior (OIA); e até através de "júris estudantis", convocados pelo governo para conhecer mais diretamente as experiências e perspectivas dos estudantes sobre o que está acontecendo no ensino superior, particularmente na área do financiamento.

Mas, qual a necessidade de se adicionar todos esses novos termômetros, se o sistema de ensino superior britânico já possuía duas agências — de produção de estatísticas, a Hesa, e de avaliação de instituições e cursos, a QAA — específicas para esse nível de ensino, sem falar do Hefce, órgão de financiamento e de implementação de políticas de indução do setor; a chamada *academic framework*, que divulga na web dois parâmetros de referência de qualidade: a) o nível de competência específico de cada tipo de diploma superior (fruto de consenso entre governo, instituições e comunidade acadêmica); e b) o padrão de qualidade de cada área de formação (fruto de consenso de cada comunidade de especialistas), a fim de que o público possa confrontar o que cada curso de cada instituição oferece (é obrigatório o detalhamento dessa oferta na internet) com os outros dois componentes e, com isso, verificar se os parâmetros oficiais são atendidos. Enfim, e para não me alongar demais, qual a necessidade de ampliar a voz dos alunos, se o SES inglês já contava com muito mais do que dispõem o Brasil e muitos outros países?

Os novos canais oferecem aos estudantes o que a engenharia institucional da NUS não oferece: participação direta e até individual, embora filtrada pelos instrumentos das pesquisas da Hesa e do NSS e pelos formulários do OIA. Como vimos, a NUS congrega representações estudantis. Seus mandatários são eleitos por estas entidades e não pelo voto direto dos alunos. De certo modo, esses novos canais também *checam* a representatividade das posições assumidas pelos processos democráticos da NUS e de seus diretórios. E existem de fato problemas nesse campo: há universidades que se desligam da NUS em protesto contra seus posicionamentos e há polêmicas na mídia sobre a representatividade de algumas posições e até sobre a suposta "obsessão" da NUS com a geração de receitas através do *extra card*.[15]

Uma leitura politizada veria nisso uma política de cooptação do segmento estudantil, de esvaziamento do sistema tradicional de representação autônoma da NUS, ou até mesmo uma política de aumento da pressão sobre a academia e/ou instituições que ainda resistam a se alinhar à chamada *marketização* da educação superior. Como já mencionei com referência aos júris estudantis:

> *The juries highlighted that* the evolving perception of students as "customers" *has an impact upon student expectations: they require transparency about what they are paying for and how this money is being allocated* – and they expect this to be "*value for money*" [grifo meu].[16]

Enquanto a NUS estimula os estudantes a serem "líderes" e a abraçarem carreira política e o interesse público, propiciando assistência e cursos de formação, o governo trata os estudantes como clientes pagantes e

---

[15] Consultar: <http://en.wikipedia.org/wiki/National_Union_of_Students_of_the_United_Kingdom>.

[16] O texto citado é do MEC inglês, o Department of Inovation, Universities & Skills (Dius). Disponível em: <www.dius.gov.uk/policy/he_studentjuries.html>.

os convida a comunicar o que não vai bem. Quanto à pressão sobre as IES, a leitura seria de que os mecanismos normais de avaliação e monitoramento de cursos e instituições pela QAA, Hesa e Hefce dispensariam os novos canais criados para que os alunos avaliem e se queixem individualmente de seus cursos e IES.

Mas a necessidade por trás dessas medidas não é certamente a de enfraquecer a NUS, que colabora diretamente com várias delas — com o NSS e com os serviços *online* do Unistats, do Aimhigher e do *Information, Advise, and Guidance* do Dius, Hefce e QAA. A necessidade do NSS, do OIA e das demais providências está claramente associada a distúrbios de crescimento do segmento mais massificado do ensino superior britânico.[17] A expansão das matrículas atingiu níveis que inviabilizaram o antigo regime de atendimento dos alunos, e as universidades ainda não se ajustaram plenamente às novas dimensões. Pode-se especular que o governo não confia mais na capacidade delas, ou sabe que precisa socorrer as IES estressadas com as metas de desempenho que devem atingir para competir por recursos públicos e privados, tendo em vista a nova escala de operações e suas novas clientelas. Tanto o NSS, quanto o OIA e os júris, assim como os levantamentos da Hesa, funcionam como canais de comunicação com os estudantes e também como mecanismos de monitoramento de um sistema recém-massificado. Pode-se interpretar essas medidas como sendo, ao mesmo tempo, compensatórias[18] e de monitoramento das deficiências das universidades, deficiências que precisam ser conhecidas para serem sanadas.

Parte importante das dificuldades enfrentadas pelas universidades inglesas decorre do fato de os alunos já não serem os mesmos de antigamente — aprendizes ou discípulos sequiosos da atenção de seus professores-tutores. O simples aumento de escala e de níveis de eficiência nas universidades já despersonalizou as relações. A internet, seus *chats* e *blogs* reforçam relações horizontais (na direção oposta da cultura de ensino

---

[17] Não se deve esquecer que as instituições de elite continuam a ser preservadas.

[18] Compensatórias em termos, porque o governo só passou a oferecer aos estudantes outros canais de comunicação, além dos já disponíveis à NUS, e uma instância de "recurso" (o OIA) contra suas IES.

tutorial). A quase universalização dos intercâmbios de estudantes entre instituições de nacionalidades diferentes, a maior flexibilidade para que os alunos montem suas áreas/perfis de formação superior e os novos regimes pedagógicos, que aumentaram a responsabilidade do aluno por seu próprio aprendizado, reduziram a convivência e a intimidade entre alunos e professores. A dissolução do espírito de *alma mater* associado à transformação das universidades em grandes organizações modernas já era percebida por *sir* Peter Scott no início dos anos 1990.[19]

Por onde quer que olhemos o ensino superior hoje, deparamo-nos com novidades e incertezas. Não são apenas os alunos e as instituições que estão mudando. A própria NUS já foi contaminada pela busca do autofinanciamento e gasta energias procurando estabelecer acordos comerciais e vender cartões de desconto. É possível, e isso tem sido muito anunciado, que o *ethos* acadêmico, tal como o conhecemos, esteja também com seus dias contados. As universidades passaram a ser vistas como "máquinas de desenvolvimento".[20] Como um *insider* do sistema inglês comentou: *"while it was once the role of the State to provide for the purposes of the universities, it is now the role of the universities to provide for the purposes of the State"*.[21] A combinação de níveis preocupantes de evasão de profissionais da carreira universitária com a elevada média de idade dos professores que nela permanecem ameaça a reprodução da academia que conhecemos. Há indícios de que os contratos de trabalho e os critérios de recrutamento e seleção de novas gerações de docentes tenderão a elevar o percentual de profissionais de ensino, *tout court*, sem tempo para se dedicarem à pesquisa. Os contratos com regime de estabilidade (*tenure*) estão também encolhendo.[22]

No entanto, a excelência não foi deixada de lado, nem as elites perderam seus nichos nos SES do Primeiro Mundo. Novos *rankings* internacionais de universidades surgiram desde 2004, e crescem, na maioria dos

---

[19] Scott, 1992. Ver também Scott, 1991.

[20] Steinhardt School, 2006.

[21] Shattock, 2007.

[22] Gornitzka, Åse e Olsen, 2006.

países, a preocupação e os investimentos das autoridades em programas para garantir internamente a presença de universidades de "padrão mundial" (*world class*).[23] Mas não é dessas instituições e clientelas que estou tratando. O que vimos aqui foram políticas para lidar com o segmento de instituições e de estudantes que se massificou, que tem por função absorver a demanda social e elevar as qualificações da população em geral.

Duas lições

Primeiro, que a opção das autoridades britânicas por um regime de regulação "pelo mercado" (na verdade, por um "quase mercado" monitorado de perto e sujeito a muitas induções) **tem ampliado o *elenco* de atores relevantes à formulação de políticas para o ensino superior.** Os novos mecanismos de "escuta" dos estudantes aumentaram o número de "sensores" distribuídos pelo sistema e não só lançaram mais luz sobre quem são os ingressantes, concluintes e egressos, como incluíram a voz dos alunos, direta e individualmente, no circuito de demandas e perspectivas que informam a regulação (remota) do setor.[24] Eles oferecem oportunidades de envolvimento dos estudantes com o que se faz e o que se quer do ensino superior naquele país, para além dos canais que já valiam para a NUS. São iniciativas que geram informação, provocam reflexão e formam opinião.[25] Enfim, ajudam a calibrar o mercado, qualificando e fortalecendo a

---

[23] A China selecionou suas 100 melhores universidades para torná-las de padrão mundial. O Japão selecionou as 30 melhores. Na Inglaterra, o governo ajuda suas melhores universidades com doações para que elas atinjam um certo montante (3 a 5 milhões). Na Índia, Malásia, México e Chile há políticas para garantir padrões mundiais a algumas IES. No Brasil, não se fala nisso. No *ranking* anual das 200 melhores universidades, iniciado em 2004 pelo Times of Higher Education, o Brasil só aparece em 2005, com a USP, no 196º lugar, e novamente em 2007, com a USP no 175º lugar e a Unicamp no 177º. O Brasil não figura no *ranking* nem em 2004, nem em 2006. Consultar: <www.timeshighereducation.co.uk/hybrid.asp?typeCode=175>.

[24] Não necessariamente todos os alunos, mas os desajustados às suas IES, no OIA; os mobilizados pelos júris estudantis; os alunos concluintes no survey NSS etc.

[25] Perguntas de questionários, entrevistas e debates provocam reflexão nos respondentes/participantes.

posição dos estudantes ("demanda") e aumentando a transparência sobre o que ocorre na "oferta" de educação superior (nas IES, no financiamento aos estudantes, no atendimento aos estudantes estrangeiros etc.).

É uma pena que os estudantes brasileiros continuem mal informados e ineficientes em suas escolhas. Um contingente significativo deles faz duas graduações e, mesmo assim, pagam cursinhos para se prepararem para concursos públicos — ao invés de buscarem explorar o leque de alternativas de empregos possíveis. Uma ou mesmo duas graduações não são percebidas como suficientes para que se sintam capazes de conquistar seu espaço no mundo profissional. É injustificável o fato de não termos até hoje um sistema de acompanhamento dos egressos no mercado de trabalho que produzisse informações de primeira necessidade sobre o ingresso na vida profissional, o tempo e as formas de retorno ao investimento feito em quatro anos de estudos. Falta aos nossos estudantes informação em casa, na escola, nas agências governamentais, na mídia e na internet sobre o que importa. Por exemplo, quais são, hoje, as taxas de absorção pelo mercado de trabalho e os níveis salariais das diferentes carreiras? Como anda a reputação dos cursos e instituições no mercado profissional? Quais cursos oferecem atividades pré-profissionais (seja em escritórios modelo, empresas júnior ou clínicas sociais, seja em estágios supervisionados ou atividades de extensão) e/ou medidas de promoção da inserção dos concluintes no mercado de trabalho? Quais as taxas de titulação dos cursos?

Estamos muito deficientes em matéria de informação pública efetivamente útil sobre a nossa educação superior. Isto evidencia o baixo interesse em conhecer as perspectivas e dificuldades dos alunos e em qualificá-los para terem uma passagem pelo ensino superior mais proveitosa não só para eles, mas também para o desenvolvimento da sintonia do ensino superior com a sociedade e a economia. O notável esforço de avaliação já empreendido no país ainda não se constituiu em fonte de informações acumuláveis (contínuas) e inteligíveis para todos os interessados. Tem sido tratado como "política de governo" e não "política de Estado". Os questionários socioeconômicos que acompanhavam o Provão (ENC) poderiam ser tratados como *survey* de satisfação dos alunos com seus cursos e instituições, mas nunca o foram. As últimas avaliações publicadas em

212 O SOCIÓLOGO E AS POLÍTICAS PÚBLICAS

2008 — o Enade, o conceito preliminar de curso e/ou índice geral de curso — conseguiram, no máximo, gerar polêmicas entre especialistas. O público mais amplo não entende do que se trata. O Censo do Ensino Superior organiza anualmente um grande volume de informações (não auditadas), mas não as formata de modo a instruir efetivamente candidatos, alunos e suas famílias sobre o que lhes interessa saber. A TV Universitária é outra oportunidade mal aproveitada, entre várias outras que não cabe aqui detalhar.

A segunda lição nada tem de nova, mas precisa ser reiterada. Como os novos mecanismos de avaliação pelos estudantes britânicos ilustram largamente, a **avaliação no ensino superior não pode prescindir de uma variedade de situações interativas e do uso de múltiplos instrumentos** — cada qual desenhado para avaliar um aspecto ou dimensão de um sistema altamente complexo. Vimos que, no caso em pauta, a avaliação pelo estudante está sendo obtida através de: (1) as duas pesquisas anuais da Hesa para monitorar (a) o perfil socioeconômico e as aspirações dos alunos **ingressantes**, e (b) a aceitação dos **egressos** no mercado de trabalho; (2) o *survey* NSS, realizado anualmente por empresa francesa, que afere a satisfação dos **concluintes** com seus cursos e instituições; (3) o mecanismo do OIA, que monitora a massificação nas IES, reduz tensões entre alunos e suas instituições em matérias não acadêmicas e promove o ajuste de expectativas e da convivência entre as partes; (4) os quatro júris convocados pelo governo, que serviram para conhecer diretamente as aspirações dos estudantes e seus problemas com as regras vigentes, especialmente as do crédito estudantil, bolsas e outras formas de ajuda financeira aos estudantes; (5) o júri dedicado a conhecer a experiência e demandas dos alunos estrangeiros.

Temos aí uma diversidade de situações de interação e de instrumentos de avaliação — três pesquisas diferentes e realizadas por duas entidades independentes; debates e avaliações coletivos em júris convocados pelo governo em diferentes regiões do país e, digamos, um SAC (serviço de atendimento ao consumidor) proporcionado pelo OIA, que avalia as relações entre alunos e IES com base em interação remota entre eles.

É certo que a qualidade de qualquer avaliação depende do poder discriminatório do instrumento e da fidedignidade com que mensura o que pretende avaliar. Esta é uma condição necessária para que os resultados possam ser compreensíveis, confiáveis e úteis. Mas, por outro lado, produz instrumentos bastante "especializados", focados em aspectos ou dimensões bem determinados. Isto significa que, quanto maior o poder discriminatório dos instrumentos de avaliação, maior será a necessidade de se lançar mão de tantos instrumentos quanto forem necessários para abranger todas as dimensões do objeto a ser avaliado. A neutralidade (*fairness*) da avaliação, por sua vez, também requer o emprego de vários termômetros (com funções claras e de simples interpretação), porque cada um deles possui algum viés decorrente de sua própria especificidade e foco (ou ênfase). É a complementaridade dos instrumentos entre si, e inclusive, com uma margem de redundância produzida por eles, que garante robustez e legitimidade à avaliação. É a densidade de instrumentos bem desenhados, e a diversidade de situações de interação entre os diferentes integrantes do setor, que favorece a construção de consensos em torno de diagnósticos — já que bons instrumentos ancoram o debate em evidências e em torno de cursos de ação na busca de soluções —, pois a diversidade de interações promove o compartilhamento de uma base comum de conhecimento e informações, facilita a cooperação e cultiva relações de confiança entre as partes.

Mais importante do que buscar o instrumento ou o mecanismo perfeito de avaliação (que não existe) é, de um lado, diversificar as situações de interação entre as partes e, de outro lado, refinar os instrumentos existentes e complementá-los com outros que cubram lacunas e compensem seus vieses.

Referências bibliográficas

ENDERS, Jürgen. The winds of change and the conditions of academic staff in Europe. *International Higher Education*, v. 21, Fall 2000.

GORNITZKA, Åse; OLSEN, Johan P. *Making sense of change in university governance.* Oslo: Centre for European Studies, University of Oslo, Jan. 2006. (Arena Studies in Innovation, Research and Education Working Paper, 2.) Disponível em: <www.arena.uio.no/publications>.

GREEN, Madeleine; ECKEL, Peter; BARBLAN, Andris. The brave new (and smaller) world of higher education: a transatlantic view. *International Higher Education*, v. 29, Fall 2002.

HIGHER EDUCATION in the UK HEFCE Guide, 2005. Disponível em: <www.hefce.ac.uk/ Pubs/hefce/2005/05_10/>.

ROSOVSKY, Henry. *The university*: an owner's manual. New York: W. W. Norton, 1994. 387p.

SCHETTINO, Thais Sena. *Inclusão social e "assimetria de informação" no sistema de ensino superior brasileiro* – uma análise comparativa. 2006. Dissertação (Mestrado em Sociologia e Antropologia Cultural) — PPGSA/UFRJ, Rio de Janeiro, 2006.

SCOTT, Peter. *The postmodern challenge*. Stoke: Trentham Books, 1991.

_____. *Post-modernism and neo-liberalism*: challenges to the modern tradition in the university and science. 1992. ms.

_____. Recent developments in quality assessment in Great Britain. In: WESTER-HEIJDEN, Don F.; BRENNAN, J.; MAASSEN, P. (Eds.). *Changing contexts in quality assessment*: recent trends in European higher education. Utrecht: Lemma, 1994. p. 51-75.

SHATTOCK, Michael. From the private to the public governance of universities: Britain and Europe. *International Higher Education*, n. 48, Summer 2007.

STEINHARDT SCHOOL. State of higher education in mainland China. In: *States of Mind:* Creating and Transcending Borders through Education Conference, 2006, New York. Disponível em: <http://steinhardt.nyu.edu>.

TROW, Martin. Managerialism and the academic profession: the case of England. *Studies of Higher Education and Research*, n. 4, p. 2-23, 1993.

WESTERHEIJDEN, Don F. Quality assurance in complex higher education systems: a transatlantic comparison paper. Paper for the *ASHE Annual Meeting Public Policy Forum*, Nov. 2002.

11

Avaliação da qualidade
da educação escolar brasileira

JOSÉ FRANCISCO SOARES*

Primeiramente, é preciso delimitar o tema a ser tratado, já que os termos "educação" e "qualidade" são usados na literatura educacional com muitos sentidos e nuances. Neste capítulo, uso a mesma definição de educação subjacente ao art. 205 da Constituição brasileira:

> Art. 205. A educação, direito de todos e dever do Estado e da família, será promovida e incentivada com a colaboração da sociedade, visando o pleno desenvolvimento da pessoa, seu preparo para o exercício da cidadania e sua qualificação para o trabalho.

De acordo com esse artigo constitucional, a promoção da educação cabe não só aos estabelecimentos escolares, criados, mantidos ou supervisionados pelo Estado, mas também a outras estruturas sociais, notadamente à família. A LDB, Lei nº 9.394/96 de Diretrizes e Bases da Educação, é explícita em reconhecer o papel de várias estruturas sociais na educação.

---

* Agradeço a Maria Aglaê de Medeiros Machado, secretária executiva do Consed, pelas discussões sobre a importância da avaliação das escolas, que influenciaram as formulações expressas neste texto, e a Edite Novais da Mata Machado pela ajuda na produção do mesmo.

Art. 1º. A educação abrange os processos formativos que se desenvolvem na vida familiar, na convivência humana, no trabalho, nas instituições de ensino e pesquisa, nos movimentos sociais e organizações da sociedade civil e nas manifestações culturais.

Assim como a LDB, este capítulo trata apenas da *educação escolar*, aquela parte da educação que ocorre em escolas. Assumo, entretanto, que os objetivos da educação escolar e da não escolar são os mesmos, ainda que cada uma delas tenha ênfases e prioridades específicas. A ênfase na análise da educação escolar deve também ser entendida como uma crítica ao uso da expressão "qualidade da educação", que, sem alguma qualificação, é um conceito mal definido e que, portanto, não pode ser estudado.

A educação escolar acontece nas escolas, as quais, por sua vez, estão agregadas em *redes escolares* e *sistemas de ensino*. Por escola, entendo uma estrutura social organizada intencionalmente para oferecer educação escolar. Vou me restringir às organizações autorizadas pelo Estado a oferecer o ensino infantil, fundamental ou médio, ainda que enfatize o ensino fundamental.

O estabelecimento escolar, em resposta às demandas da sociedade que o mantém, prioriza a aquisição, por seus alunos, de competências necessárias para a vida, que são de natureza cognitiva: compreensão leitora, matemática, conhecimentos científicos e culturais, mas também sociais, afetivos e éticos. A religião e os costumes étnicos são forças básicas e tipicamente muito mais poderosas do que a escola na formação da visão de mundo e dos valores de cada criança. Assim sendo, a escola não pode ser responsabilizada sozinha por insucessos nessas áreas, mas deve responder majoritariamente pelo eventual fracasso de seus alunos no aprendizado de competências cognitivas.

Vamos assumir que cada escola pertence a uma *rede escolar* que influencia de alguma forma suas rotinas pedagógicas ou administrativas. Chamarei de rede municipal ou estadual o conjunto das escolas geridas pelo município ou pelo estado. Também chamarei de rede o conjunto de escolas de uma denominação religiosa ou ainda as escolas que usam o apoio pedagógico de uma empresa privada. Assim, neste capítulo, as expressões rede escolar e rede de ensino são sinônimas. O conceito de *sistema educacional* tal como estabelecido na LDB tem interesse mais legal do que pedagógico e não será aqui utilizado.

O objetivo deste ensaio é propor indicadores de sucesso de uma escola e, utilizando-os, mostrar como se pode estudar a qualidade de uma escola e a das respectivas redes. As formulações apresentadas neste capítulo sofreram grande influência da produção acadêmica do prof. Simon Schwartzman. O professor Simon é pioneiro no Brasil na defesa de que os *resultados* concretos na educação consistem no aprendizado dos alunos. Essa ideia está registrada em suas análises sobre o ensino superior, no qual os problemas de medição do aprendizado dos alunos são muito maiores do que na educação básica.

Uma segunda característica da produção acadêmica educacional do prof. Simon é a insistência em que a análise dos fatos sociais deve se basear em sólidas evidências empíricas e não apenas na coerência ideológica. Sua percepção da importância da evidência empírica o levou a organizar e a facilitar o acesso aos dados educacionais produzidos pelas Pnads e pelo censo demográfico, quando do exercício de funções administrativas.

Por isso, o prof. Simon sempre foi um crítico duro da qualidade da pesquisa em educação no Brasil, como se pode constatar em Schartzman (1993):

> O fato é que há muito pouca pesquisa de qualidade que possa acompanhar os grandes e pequenos projetos educacionais que nossos governos, a cada mandato, tratam de criar (...). Não é possível melhorar efetivamente a qualidade da educação sem que existam pessoas competentes para acompanhar e avaliar esse processo de melhoria em todos os seus aspectos.

O pioneirismo e a participação constante no debate educacional brasileiro com posições inovadoras trouxeram ônus e bônus ao professor Simon. Mas, acima de tudo, o colocaram como exemplo de intelectual cujas ideias e pesquisas já deixaram marcas definitivas na pesquisa educacional brasileira e, consequentemente, no aumento da influência da escola pública brasileira no projeto de construção de uma sociedade brasileira mais próspera e justa.

O aluno

A hipótese central deste ensaio é que a educação escolar deve ser estudada através de sua contribuição para o atendimento dos direitos educacionais dos alunos, tal como definidos pela sociedade que institui e mantém as escolas, bem como de suas respectivas famílias. No caso brasileiro, essa visão está respaldada tanto na Constituição quanto na Lei de Diretrizes e Bases. Ambas indicam que, vencida a etapa da garantia do acesso ao ensino básico, o atendimento do direito à educação dos alunos pressupõe o aprendizado das competências que viabilizem "o pleno desenvolvimento da pessoa, seu preparo para o exercício da cidadania e sua qualificação para o trabalho". Ou seja, há objetivos pessoais e coletivos a serem atendidos pelos estabelecimentos escolares e, assim, uma forma importante de se estudar a educação escolar consiste em verificar se esses objetivos foram atingidos. Recentemente, passou-se a usar uma linguagem ainda mais explícita em relação ao aluno. A Unesco, em suas publicações mais recentes, postula que o aprendizado é um direito do aluno e, portanto, legitima a posição de que a educação deve ser também analisada pelos resultados dos alunos, caracterizados por seu aprendizado.[1] Em outras palavras, se a educação escolar não produz o desempenho cognitivo dos alunos não é legítima.

A visão da educação escolar segundo a qual o aprendizado dos alunos é visto como direito não tem aceitação unânime. As escolas, durante longos anos, estiveram centradas na figura do professor, tratando o aluno de forma acessória. Se este aprendia ou não, tratava-se de um problema essencialmente pessoal e não institucional. Naturalmente, nessa visão, não há fracasso da escola, mas apenas do aluno.

Embora ultrapasse o escopo deste capítulo, é preciso registrar a enorme dificuldade de aceitação da mudança de foco da análise da escola — do professor para o aluno —, manifestada pelos que trabalham na educação escolar. No Brasil, essa dificuldade assume contornos corporativos, já que a defesa da centralidade do aluno e de seu aprendizado teve início fora dos estabelecimentos escolares.

---

[1] Nesse sentido, deve-se observar a primeira meta do compromisso Todos pela Educação, criado pelo Decreto nº 6.094, de 24 de abril de 2007, que visa "estabelecer como foco a aprendizagem, apontando resultados concretos a atingir".

Ao se definir que somente através da verificação do impacto das experiências educativas no aprendizado dos alunos é legítimo analisar a educação escolar, criam-se dificuldades não triviais para a pesquisa. De fato, todas as sociedades democráticas se obrigam a atender aos direitos educacionais de todos e de cada um dos alunos, mobilizando para tanto várias estruturas além das escolas e suas respectivas redes. Ou seja, o aluno se educa e aprende participando concomitantemente de muitas estruturas sociais além das escolares. Isolar o efeito da escola não é tarefa fácil, pois exige dados, usualmente não disponíveis e de difícil coleta.

Um exemplo importante ilustra essa ideia. Considere-se o problema de identificar os fatores que influenciam o desempenho cognitivo dos alunos e, para fixar ideias, a proficiência leitora. Essa característica do aluno é resultado da influência da família, da escola e, dentro desta, particularmente das ações que ocorrem na sala de aula, que podem ser atribuídas ao professor e aos outros alunos. Reflete também as decisões da rede escolar, que por sua vez incorpora as decisões da sociedade. O esquema apresentado na figura 1, adaptação de outro apresentado em Soares e Candian (2007), sintetiza essas ideias, mostrando as estruturas que agem concomitantemente para a produção da proficiência. Naturalmente, se o problema fosse entender os determinantes da competência não cognitiva, por exemplo, entender como os alunos incorporam hábitos saudáveis de cuidado com a sua saúde, o esquema explicativo seria outro, possivelmente explicitando e enfatizando o papel de outras estruturas sociais.

O modelo conceitual apresentado na figura 1 assume que o estudo da educação escolar através dos seus resultados nos alunos deve considerar diferentes níveis: os alunos, a sala de aula, a escola, as redes e a sociedade. Cada nível tem características próprias, que não estão presentes no nível anterior. Assim, uma escola deve ser analisada considerando-a uma estrutura com características que vão além daquelas típicas de um mero conjunto de salas de aula. O mesmo se aplica a uma rede escolar, que é mais do que um conjunto de escolas. Por exemplo, toda a complexidade das secretarias de educação e de órgãos centrais da administração das redes públicas precisa ser considerada no estudo da educação escolar.

FIGURA 1
Modelo conceitual explicativo da proficiência

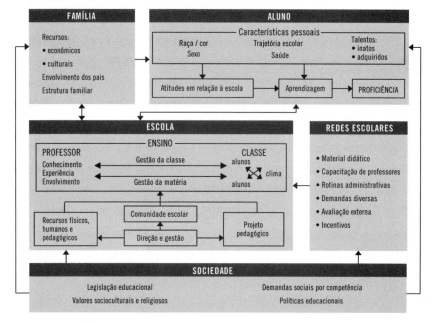

Fonte: Modelo modificado do apresentado em Soares e Candian, 2007.

No entanto, independentemente de outras influências, uma escola que funcione bem facilita o aprendizado de seus alunos. Claro que, se todas as outras estruturas associadas à proficiência estiverem também funcionando adequadamente, o resultado dos alunos será ainda melhor. Mas, para atender aos direitos educacionais dos alunos, as escolas devem funcionar da melhor maneira possível dentro do ambiente social em que se inserem.

Escolas

A escola de educação básica é a comunidade educativa, a estrutura da educação formal e o local onde a educação escolar se realiza. Distingue-se das outras estruturas educativas por sua intencionalidade e pela organização decorrente dessa mesma intencionalidade. Nesse sentido, é uma reunião voluntária de um grupo profissional com funções pedagógicas e de um grupo de crianças e/ou jovens ainda em processo de formação de aspectos de seu desenvolvimento pessoal. O primeiro grupo tem a tarefa de instruir e educar e o segundo, a oportunidade de aprender e de se educar. A interação dos dois grupos se dá, hoje, de forma dialógica, ainda que seus papéis sejam claramente diferenciados.

As escolas surgiram nas diferentes sociedades para atender aos interesses tanto das famílias quanto do Estado. Com o desenvolvimento industrial, as famílias perceberam que não mais conseguiam, isoladamente, ensinar tudo o que a criança precisaria saber para uma melhor inserção na sociedade. Por isso apoiaram e demandaram a criação das escolas. O Estado também precisa da escola para criar identidade e unidade nacional, através da língua, e consolidar a cultura. Assim, já desde o seu início, a escola foi criada para desempenhar várias funções. Por isso é razoável afirmar que a escola ganha sua legitimidade social na medida em que seus alunos aprendem as competências cognitivas e os valores sociais e culturais da sociedade. Estas são definições e temas usuais da sociologia da educação, como pode ser visto em Brint (1998).

Utilizarei o modelo estrutural sintetizado na figura 2 para estudar cada estabelecimento escolar. Um estudo mais amplo da escola exigiria também o uso de modelos funcionais, nos quais seriam explicitadas as etapas dos vários processos através dos quais a escola cumpre suas funções.

Modelo conceitual

O modelo conceitual de escola aqui adotado e apresentado na figura 2 é uma adaptação do modelo usado pela European Foundation for Quality Management (EFQM).

FIGURA 2
Modelo conceitual de uma organização escolar

Fonte: EFQM — O modelo de excelência: versão pequenas e médias empresas.

222 O SOCIÓLOGO E AS POLÍTICAS PÚBLICAS

A escola, de modo mais evidente que outras organizações das áreas denominadas na literatura gerencial "prestadoras de serviço", reflete a sua liderança, usualmente caracterizada por sua diretora. A forma de concretizar os objetivos da escola, ou seja, a "tecnologia da escola" é expressa no seu projeto pedagógico, que precisa, para sua consecução, dos recursos físicos e humanos fornecidos por professores e pessoal de apoio e das parcerias, principalmente com os pais dos alunos. A execução da rotina dos diferentes processos necessários para o bom funcionamento da escola é feita pela comunidade escolar, na qual se destaca o professor.

Esse conjunto de estruturas denominado "meios" deve produzir resultados para todos os membros da comunidade escolar. Os alunos querem aprender, conviver e viver bem enquanto frequentam o espaço escolar. Os professores esperam encontrar na escola um local agradável para o seu exercício profissional, com oportunidades de aperfeiçoamento e recompensas pelo trabalho bem feito, entre as quais se destaca um bom salário e outros benefícios. A sociedade, representada principalmente pelas famílias dos alunos, tem várias demandas: a escola deve preservar a cultura da comunidade, formar as crianças e jovens como cidadãos participantes e críticos com hábitos saudáveis de saúde, respeito ao meio ambiente, capacidade de conviver com pessoas diferentes, resolvendo os conflitos pela via pacífica. Além disso, seus alunos devem adquirir conhecimentos e habilidades que lhes possibilitem a inserção no mundo do trabalho. Os pais também esperam serviços simples da escola, como a guarda de seus filhos durante o seu período de trabalho. Tudo isso resulta de processos que devem ser considerados em uma análise abrangente da organização escolar. Mas, principalmente, a escola é uma estrutura social organizada para exercer uma função pedagógica claramente definida. Embora o objetivo da escola não seja apenas o aprendizado de conteúdos cognitivos de seus alunos, será considerada ilegítima quando esse aprendizado não ocorrer.

Estruturas escolares

As estruturas escolares são descritas em muitos textos de caráter conceitual na literatura gerencial. Esse tipo de abordagem, bem sintetizado em Visscher (1999), assinala as especificidades da organização escolar que devem ser respeitadas, por exemplo na escolha de seu modelo de gestão. Outra vertente, usualmente denominada eficácia escolar e sintetizada nos vários textos incluídos em Brooke e Soares (2008), mostra como cada uma das estruturas definidoras da escola se associa ao aprendizado de seus alunos.

Considerando a extensa literatura, o objetivo desta seção é bem modesto: apresentar as características principais das estruturas escolares — liderança, comunidade escolar, projeto pedagógico, recursos e parcerias, processos, cultura da escola e resultados —, com o intuito de enfatizar que uma educação escolar de qualidade requer o bom funcionamento de cada uma. Assim sendo, a avaliação de escolas consiste em uma análise de todas essas estruturas e dos processos que as unem, concretizando a rotina da escola.

Liderança

A liderança da escola é constituída pelo grupo de coordenadores e pela direção, esta usualmente exercida por uma única pessoa, com importante posição simbólica e institucional. No entanto, em uma organização escolar na qual os professores tenham estruturalmente um grande grau de autonomia, a direção deve, genuinamente, procurar o seu envolvimento e concordância nas decisões a serem tomadas.

Espera-se que essa liderança tenha amplo conhecimento do que deve acontecer rotineiramente na escola e na sala de aula. Assim, além de conhecimento sobre formas de gestão da organização escolar, a liderança deve ser proficiente nas estratégias pedagógicas escolhidas pelo projeto pedagógico, conhecer as formas de verificação do progresso dos alunos e estar completamente familiarizada com o currículo. Mas, acima de tudo, a liderança deve ser firme e decidida, viabilizando a ação harmônica das várias estruturas escolares e, assim, produzindo um ambiente propício ao ensino e ao aprendizado.

Comunidade escolar

A escola, embora com responsabilidades claras em relação ao aprendizado de competências cognitivas por seus alunos, tem muitas outras funções sociais. Para que possa desempenhar adequadamente todas as suas funções, as pessoas que nela convivem devem mostrar um alto grau de coesão. Neste capítulo optei pelo uso da expressão comunidade escolar para descrever os vários grupos que fazem a rotina da escola, opção usada para enfatizar que a escola é uma interação de pessoas e, portanto, muito mais que um conjunto de processos e estruturas.

Além da liderança, a comunidade escolar é constituída pelos professores, que devem ser mais do que um grupo de indivíduos trabalhando individualmente, mas membros de uma equipe estável. Está muito bem estabelecida a importância central do professor para o bom funcionamento do processo de ensino/aprendizagem. Chega-se mesmo a fazer a distinção entre o efeito da escola, associado com as características do coletivo escolar, e o efeito do professor, determinado pelas características desse profissional. À medida que a gestão das escolas melhora e estas dispõem dos recursos necessários, as diferenças entre escolas passam a ser principalmente a expressão do diferencial entre seus professores. Ao se estudar os professores de uma escola deve-se considerar: sua competência acadêmica, experiência, oportunidade de desenvolvimento profissional, satisfação com o trabalho, comprometimento, valores e percepção das condições de trabalho, bem como inserção na comunidade escolar.

A comunidade escolar é constituída ainda pelos alunos, que marcam a escola com as suas características sociais e demográficas, por seus pais e pelos funcionários não docentes.

Projeto pedagógico

No projeto pedagógico explicitam-se as decisões que guiarão a escola no seu dia a dia, sobre como ensinar em cada estágio de escolarização. Ou seja, no projeto pedagógico registram-se o currículo adotado e as práticas pedagógicas que serão usadas em sua implementação. Na sua construção discute-se a relevância e a pertinência de cada conteúdo e de cada habilidade que constará da matriz curricular. Além disso, define-se o material didático a ser utilizado, de forma especial o livro didático a ser adotado e as atividades que serão organizadas. O que não faz parte do currículo da escola e, portanto, não é ensinado dificilmente será aprendido pelos alunos. Por isso, na literatura educacional costuma-se dizer que a escola deve ser vista também pelas oportunidades que cria para o aprendizado de seus alunos.

O projeto pedagógico trata ainda da forma de alocação de alunos e professores às diferentes turmas, do uso do tempo escolar, das formas de interação com a família do aluno e do monitoramento do progresso dos alunos. O monitoramento de cada aluno fornece as informações para redirecionar o trabalho dos professores na sala de aula e, portanto, deve ocorrer rotineiramente, através de instrumentos formais e informais.

Recursos e parcerias

A adequação das instalações escolares é um tema importante para o estudo da realidade educacional brasileira, não sendo, entretanto, abordado com frequência na literatura internacional. Salas de aula com tamanho e ventilação inadequados, carteiras inapropriadas, falta de espaços para biblioteca e laboratórios, falta de estrutura para os espaços administrativos são, infelizmente, uma realidade em muitas escolas brasileiras, construídas sem uma visão mais sólida das necessidades de um ambiente educativo.

Um ambiente físico em bom estado de conservação está associado a uma sensação comum de bem-estar, fundamental em um ambiente educativo. Em contraposição, o descaso com a conservação incentiva o vandalismo e o clima de indisciplina nas escolas. Além disso, o bom estado físico do prédio escolar normalmente indica uma boa capacidade administrativa do diretor.

A existência de recursos didáticos, tanto em termos quantitativos quanto qualitativos, é fundamental para o aprendizado dos alunos. Entre tantos se destacam o livro didático, expressão concreta do currículo, e a biblioteca, um local privilegiado para o aprendizado e a criação de hábitos. Naturalmente, para produzir um efeito positivo no desempenho dos alunos, a biblioteca deve estar completamente inserida no projeto pedagógico da escola e ser utilizada com frequência.

Deve-se ainda considerar a participação dos pais nos assuntos escolares como um recurso importante para que a escola cumpra suas funções educativas. Como a escola pode modificar a atitude dos pais em relação à educação de seus filhos, o envolvimento dos pais deve ser visto também como uma política escolar. Há variações quanto à forma e à frequência desse envolvimento, de acordo com a idade e com o nível socioeconômico dos alunos. De maneira geral, os pais de alunos de classes sociais mais favorecidas tendem a estar mais próximos da escola, e os estudantes mais novos recebem um maior apoio dos pais. No entanto, a forma mais importante de participação dos pais se dá no ambiente doméstico, através do incentivo rotineiro ao estudo e da presença e apoio ao "dever de casa", até que este se torne um hábito.

Processos

Para se administrar qualquer organização, é preciso identificar seus processos internos e seu papel na produção dos serviços e produtos. Em uma organização escolar, o processo de ensino/aprendizado é o principal, ao qual toda a rotina da escola deve de alguma forma estar a serviço. Esse processo se realiza principalmente na sala de aula, nas interações de professores e alunos e destes entre si, e só pode ser aferido através da aprendizagem dos alunos. Isso explica a importância do professor, mediante seu conhecimento, envolvimento, experiência e satisfação, na promoção do aprendizado dos alunos, e também do enorme efeito dos pares no aprendizado individual dos alunos.

Ou seja, diferentemente de outras organizações, o resultado do processo crucial da escola não depende apenas dela, mas também de seus alunos. Por isso, não se adaptam à escola processos de administração que, minimizando as especificidades das relações humanas necessárias à aprendizagem, escolhem formas de administração com ênfase na padronização. A interação professor-aluno não é padronizável.

No entanto, seus processos administrativos de controle financeiro, de atendimento de alunos e pais, e mesmo de manutenção dos espaços físicos não diferem muito de processos similares em outras organizações, cujas experiências são valiosas.

Cultura da escola

A cultura da escola é compreendida como os valores e normas que regulam as relações entre os vários sujeitos da comunidade escolar. Apesar de cada indivíduo apresentar percepções distintas em um mesmo ambiente, há elementos comuns nas suas concepções que caracterizam a cultura de uma determinada escola.

Entre os vários elementos que caracterizam a cultura de uma escola, a literatura referente à eficácia da escola dá ênfase aos seguintes fatores, assinalando seu efeito positivo sobre os resultados das escolas: forma de exercício da liderança, meios de formulação e de implementação dos objetivos e da visão da escola, características profissionais e envolvimento do corpo docente, existência de um clima de respeito e disciplina, concentração das atividades escolares no ensino e na aprendizagem dos alunos, projeto claro e justo de monitoramento do progresso cognitivo dos alunos, existência de direitos e deveres dos alunos e parceria família-escola.

Resultados da escola

O modelo conceitual adotado preconiza quatro categorias de resultados. O resultado-chave da organização escolar é o aprendizado dos alunos, entendido como a aquisição das competências cognitivas sociais e afetivas necessárias para uma vida adulta pessoal e socialmente significativa. Embora o desempenho cognitivo seja colocado neste capítulo como resultado crucial, não se pode esquecer que uma escola também tem como propósito a formação da criança para a vida em uma sociedade complexa. Assim, a interação professor-aluno deve privilegiar muito mais do que a instrução.

No entanto, o aprendizado de competências cognitivas recebe na educação escolar uma atenção especial, e, entre estas, as competências leitora, matemática e científica têm sido consideradas essenciais. Nesse sentido, a contribuição dos estudos para a concretização do Programa Internacional de Avaliação de Estudantes (Pisa) influenciou muito o pensamento educacional mais recente.

Entre as questões atualmente debatidas, destaca-se a de como medir as competências cognitivas. No Brasil, desde 1995, existe a métrica do Saeb para as competências leitora e matemática. Mais recentemente, principalmente pelos esforços da organização Todos pela Educação, para cada uma dessas competências foram estabelecidas metas de aprendizagem para alunos dos diferentes estágios da vida escolar, partindo-se de valores obtidos com essa métrica. Como a forma de medir o desempenho dos alunos está fixada, as metas são um meio seguro para se verificar o sucesso de uma escola ou de redes escolares.

Outros resultados da organização escolar podem ser sintetizados como a satisfação dos professores, dos alunos e da sociedade atendida. A satisfação dos professores, embora associada também ao aprendizado de seus alunos, depende de sua remuneração, das condições de trabalho e das características do alunado da escola. Os alunos passam uma parte importante de sua infância e adolescência em torno do ambiente escolar. Assim, sua satisfação com a escola é influenciada pelo ambiente dominante e pelas atividades oferecidas. Finalmente, a sociedade, representada pelos pais dos alunos, espera que a escola esteja alinhada com os seus valores, ofereça ambiente seguro para seus filhos e, em alguns casos, contribua para o bem-estar da comunidade com a cessão de seu espaço físico. Todos esses resultados escolares podem ser captados através de questionários e entrevistas aplicados aos diferentes membros da comunidade escolar.

Medidas da qualidade da escola

Como o modelo conceitual adotado explicita, estudar a qualidade de uma escola consiste em verificar em que medida seus alunos aprendem e se as expectativas dos membros da comunidade escolar são atendidas. Assim, a qualidade da escola deve ser desdobrada na qualidade de cada uma das estruturas da escola e dos resultados dos processos escolares, não sendo possível definir um único critério de eficácia escolar. Cheng (1990) sintetiza as muitas visões possíveis da expressão qualidade da escola. Essa multiplicidade de critérios aparece também na visão preconizada pelo Unicef, que estabelece cinco dimensões pelas quais a educação escolar deve ser analisada: *alunos* — foco nos direitos dos alunos; *ambiente* – infraestrutura adequada às suas funções; *conteúdo* — relevância e pertinência; *processos* — adequados e compatíveis com a comunidade atendida; *resultados* — qualidade e equidade; e *custos* — eficiência nos gastos.

Neste capítulo vou descrever apenas dois dos aspectos da qualidade da escola: o aprendizado de competências cognitivas pelos alunos e a equidade observada nesses resultados.

Competências cognitivas

A aquisição de competências cognitivas pelos alunos é caracterizada por duas dimensões. A primeira registra o progresso do aluno desde sua admissão na escola ou desde o início do ano letivo. Como já mostrado, o aprendizado do aluno depende de um grande número de fatores, a maior parte deles fora do controle da escola. Assim, é razoável medir o sucesso da escola por aquilo que ela agregou ao aprendizado do aluno através de suas políticas e práticas internas. Trata-se do conceito de valor agregado, ideia que está presente nos sistemas mais modernos de monitoramento escolar.

No entanto, o direito ao aprendizado só fica completamente atendido se cada aluno desenvolver as competências cognitivas em níveis compatíveis com o exercício de sua cidadania e preparação para o trabalho. Ou seja, não basta apenas verificar se o aluno aprendeu, é preciso também saber se atingiu o nível de proficiência adequado. Essas duas dimensões, usualmente denominadas *aprendizado* e *desempenho*, são, pois, complementares.

Para que a discussão desses conceitos seja concretizada, é preciso definir uma métrica para a medida das competências de interesse. No Brasil, o Saeb definiu métricas para a competência leitora e matemática. No âmbito internacional, no Pisa há também uma métrica para o conhecimento científico. A medida dessas competências é usualmente denominada proficiência na literatura técnica.

O aprendizado exige a coleta da proficiência do aluno em vários momentos de sua trajetória escolar, naturalmente usando-se a mesma métrica, enquanto o desempenho capta a proficiência em um momento específico e, portanto, é medido com uma medida única. No Brasil há bons dados que permitem caracterizar o desempenho dos alunos com a métrica do Saeb. Em particular em 2005 e 2007, o Inep realizou a Prova Brasil, que testou todos os alunos da maioria das escolas de ensino fundamental.

Como o desempenho do aluno é o resultado de uma ação complexa de fatores escolares e não escolares, só se pode conhecer o efeito da escola, tomado como uma medida de sua qualidade, com o auxílio de modelos estatísticos de regressão que retirem da medida bruta o efeito dos fatores não escolares.

Soares e Candian (2007), para os dados do Saeb, usam o seguinte modelo de regressão hierárquica para calcular o efeito da escola:

Nível 1: $Y_{ij} = \beta_{0j} + \beta_{1j} NSE_{ij} + \beta_{2i} SEXO_{ij} + \beta_{3i} PARDO_{ij} + \beta_{4i} PRETO_{ij} + \beta_{5i} ATRASO_{ij} + e_{ij}$
Nível 2: $\beta_{0j} = \gamma_{00} + \gamma_{01} MNSE_j + \gamma_{02} REDE_j + \gamma_{03} MATRASO_j + u_{0j}$

O efeito da escola é dado pelo termo u_{0j} do modelo acima. Observe-se que as influências do nível socioeconômico (NSE), do sexo, da cor/raça do aluno, de seu atraso escolar, do nível socioeconômico da escola, da rede a que a escola pertence e do nível médio de atraso escolar dos alunos da escola estão incluídos no modelo e, portanto, o efeito da escola não os considera. Outros detalhes sobre o ajuste desse tipo de modelo e sobre a interpretação dos parâmetros podem ser encontrados em Soares (2004).

O gráfico 1 reproduz o resultado do cálculo do efeito das escolas que participaram do Saeb de 2003.

GRÁFICO 1
Efeito das escolas incluídas na amostra do Saeb 2003 em matemática, 8ª série

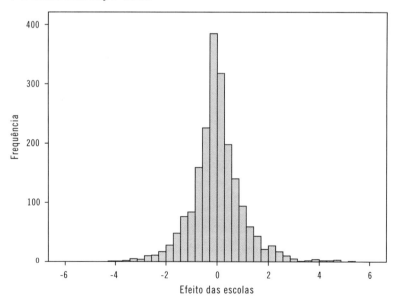

Fonte: Soares e Candian, 2007.

Pode-se observar que há, entre as escolas que participam do Saeb, algumas com alta qualidade. Um tipo importante de pesquisa consiste em, através de estudos de caso, verificar as especificidades dessas escolas. Isso já foi feito algumas vezes no Brasil, mais recentemente pelo Unicef, em trabalho que resultou no texto *Aprova Brasil* (2007).

Recentemente, Fernandes (2007) introduziu o Índice de Desenvolvimento da Educação Básica (Ideb), que rapidamente se tornou a forma padrão de julgar a qualidade das escolas e redes públicas do Brasil. O Ideb agrega em um único índice a média do desempenho dos alunos da escola e uma medida do tempo que esses alunos gastam até o término de cada etapa do ensino básico. O desempenho dos alunos obtido na Prova Brasil é transformado em um valor de 0 a 10, medindo-se a distância da média de desempenho dos alunos da escola até um valor máximo arbitrado. Essa medida de desempenho é dividida pelo número obtido comparando-se o tempo gasto para completar o ciclo — valor calculado através das taxas de aprovação em cada uma das séries do ciclo — e o tempo padrão.

Um exemplo ajuda a entender a forma de cálculo. Se a média do desempenho dos alunos é 5 e os alunos, em vez de gastarem quatro anos para completar a etapa, gastam cinco anos, o Ideb para essa etapa do ensino nessa escola será dado pelo quociente entre 5 e 1,25, já que os alunos gastam 25% a mais de tempo.

O Ideb permitiu identificar escolas e redes escolares que não estão atendendo de forma adequada a seus alunos e quais precisam, portanto, de ajuda e/ou intervenção. Além disso, tem permitido a adoção de metas claras de melhorias. Ou seja, o Ideb permitiu trazer, de forma objetiva, para a rotina das escolas a discussão dos seus resultados, uma grande transformação no modo de se analisar o sistema educacional brasileiro.

No entanto, as qualidades do Ideb têm obscurecido a discussão apropriada de algumas de suas limitações, duas das quais merecem atenção. A forma de padronização do desempenho médio da *escola* para valores entre 0 e 10 usa como estratégia a distância dessa média até a maior nota de um *aluno*. Naturalmente, as notas de cada aluno, individualmente, podem assumir valores muito maiores do que as notas de grupos de alunos, já que, em qualquer grupo, alguns alunos, por motivos variados, inclusive a livre e espontânea vontade, escolhem para si desempenhos menores. Não é, portanto, adequado comparar a nota da escola com a nota do aluno. Com essa escolha, o maior valor do Ideb só seria atingido se todos os alunos de uma escola tivessem a mesma nota e se esta fosse a maior nota possível a ser atribuída a um aluno. Obviamente, esse não é um ideal para uma organização como a escola, na qual a variação entre notas dos alunos é natural e esperada.

Além dessa imperfeição, como o Ideb depende da média de desempenho dos alunos da escola, é sensível a qualquer aumento da média, mesmo quando esta é obtida com estratégias educacionalmente pouco equitativas, como, por exemplo, a criação de turmas especiais de treinamento. Uma alternativa ao Ideb que trata dessas limitações foi incorporada ao Idesp,[2] índice que será usado para a distribuição de recursos entre as escolas estaduais paulistas.

Toda essa discussão deve ser contrastada com a forma de divulgação dos resultados do Enem. Nesse caso, as escolas são ordenadas pela média de seus alunos. Como não se sabe o desempenho esperado para os alunos, nem se controla pelos determinantes escolares de desempenho, essa ordenação é uma forma muito frágil de medir a qualidade da escola. Apesar disso, considerando a enorme cobertura da imprensa e o fato de o Enem incluir as escolas particulares, talvez seja a informação sobre as escolas atualmente mais conhecida. A limitação desse formato de divulgação já foi criticada por Goldstein e Thomas (1996).

Equidade e desigualdade

Outra dimensão da qualidade da escola que pode ser estudada com os dados de proficiência dos alunos é a equidade.

Uma primeira maneira de se definir a equidade da escola consiste em verificar se a escola media ou acirra, com suas políticas e práticas internas, as diferenças de aprendizado ou desempenho induzidas pelos fatores sociodemográficos. De forma específica, interessa saber se uma escola diminui ou aumenta a diferença de desempenho associada pelo nível so-

---

[2] Menezes Filho, Soares e Terra, 2008.

cioeconômico, o sexo ou a raça/cor dos alunos. Nessa acepção, a equidade pode ser estudada pelo coeficiente de cada um desses fatores nos modelos hierárquicos de análise, quando um coeficiente é obtido para cada escola. Por exemplo, sabe-se que as meninas têm tido melhor desempenho em leitura do que os meninos. Ao se calcular, para cada escola, o tamanho dessa diferença, e assim identificar as escolas que conseguem reduzir a diferença entre os sexos ou, em outras palavras, reduzir a diferença esperada pelo pertencimento a um grupo social, tem-se uma medida da equidade em relação ao fator estudado.

Esse tipo de cálculo foi feito com as escolas municipais de Belo Horizonte na análise de Soares e Andrade (2006). O gráfico 2 mostra o resultado, evidenciando a associação negativa entre qualidade e equidade. Ou seja, o sistema, hoje, só tem qualidade na presença de iniquidade. Resultados semelhantes são observados em outros sistemas.

GRÁFICO 2
Relação entre medidas de qualidade e equidade: escolas públicas e privadas de Belo Horizonte

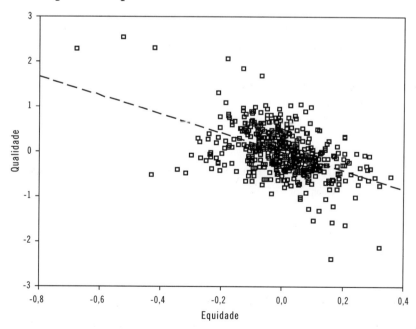

Fonte: Soares e Andrade, 2006.

234 O SOCIÓLOGO E AS POLÍTICAS PÚBLICAS

Uma forma de caracterizar a desigualdade nos resultados de aprendizado foi desenvolvida por Soares (2006), que introduziu uma medida semelhante ao Índice de Gini. Esse índice expressa a distância entre a distribuição da renda dos indivíduos de uma dada sociedade e a distribuição em que todos os membros dessa sociedade têm a mesma renda.

A proficiência em uma dada competência corresponde, no caso educacional, à renda. Mas, em educação, não faz sentido tomar como ideal a situação em que todos os membros de um grupo têm igual proficiência. A variação natural e desejada da natureza humana sugere que a distribuição ideal deve ser outra. Essa distribuição pode ser aquela de um grupo que não está sujeito a constrangimentos socioeconômicos e é exposto a um ensino de excelência. A existência dos dados do Pisa possibilita a implementação dessa ideia, tomando-se como distribuição ideal aquela de países onde a educação escolar é de excelência. Feita a escolha da distribuição ideal, procede-se da mesma forma utilizada no cálculo do coeficiente de Gini, obtendo-se a distância entre as duas distribuições e expressando-a com números entre 0 e 1.

A tabela mostra o valor do indicador para vários grupos de alunos discriminados por cor/raça, conforme sua autodeclaração no questionário contextual do Saeb e região de localização das escolas.

Medida de desigualdade para alunos da 8ª série, em matemática, discriminados por cor/raça, região e nível socioeconômico (Saeb 2003)

Cor/Raça	Alunos			
	Todos	Nordeste	Sudeste	Escolas com alto NSE
Brancos	0,656	0,770	0,604	0,044
Pardos	0,789	0,824	0,766	0,143
Pretos	0,847	0,864	0,841	0,315

Fonte: Soares, 2006.

Pode-se verificar que os alunos brancos estão mais próximos da distribuição de referência do que os alunos pardos e pretos e que também há diferença grande entre pardos e pretos. Lembrando que quanto mais próximo de 1, maior é a distância da situação real até a situação ideal, constata-se que há um longo percurso até que os resultados do sistema escolar brasileiro sejam aceitáveis. Entretanto, mesmo na atual situação, de baixos resultados, o sistema é muito desigual, havendo grandes diferenças entre os vários grupos. Considerando-se a semelhança nas formas de cálculo entre esse indicador e o coeficiente de Gini, pode-se dizer que a desigualdade educacional é ainda maior que a de renda.

Gestão e avaliação da escola

Ultrapassa o escopo deste capítulo discutir ou mesmo sintetizar os modelos de gestão apropriados a uma escola. Embora o uso de alguma tecnologia de gerenciamento da rotina e da melhoria seja ainda raro nas escolas públicas brasileiras, os esforços feitos para a mudança dessa situação no âmbito do projeto ProGestão, implementado pelo Conselho Nacional de Secretários de Educação, merecem especial registro. Muito mais comum é a cultura da transferência de responsabilidade pela solução dos problemas, mesmo os mais rotineiros, para o órgão central.

A pesquisa internacional sintetizada na literatura denominada *school improvement* sugere que obtêm-se melhores resultados quando os órgãos centrais dos sistemas educacionais se concentram na cobrança de resultados das escolas, através do atingimento de metas definidas de forma consensual, e no oferecimento de ajuda na forma de mais autonomia financeira e apoio didático. Uma síntese muito útil dessa literatura é apresentada por Hopkins (2008).

Na presença de um modelo de gestão, a avaliação da escola ganha especial importância como forma de identificar as mudanças nas estruturas e processos necessários para tornar os resultados escolares mais próximos das expectativas dos membros da comunidade escolar. No entanto, há vários entendimentos do que é e de como implementar um processo de avaliação da escola.

A operacionalização de uma avaliação nessa definição implica a execução de um grande número de ações, que só podem ser adequadamente realizadas com a estreita cooperação de todos os membros da comunidade escolar. No entanto, a motivação ou a percepção da necessidade de instalação de uma avaliação é usualmente fornecida por uma ação externa, como a publicação de uma medida do desempenho dos alunos da escola. Resultados ruins nessa medida indicam a presença de problemas, que precisam ser identificados, nas estruturas ou processos. Resultados bons indicam que metas mais altas podem ser consideradas. Nesse sentido, a criação do Ideb mudou o cenário das escolas públicas brasileiras, pois evidenciou quais escolas públicas precisam melhorar, para o que o primeiro passo é exatamente uma avaliação.

Há várias metodologias para operacionalizar a avaliação de uma escola. O modelo inspirado no planejamento estratégico, adotado no Brasil no Plano de Desenvolvimento da Escola (PDE), difundido pelo FNDE/MEC, é particularmente útil. Como consequência da adoção desse método, o uso de evidências empíricas passa a fazer parte da rotina da gestão da escola e cria-se a cultura do registro dos resultados e da consulta rotineira de todos os membros da comunidade escolar sobre interesses e percepções das estruturas e processos escolares. Outra tradição é denominada "avaliação institucional", em que a ênfase do processo de avaliação é colocada na participação e no protagonismo dos membros da comunidade escolar e não na análise dos processos e estruturas escolares. Essas diferentes abordagens têm muito em comum, e a execução de um projeto específico de avaliação ganharia pela abertura aos dois tipos de literatura.

O processo de avaliação de uma escola poucas vezes indica uma intervenção única, mas identifica problemas e várias possíveis soluções. A adoção de uma ou outra solução exige a consideração de outros aspectos além daqueles presentes em um processo de avaliação. Em particular, o modelo de gestão usado pela escola influencia decisivamente a solução a ser adotada. Um exemplo ajuda no entendimento. Com grande frequência, nas escolas públicas, um problema identificado em sua avaliação é a necessidade de melhoria da manutenção das instalações físicas, inclusive medidas preventivas na rede elétrica e hidráulica, limpeza dos espaços escolares etc. No entanto, o tipo de solução depende do nível de autonomia administrativa e financeira da escola. Infelizmente, em muitos casos, essa autonomia ainda é pequena, fazendo com que a solução possível para esses problemas rotineiros seja a busca de apoio dos órgãos centrais. A contratação de profissionais locais é, naturalmente, uma solução muito mais adequada, mas no caso do exemplo está fora de cogitação. Em qualquer caso, entretanto, deve-se encontrar uma solução para o problema identificado.

No processo de definição das soluções há uma extensa literatura denominada "escola eficaz", cujos textos clássicos estão disponíveis em Brooke e Soares (2008). Esses textos fornecem um guia seguro para que a escola, durante e após um processo de avaliação interna, procure identificar as mudanças necessárias. Mostram a importância da cultura da escola e apresentam com detalhes que tipo de cultura está mais presente em escolas que fazem a diferença para seus alunos.

Outras vertentes acadêmicas são também usadas como instrumentos de avaliação das escolas, apesar de suas limitações para essa finalidade. A primeira é denominada "pesquisa dos fatores associados". Nessa abordagem, o trabalho de avaliação começa com a associação, através de modelos estatísticos, das informações constantes nos questionários contextuais dos programas de avaliação em larga escala do ensino básico e do resultado observado pelos alunos. Em seguida, intervenções nas variáveis consideradas significativas são recomendadas, assumindo-se que um dado resultado escolar ocorrerá se os fatores escolares e não escolares considerados no modelo estatístico de análise estiverem presentes e na medida certa. Na realidade, os modelos subjacentes a essas pesquisas não conseguem considerar toda a complexidade da organização "escola". Além disso, nunca se obtêm dados de todos os fatores que influenciam o resultado. Para isso basta apreciar a complexidade dos determinantes de desempenho individual apresentados na figura 1. No mundo real há sinergias entre os fatores e também compensação da ausência de algum por outro. A grande utilidade desses trabalhos é a identificação da influência de alguns fatores, mas são insuficientes para sugerir intervenções escolares automáticas. Uma análise detalhada da limitação desse tipo de abordagem pode ser encontrada em Podgursky (2001).

A segunda vertente assume que a escola é apenas mais um exemplo de uma "indústria de serviço" e que, para seu bom funcionamento, basta a padronização de seus processos. Embora a ideia de padronização tenha clara utilidade nos processos acessórios da escola, como o funcionamento da limpeza, da secretaria ou da manutenção, esse modelo é pouco adequado para a análise do processo principal da escola — o de ensino/aprendizagem. Nesse caso, a complexidade das interações entre pessoas, com suas preferências, desejos e histórias, não permite o uso rotineiro da ideia de padronização.

Finalmente, há um tipo de postura, muito disseminada no Brasil, que nega a utilidade da avaliação da escola, já que as formas de melhorá-la já são conhecidas. Usualmente, o remédio consiste no aprimoramento da formação dos professores, aliado a um aumento substancial dos salários. A existência de evidência empírica sobre a enorme variação de resultados na presença desses fatores não basta para convencer as pessoas da importância da avaliação. Subjaz a essa mentalidade a ideia de que o professor capacitado, satisfeito e dedicado será sempre capaz de promover o aprendizado de seus alunos, desprezando-se os aspectos organizacionais e do conjunto da escola.[3]

Na ausência de um modelo de gestão, como é a situação das escolas públicas, a utilidade de um processo de avaliação é muito mais limitada, pois dificilmente o esforço avaliativo se concretizará em mudanças duradouras. Isso evidencia a necessidade de mudar a forma de gestão das secretarias de educação, principalmente na sua interação com as unidades escolares. A literatura denominada *school improvement* recomenda que esses órgãos deveriam se concentrar na cobrança de resultados claramente estabelecidos e no oferecimento de ajuda na forma de mais autonomia financeira e apoio didático. Um dos indicadores sugeridos para verificar o grau de autonomia do sistema é o percentual de recursos controlados pela unidade escolar. Há fortes evidências de que quanto maior for esse valor, maior é a chance de a escola atender melhor a sua comunidade, como discutido por Ouchi e Segal (2003).

Conclusão

Como conclusão e síntese basta citar as palavras do professor Simon Schwartzman (1994) em prefácio escrito para livro da professora Guiomar Namo de Mello, outra pioneira da área:

---

[3] Para um maior detalhamento dessa abordagem, ver, por exemplo, Santos, 2002.

AVALIAÇÃO DA QUALIDADE DA EDUCAÇÃO ESCOLAR BRASILEIRA **239**

É aqui que entra a verdadeira revolução copernicana que Guiomar Namo de Mello discute na segunda parte deste livro: se trata de colocar a escola — e não mais o governo, a secretaria de educação, os professores, ou mesmo os estudantes e suas famílias — na liderança da atividade educacional. Isto significa dar à direção das escolas a liberdade, as condições e os estímulos para tomar iniciativas, zelar pelo funcionamento quotidiano da instituição, buscar apoio e recursos na comunidade mais ampla. É esta a verdadeira descentralização educacional que deve ser feita, muito diferente da transferência de responsabilidades dos estados aos municípios: se trata de transferir verbas e poder de decisão sobre currículos, orientações pedagógicas e seleção ou demissão de professores às próprias escolas, e mais especialmente à sua direção.

Mas quem garante que a direção das escolas fará bom uso destes recursos? Existem dois mecanismos para isto, sem os quais todas as experiências de autonomia das escolas correm o risco de fracassar. Primeiro, é necessário que os resultados do trabalho das escolas sejam constantemente avaliados segundo critérios bem definidos e comparáveis, para que todos — direção, professores, estudantes, famílias, comunidades, governo — saibam o que está sendo conseguido ou não; e segundo, que todos os participantes sejam informados dos resultados desta avaliação, e estimulados a estimular e influenciar as escolas para que obtenham resultados cada vez melhores. A autonomia das escolas deve ter dois parâmetros simultâneos, um dado pelos sistemas de avaliação comparada de resultados, que deve ser promovido pelos governos, e outro pelo controle da comunidade, que deve ter condições de exigir resultados e mesmo, quando for o caso, forçar a mudança na direção das escolas. O instrumento fundamental para a avaliação dos resultados das escolas são os testes padronizados de conhecimento, que podem ser aplicados tanto a estudantes quanto aos seus professores. Devidamente utilizado, um sistema de testes permite identificar resultados positivos e áreas mais problemáticas, dirigir recursos para onde sejam mais necessários e premiar o bom desempenho. Existe muita polêmica sobre o uso de testes nos sistemas educacionais, que não seria o caso de reproduzir aqui. Basta dizer que, como a democracia, os testes são instrumentos problemáticos, mas são insubstituíveis se quisermos saber onde estamos, e que caminhos devemos seguir para sairmos da situação extremamente crítica em que se encontra a educação brasileira.

Referências bibliográficas

BRASIL. Decreto nº 6.094, de 24 de abril de 2007. Dispõe sobre a implementação do Plano de Metas Compromisso Todos pela Educação.

BRINT, Steven. *Schools and societies*. Thousand Oaks, Calif.: Pine Forge Press, 1998. 349p.

BROOKE, Nigel; SOARES, José Francisco (Orgs.). *Pesquisa em eficácia escolar, origem e trajetórias*. Belo Horizonte: UFMG, 2008. 552p.

CHENG, Yin-Cheong. Conception of School effectiveness and models of school evaluation: a dynamic perspective. *CUHK Education Journal*, v. 18, n. 1, p. 47-61, 1990.

FERNANDES, Maria Estrela de Araújo. *Avaliação institucional da escola:* base teórica e construção do projeto. 2. ed. Fortaleza: Demócrito Rocha, 2002.

FERNANDES, Reynaldo. *Índice de Desenvolvimento da Educação Básica (Ideb) 2006*. Brasília: Inep, 2007. (Texto para Discussão, 26.)

GOLDSTEIN, H.; THOMAS, S. Using examination results as indicators of school and college performance. *Journal of the Royal Statistics Society*, v. 159, p. 149-163, 1996.

GRAY, John. Desenvolvendo métodos de valor agregado para a avaliação da escola: as experiências de três autoridades educacionais locais. In: BROOKE, Nigel; SOARES, José Francisco (Orgs.). *Pesquisa em eficácia escolar, origem e trajetórias*. Belo Horizonte: UFMG, 2008.

HOPKINS, David. Realising the potential of system reform. In: DANIELS, Harry; LAUDER, Hugh; PORTER, Jill (Eds.). *The Routledge companion to education*. London: Routledge, 2008. 448p.

MELLO, Guiomar Namo de; DALLAN, Ermelinda Maura Chezzi. Proposta pedagógica e autonomia da escola. In: MELLO, G. N. de. *Educação escolar brasileira:* o que trouxemos do século XX? Porto Alegre: ArtMed, 2004. 214p.

MENEZES FILHO, Naércio; SOARES, José Francisco; TERRA, Rafael. *Definição de metas de desempenho para as escolas estaduais paulistas de ensino básico*. São Paulo: Secretaria de Estado da Educação, 2008. 16p.

OUCHI, W. G.; SEGAL, L. G. *Making schools work:* a revolutionary plan to get your children the education they need. New York: Simon & Schuster, 2003.

PODGURSKY, M. Flunking ETS. Education next summer. 2001. Disponível em: <www.hoover. org/publications/ednext/3389946.html>.

SANTOS, Luciola Licinio de C. P. Políticas públicas para o ensino fundamental: parâmetros curriculares nacionais e Sistema Nacional de Avaliação (Saeb). *Educação e Sociedade*, Campinas, v. 23, n. 80, 2002.

SCHWARTZMAN, Simon. A busca da qualidade na educação. In: VELOSO, João Paulo dos Reis; ALBUQUERQUE, Roberto Cavalcanti de. *Educação e modernidade.* Rio de Janeiro: Fórum Nacional, Nobel, 1993. p. 217-219.

_____. Prefácio. In: MELLO, Guiomar Namo de. *Cidadania e competitividade*: desafios educacionais do terceiro milênio. São Paulo: Cortez, 1994.

SOARES, José Francisco. Quality and equity in Brazilian basic education: facts and possibilities. In: BROCK, Colin; SCHWARTZMAN, Simon (Eds.). *The challenges of education in Brazil*. Oxford: Symposium Books, 2004. p. 69-88.

_____. Measuring cognitive achievement gaps and inequalities. *International Journal of Educational Research*, v. 45, p. 176-187, 2006.

_____; ANDRADE, Renato Júdice de. Nível socioeconômico, qualidade e equidade das escolas de Belo Horizonte. *Ensaio: Avaliação e Políticas Públicas em Educação*, Rio de Janeiro, v. 14, n. 50, 2006.

_____; CANDIAN, Juliana. O efeito da escola básica brasileira: as evidências do Pisa e do Saeb. *Revista Contemporânea de Educação*, Rio de Janeiro, UFRJ, n. 4, 2007.

UNESCO. *Educação de qualidade para todos:* um assunto de direitos humanos. Santiago, Chile: Orealc, 2007. 137p.

UNICEF. *Aprova Brasil:* o direito de aprender — boas práticas em escolas públicas avaliadas pela prova Brasil. Brasília, 2007. 104p.

VISSCHER, Adrie J. *Managing schools towards high performance*. Lisse: Swets & Zeitlinger, 1999.

12

Controle externo: a função esquecida do Legislativo no Brasil

CHARLES PESSANHA

A Simon Schwartzman,
meu mestre ofício como editor científico.

Uma das críticas mais frequentes às instituições criadas pela Constituição brasileira de 1988 está relacionada ao excessivo protagonismo do Poder Executivo no processo legislativo. As críticas se dirigem, em sua maioria, à quantidade de leis aprovadas oriundas de iniciativas do Poder Executivo e ao uso, considerado exagerado, de medidas provisórias. Embora os críticos tenham alguma razão quanto a este último aspecto, pois o uso desse recurso considerado excepcional vem se constituindo em problema desde a promulgação da Constituição, a realidade é que o Poder Executivo, mesmo nas democracias consolidadas, passou ao longo do século XX de um papel reativo no processo de elaboração legal, na concepção original definida no século XVIII, para um papel proativo, com aumento significativo das iniciativas de leis de competência privativa do Poder Executivo.

O desenho institucional clássico da relação entre poderes — criado a partir da obra de Montesquieu *O espírito das leis* — recupera a tradição da Constituição mista ao associar grupos sociais e poder político. Burguesia, aristocracia e realeza ocupavam, respectivamente, a Câmara Baixa, a

244 O SOCIÓLOGO E AS POLÍTICAS PÚBLICAS

Câmara Alta e o Poder Executivo.[1] À Câmara Baixa foi atribuída a capacidade de estatuir, isto é, apresentar proposições de leis; as propostas seriam aprovadas ou não pela Câmara Alta;[2] no caso de aprovação, o projeto de lei seria enviado ao Poder Executivo, cujas alternativas eram a aprovação ou o veto, ou seja, a capacidade de impedir. Resumindo: cabia tão somente à Câmara Baixa apresentar projetos de lei; à Câmara Alta, aprovar ou não. Após a concordância das casas legislativas, seguia-se o envio ao Executivo para sancionar ou vetar e, nesse caso, cabia às duas câmaras aceitar ou rejeitar o veto.[3]

Ao longo do século XX, entretanto, os poderes executivos de países de indiscutível tradição democrática, como Inglaterra, França e Estados Unidos — responsáveis pelas fórmulas constitucionais *rule of law*, *l'État legal* e *always under law* —, assumiram gradativamente papel preponderante na produção de leis. A Inglaterra aumentou, desde o final do século XIX, de forma progressiva, a influência do "Gabinete" na elaboração de novas leis. De acordo com K. Mackenzie (1950:172), a prática da delegação vinha progredindo desde o final do século XIX. Embora fossem utilizadas anteriormente, a partir de 1893 as *statutory rules and orders* passaram a ser metodicamente editadas, com uma média anual "acima de mil", de 1890 a 1900; de "aproximadamente 1.500", entre 1914 e 1918; e de "cerca de 1.500", nos três anos posteriores. O recorde deu-se em 1942, com "cerca de 3 mil". Terminada a guerra, seu número declinou para 2.858, ficando, porém, incorporadas à prática cotidiana.

A França assistiu, durante a primeira metade do século XX, ao uso de legislação emergencial sem respaldo constitucional, que, baixada em períodos de crises, era mantida após a sua passagem. Essa situação perdu-

---

[1] "Desse modo, o poder legislativo será confiado tanto à nobreza como ao corpo escolhido para representar o povo (...) o poder executivo deve permanecer nas mãos de um monarca porque esta parte do governo (...) é mais bem administrada por um do que por muitos" (Montesquieu, 1995:159).

[2] Nas leis referentes à arrecadação, é necessário que o corpo de nobres "só tome parte por sua faculdade de impedir e não por sua faculdade de estatuir" (Montesquieu, 1995:159).

[3] Ibid.

rou até a Constituição da V República, em 1958, que finalmente adotou a prerrogativa de o Poder Executivo emitir *ordonnances* e os *décrets-loi*,[4] para a legislação de finanças.

Nos Estados Unidos, embora ao Executivo seja vedada a apresentação de projetos de lei, ele o faz através de um parlamentar aliado, e o uso da legislação delegada sob a forma de leis "em termos amplos e gerais" é frequente.[5] Além disso, dispõe do mecanismo de *fast track*, para acordos de comércio exterior, das chamadas *executive orders*[6] e, desde 1921, assumiu a responsabilidade pela elaboração do projeto orçamentário. O aumento da influência dos diferentes executivos na elaboração da legislação, entretanto, não isentou o Poder Legislativo da responsabilidade final do ato de legislar: cabe a ele, nos regimes democráticos, em última instância, a aprovação da lei.

Produzir leis, apesar de mais visível, não é a única atividade relevante do Poder Legislativo. De igual importância é a tarefa de fiscalização e controle. Aqui convém retornar à já citada obra clássica de Montesquieu, em que o autor, ao definir as atribuições do Legislativo, enfatiza a tarefa de fiscalização, colocando-a em pé de igualdade com a função estritamente legislativa, ao sustentar que "o corpo representante também não deve ser escolhido para tomar qualquer resolução ativa, coisa que não executaria bem, mas, sim, para fazer leis ou *para ver se as que fez são bem executadas*, coisa que pode realizar muito bem e que ninguém pode fazer melhor do que ele".[7] Esse papel, muitas vezes negligenciado pelo Poder

---

[4] "[O] governo pode, para a execução do seu programa, pedir ao Parlamento autorização para adotar, mediante *ordonnances*, durante um prazo limitado, medidas que são normalmente do domínio da lei" (Constituição Francesa de 1958, art. 38, apud Miranda, 1979).

[5] Com isso, o Legislativo deixa ao Poder Executivo a tarefa da sua suplementação, mediante "regulamentos baixados pelos secretários de Governo, sob a direção do Presidente" (Corwin, 1986:152).

[6] No caso do *fast track*, trata-se de uma autorização que a Casa Branca recebe para negociar acordos de comércio, que posteriormente não podem ser emendados, devendo ser aprovados ou recusados em bloco. As *executive orders* são espécies de decretos presidenciais que independem de aprovação do Legislativo (Howell, 2003).

[7] Montesquieu, 1995:159, grifo meu.

246 O SOCIÓLOGO E AS POLÍTICAS PÚBLICAS

Legislativo e esquecido da opinião pública, será o objeto deste breve ensaio, cujo limite estipulado de páginas me condiciona à concisão. Pretendo estabelecer uma reflexão sobre o controle externo — o controle exercido pelo órgão estranho ao ato praticado — exercido pelo Poder Legislativo, tema a que me dediquei em outras oportunidades;[8] na segunda parte, apresentarei um breve relato sobre a natureza desse tipo de controle, para, finalmente, analisar sua presença na vida republicana brasileira e, brevemente, seu desempenho a partir da Constituição de 1988.

O controle externo e as instituições superiores de controle

A ineficácia e a inexperiência do Legislativo na fiscalização dos gastos públicos justificaram a criação de órgãos específicos — conhecidos como instituições superiores de controle — para, direta ou indiretamente, colaborar com o Legislativo no controle externo da administração pública. Trata-se de instituições típicas do que Guillermo O'Donnell (1998:40) classifica como *accountability* horizontal, que, segundo o autor, "se refere à existência de agências estatais que têm o direito e o poder legal — e que estão de fato dispostas e capacitadas — para a realização de ações, que vão desde a supervisão de rotina a sanções legais ou até ao *impeachment* contra ações ou omissões de outros agentes ou órgãos do Estado que possam ser qualificadas como delituosas".

As instituições de controle assumiram historicamente duas formas distintas: o tribunal de contas e a auditoria geral. Suas atribuições, bem como sua posição na estrutura governamental e desenho institucional, variaram ao longo do tempo.

O tribunal de contas é uma instituição característica da democracia continental europeia. Sua organização obedece a uma variedade de modelos. São órgãos de natureza colegial, geralmente independentes, ou de relativa autonomia, em relação ao governo e à administração pública. Em alguns casos, como na Alemanha, não estão ligados a qualquer dos três poderes; em outros, como na França, assistem ao Parlamento e ao governo no controle e na execução das leis de finanças; podem também

---

[8] Ver Pessanha, 1997, 2002 e 2007.

ser órgãos auxiliares do Legislativo, como nos casos da Espanha e do Brasil. A Inglaterra e os países que receberam sua influência cultural e política adotaram o sistema de auditoria geral. Os exemplos mais conhecidos dessa modalidade são o National Audit Office (NAO) inglês e o General Accounting Office (GAO) norte-americano.

O bom desempenho das atividades exige desses órgãos um conjunto de características que reforcem suas autonomia e profissionalização. A European Organisation of Supreme Audit Institutions (Eurosai), órgão que congrega os tribunais de contas e auditorias na Europa, estabeleceu recentemente um conjunto de critérios definidores para um desenho institucional ideal das instituições superiores de controles (ISC). São eles: posição constitucional definida, independência, estrutura definida, independência financeira e orçamentária, garantias e imunidades legais, autonomia para definir métodos e programas de trabalho, pessoal especializado e recrutado universalmente, acesso irrestrito a informações, relatórios sem restrições e acompanhamento das recomendações.[9]

A natureza do controle exercido por essas instituições evoluiu da simples verificação de procedimentos para a avaliação de desempenho das pessoas e instituições auditadas. Em trabalho precursor, Simon Schwartzman (1976) chama atenção para a necessidade de ir além dos controles contábeis formais. Para ele, "o papel de instituições como o Tribunal de Contas deve ser reavaliado, sendo talvez necessário dar-lhes uma função mais ligada ao controle dos objetivos substantivos das atividades dos órgãos públicos".

Além da conformidade fiscal (*fiscal regularity*), no sentido da responsabilidade pela gestão propriamente jurídico-administrativa dos insumos, Michael Power (1999:49-50) refere-se — para definir os critérios de auditagem — à regra dos três *Es*: *economia*, como a responsabilidade de assegurar as melhores condições possíveis sob as quais os recursos são obtidos; *eficiência*, como a responsabilidade de assegurar a utilização máxima dos recursos para poder atingir um determinado nível de resultado ou serviço; e *efetividade*, como a responsabilidade de assegurar que os resultados estejam de acordo com "as metas originais, definidas nos programas".

---

[9] Eurosai, 1998.

248 O SOCIÓLOGO E AS POLÍTICAS PÚBLICAS

Um bom exemplo dessa evolução ocorreu nos Estados Unidos, onde o GAO data da década de 1920. Chefiado por um *general controller*, com mandato de 15 anos, o GAO foi originariamente concebido como instância de julgamento *ex post* das transações federais. Após a II Guerra Mundial, sofreu importantes transformações ao incorporar técnicas modernas de auditoria, passando do simples processo de verificação de procedimentos para a avaliação da relação de custo e benefício das transações. Com isso, as abordagens de eficiência e economicidade somaram-se às pioneiras auditorias de ordem estritamente financeira e legal.[10] Em 2004, mudou de nome para Government Accountability Office, mantendo, obviamente, a mesma abreviação.

Nas últimas décadas, outras instituições de controle vêm recebendo fortalecimento significativo. Em 1975, com a justificativa de que, "num sistema democrático, todos os cidadãos têm o direito de saber como são utilizados os dinheiros públicos"[11] foi criado o Tribunal de Contas da Comunidade Europeia, mantido no atual projeto de Constituição como instituição "que efectua a fiscalização das contas".[12] De acordo com o tributarista Ricardo Lobo Torres (1993), algumas constituições modernas — Itália, 1947; Alemanha, 1949; Espanha, 1978 — trouxeram "inúmeros aperfeiçoamentos no campo do controle de contas", enquanto as legislações da Suécia, Suíça e Canadá, além da Inglaterra e dos Estados Unidos, receberam "modificações substanciais" na década de 1980 com a mesma finalidade. Da mesma forma, a Constituição brasileira de 1988 ampliou de modo considerável o campo de atuação do controle externo exercido pelo Congresso Nacional, auxiliado pela respectiva instituição superior de controle, o Tribunal de Contas da União (TCU).

O controle externo no Brasil

Segundo o constitucionalista José Afonso Silva (2000:731), "as Cortes de Contas sempre seguem as posições do Poder Legislativo" e, por isso mes-

---

[10] Power, 1999.
[11] CEE, 1989.
[12] Tratado..., 2003.

mo, quando este "está sufocado pelo autoritarismo ou pela perda de atribuições básicas", elas sofrem as "consequências em grau mais profundo". Essa afirmação sintetiza a saga do controle externo e das cortes de contas no Brasil ao longo do período republicano. Desde a Constituição de 1891, instituiu-se um duplo controle, cabendo ao Tribunal de Contas, como órgão técnico e auxiliar do Poder Legislativo, "liquidar as contas da receita e despesa e verificar a sua legitimidade, antes de serem prestadas ao Congresso".[13]

As constituições de 1934 e 1946, ambas descontinuadas por golpes de Estado, fortaleceram o Poder Legislativo e, por extensão, sua atuação no controle externo. Com relação ao tribunal, foram estabelecidas as linhas mestras do seu desenho institucional, garantindo-lhe um conjunto de atribuições na fiscalização financeira e orçamentária, em consonância com os textos mais avançados da época. Ressaltem-se o registro prévio — autorização do tribunal para celebração de despesas —; as imunidades dos membros do seu corpo deliberativo, todos nomeados pelo presidente da República, depois de aprovados pelo Senado Federal, e portadores das mesmas garantias atribuídas aos ministros da Corte Suprema, em 1934, e do Tribunal Federal de Recursos, em 1946; e o poder de elaborar um parecer prévio das contas de gestão do presidente da República, base para posterior julgamento pelo Poder Legislativo.[14]

As constituições de 1967 e 1969 revogaram o registro prévio e abriram a possibilidade de contratos irregulares serem aprovados no Legislativo por decurso de prazo, enfraquecendo sobremaneira a ação fiscalizadora do controle externo. A legislação infraconstitucional, por sua vez, apresentou, ao longo do tempo, uma série de dubiedades e omissões, que permitiram a prática do que, em outra oportunidade, caracterizei como "fuga ao controle".[15] Além disso, durante a maior parte do regime autoritário coexistiram junto à ordem constitucional os atos institucionais que, emitidos pelo Poder Executivo, "ouvido o Conselho de Segurança Nacional", sus-

---

[13] Campanhole et al., 2000:751.

[14] Ibid., p. 689-690 e 468-469.

[15] Pessanha, 1997.

250 O SOCIÓLOGO E AS POLÍTICAS PÚBLICAS

pendiam todas as garantias ao exercício da função judiciária (vitaliciedade, inamovibilidade e irredutibilidade de vencimentos) de que eram detentores, entre outros, os ministros do Tribunal de Contas.[16]

A Constituição Federal de 1988 promoveu um *aggiornamento* nas regras responsáveis pelo controle externo no Brasil, definindo de forma clara as novas atribuições, bem como seu alcance, e promovendo uma grande mudança no processo de recrutamento do corpo deliberativo do TCU, com aumento significativo da responsabilidade do Poder Legislativo sobre sua composição.

O primeiro grande avanço foi a ampliação radical das atribuições do Poder Legislativo em relação ao controle externo. De acordo com o texto constitucional, "a fiscalização contábil, financeira, orçamentária, operacional e patrimonial da União e das entidades da administração direta e indireta, quanto à legalidade, legitimidade, economicidade, aplicação das subvenções e renúncia de receitas, será exercida pelo Congresso Nacional, mediante controle externo, e pelo sistema de controle interno de cada Poder".[17] As novas atribuições inovam na qualidade e no alcance do controle. Os critérios de legitimidade e economicidade[18] permitem a introdução da auditoria de desempenho.

O alcance da ação fiscalizadora não deixa margem a dubiedades e interpretações, que, no passado, permitiam à maioria das instituições da administração indireta deixar de prestar contas ao TCU. É estabelecida a obrigatoriedade de prestação de contas para "qualquer pessoa física ou entidade pública que utilize, arrecade, guarde, gerencie ou, por qualquer outra forma, administre dinheiros, bens e valores públicos, ou pelos quais a União responda, ou ainda, que em nome desta assuma obrigações de natureza pecuniária".[19]

---

[16] Campanhole et al., 2000:383-384 e 262-263.

[17] Apud Campanhole et al., 2000:51.

[18] De acordo com Torres (1993:32), a primeira inspiração do dispositivo provém da Constituição Federal de Bonn, ao estabelecer que "o Tribunal Federal de Contas, cujos membros possuem independência judicial, controlará as contas assim como a economicidade e a legalidade da gestão orçamentária e econômica".

[19] Campanhole et al., 2000:51-52.

A legislação infraconstitucional cuidou de reforçar as atribuições do controle externo. A Lei nº 8.443/92, Lei Orgânica do Tribunal de Contas da União, detalhou e operacionalizou os preceitos constitucionais. Posteriormente, vários instrumentos legais reforçaram a atuação do controle externo,[20] com destaque para a Lei Complementar nº 101/2000, conhecida como Lei de Responsabilidade Fiscal (LRF), que estabeleceu novos controles sobre as contas das administrações federal, estaduais e municipais[21] e ampliou a ação do TCU ao determinar sua participação na fiscalização dos gastos dos três poderes, órgãos de cooperação governamental, cabendo aos tribunais regionais o mesmo papel em relação aos governos estaduais e municipais.

Outra atribuição importante do controle externo, ratificada pela nova realidade constitucional, foi a apreciação das contas do presidente da República pelo TCU "mediante parecer prévio que deverá ser elaborado em sessenta dias a contar de seu recebimento" e enviado ao Congresso Nacional, ao qual cabe "julgar anualmente as contas prestadas pelo Presidente da República e apreciar os relatórios sobre a execução dos planos de governo".[22] Aqui, outra vez, a legislação infraconstitucional tornou o preceito constitucional mais preciso e abrangente: o art. 56 da LRF determinou que "as contas prestadas pelos Chefes do Poder Executivo incluirão, além das suas próprias, as dos Presidentes dos órgãos dos Poderes Legislativo e Judiciário e do Chefe do Ministério Público, referidos no art. 20, as quais receberão parecer prévio, separadamente, do respectivo Tribunal de Contas". Além disso, de acordo com o art. 57, "os tribunais de contas

---

[20] Ver, entre outras, a Lei nº 8.313/1991, que determina ao tribunal acompanhar a avaliação da aplicação dos recursos da renúncia de receita nos projetos culturais. A Lei nº 9.394, de 20 de dezembro de 1996, obriga os órgãos fiscalizadores a examinar o cumprimento dos dispositivos constitucionais que obrigam um percentual mínimo em educação. A Lei nº 10.707, Lei de Diretrizes Orçamentárias para 2004, por exemplo, determinou ao TCU "a obrigatoriedade de avaliar e classificar os programas do governo em satisfatórios ou insatisfatórios" (Zymler, 2006).

[21] A LRF estabeleceu controle rígido sobre as despesas com pessoal, "em cada período de apuração e em cada ente da Federação", fixando percentuais máximos para essa modalidade de gastos: "I — União, 50%; II — Estados, 60%; Municípios, 60%" (Brasil, 2002:26).

[22] Campanhole et al., 2000:52, 44.

emitirão parecer prévio conclusivo sobre as contas no prazo de sessenta dias do recebimento, se outro não estiver estabelecido nas constituições estaduais ou nas leis orgânicas municipais".

Embora o TCU não tenha readquirido o instituto do registro prévio, previsto nas Constituições de 1934 e 1946, observou-se uma recuperação do seu espaço de atuação no controle dos contratos. Em caso de irregularidade, o ato de sustação deverá ser adotado diretamente pelo Congresso Nacional, que solicitará, de imediato, ao Poder Executivo as medidas cabíveis; "a parte que se considerar prejudicada poderá interpor recurso, sem efeito suspensivo, ao Congresso Nacional". Na hipótese de o Congresso Nacional não se pronunciar sobre o recurso dentro de 90 dias, "o tribunal decidirá a respeito".[23]

Outra dimensão importante do empoderamento do Legislativo no processo de controle foi a modificação no recrutamento da cúpula decisória do TCU. O Poder Executivo perdeu o monopólio da indicação do corpo deliberativo do tribunal, estabelecido desde a primeira Constituição republicana. A maioria dos seus membros passou a ser indicada pelo Congresso Nacional. Dos nove ministros, todos vitalícios, *seis* devem ser indicados pelo Congresso Nacional, cabendo ao presidente da República nomear os outros *três*, depois de aprovados pelo Senado Federal. Entretanto, apenas *um* é de livre escolha presidencial; os outros *dois* devem ser necessariamente escolhidos entre funcionários de carreira do TCU, auditores e procuradores.[24]

---

[23] As Constituições de 1967 e 1969, conforme foi visto, tinham criado a aprovação por "decurso de prazo", ao disporem que, no caso de ilegalidade de contratos, o TCU solicitaria ao Legislativo as medidas necessárias "ao resguardo dos objetivos legais" e, no caso de não deliberação do Congresso Nacional no prazo de 30 dias, o contrato seria considerado "regular"; ou seja, o errado ficaria certo por decurso de prazo! A Emenda nº 1/69, na realidade uma nova Carta, ratificou o texto relativo ao tribunal (Campanhole et al., 2000:383-484).

[24] Os ministros do TCU serão nomeados dentre brasileiros que satisfaçam os seguintes requisitos: (1) mais de 35 e menos de 65 anos de idade; (2) idoneidade moral e reputação ilibada; (3) notórios conhecimentos jurídicos, contábeis, econômicos e financeiros ou de administração pública; (4) mais de 10 anos de exercício de função ou de efetiva atividade profissional que exija os conhecimentos mencionados no inciso an-

A Carta de 1988 e o desempenho do controle externo

Completadas duas décadas de vigência da Constituição de 1988, não há muitos motivos para comemorar, se levarmos em consideração a utilização pelo Poder Legislativo de duas das suas mais importantes prerrogativas de controle — as indicações dos ministros do "órgão auxiliar" e a fiscalização final dos atos do Poder Executivo.

As novas regras de preenchimento dos cargos do corpo deliberativo do TCU, como foi visto, não apenas mantêm o controle sobre a aprovação de todos os ministros pelo Senado Federal, como preveem a indicação pelo Congresso Nacional de dois terços da composição do colegiado. Na prática, o Senado Federal e a Câmara dividiram entre si as seis vagas reservadas ao Legislativo e nomearam quase que exclusivamente parlamentares para o TCU, como demonstra o quadro 1. A única exceção foi a indicação de Raimundo Carreiro, funcionário da Mesa Diretora da Casa, feita pelo Senado, depois de um longo desgaste com a indicação do senador Luiz Octávio de Oliveira Campos, que teve sua nomeação contestada por ação popular sob acusação de improbidade administrativa.[25]

Pelo Poder Executivo, o presidente Fernando Collor, quando teve a oportunidade de livremente indicar um ministro, optou por um político, sem experiência profissional expressiva na área. O avanço ficou por conta dos funcionários de carreira, auditores e procuradores, cujas indicações se fizeram compulsórias pela nova legislação. Na realidade, os requisitos de *expertise,* notórios conhecimentos "jurídicos, contábeis, econômicos e financeiros" diretamente ligados às atividades-fim da instituição, só foram preenchidos pelos ministros oriundos dos cargos de carreira do próprio tribunal; para os parlamentares e o servidor do Senado, funcionou o critério vago de experiência em "administração pública".

---

terior. Os ministros do TCU terão as mesmas garantias, prerrogativas, impedimentos, vencimentos e vantagens dos ministros do Superior Tribunal de Justiça (Campanhole et al., 2000:53).

[25] ONG critica indicação de Luiz Otávio para o TCU, *Folha de S. Paulo,* 6 set. 2003. p. 10.

QUADRO 1
Ministros do TCU nomeados a partir da Constituição de 1988*

Ministro	Autor da nomeação	Última atividade	Partido	Situação
Olavo Drummond	F. Collor	Ex-parlamentar	PSDB	A
Iram Saraiva	Senado	Senador	PMDB	A
Humberto Souto	Câmara	Deputado federal	PFL	A
Bento Bugarin	Carreira	Auditor TCU	–	A
Valmir Campelo	Senado	Senador	PTB	A
Adylson Motta	Câmara	Deputado federal	PPB	EA
Walton Alencar	Carreira	Procurador TCU	–	EA
Guilherme Palmeira	Senado	Senador	PFL	EA
Ubiratan Aguiar	Câmara	Deputado federal	PSDB	EA
Benjamin Zymler	Carreira	Auditor TCU	–	EA
Augusto Nardes	Câmara	Deputado federal	PP	EA
Aroldo Cedraz	Câmara	Deputado federal	PFL	EA
Raimundo Carreiro	Senado	Func. mesa Senado	–	EA

Fonte: baseado em informações do TCU e do Congresso Nacional até 31-12-2007.
* O ministro Marco Antonio Vilaça, em atividade, não consta do quadro, pois foi nomeado pelo presidente Sarney, antes da Constituição de 1988.
Convenções: A – aposentado; EA – em atividade.

A apreciação das contas anuais do presidente da República é materializada em um parecer prévio aprovado pelo TCU em sessão solene nos termos da Constituição. Esse parecer, posteriormente, é encaminhado ao Congresso Nacional, ao qual cabe o julgamento definitivo. Embora seja uma entre as várias atividades de fiscalização do TCU, o julgamento das contas presidenciais é efetivamente o ponto alto da sua atuação, pois encerra o ciclo orçamentário iniciado com a aprovação do orçamento anual. Ou seja, lembrando Montesquieu, é a verificação por parte do Legislativo da boa execução, ou não, da lei aprovada. Os resultados desse processo ao longo do tempo, entretanto, vêm frustrando as expectativas.

Em primeiro lugar, como se pode observar no quadro 2, todas as contas, desde 1989, receberam pareceres prévios favoráveis à aprovação, algumas com ressalvas e/ou recomendações, e, quando julgadas pelo Congresso, todas foram efetivamente aprovadas. Além disso, chama também a atenção o incrível lapso de tempo entre a apreciação do relatório prévio pelo Tribunal de Contas e o julgamento final das contas pelo Congresso Nacional. O Texto Constitucional fixa prazo para o presidente (e os outros órgãos) enviar as contas ao TCU e para este promover a apreciação; o mesmo não acontece em relação ao Congresso Nacional, responsável pelo julgamento final das contas presidenciais.

QUADRO 2
Tramitação das contas do presidente da República

Contas de gestão	Governo	TCU	Congresso Nacional
1988	Sarney	Aprovada jun. 1989	Aprovada maio 1991
1989	Sarney	Aprovada maio 1990	Aprovada maio 1992
1990	Collor[1]	Aprovada jun. 1991	–[2]
1991	Collor	Aprovada jun. 1992	–[2]
1992	Collor[3]	Aprovada jun. 1993	–[2]
1993	Itamar	Aprovada rec. jun. 1994	Aprovada dez. 2002
1994	Itamar	Aprovada res. jun. 1995	Aprovada dez. 1996
1995	FHC	Aprovada res. maio 1996	Aprovada dez. 2002
1996	FHC	Aprovada jun. 1997	Aprovada dez. 2002
1997	FHC	Aprovada rec. res. jun. 1998	Aprovada dez. 2002
1998	FHC	Aprovada rec. res. jun. 1999	Aprovada dez. 2002
1999	FHC	Aprovada rec. res. jun. 2000	Aprovada fev. 2003
2000	FHC	Aprovada rec. res. jun. 2001	Aprovada dez. 2002
2001	FHC	Aprovada rec. res. jun. 2002	Aprovada dez. 2002
2002	FHC	Aprovada rec. res. jun. 2003	–[2]
2003	Lula	Aprovada rec. res. jun. 2004	–[2]
2004	Lula	Aprovada rec. res. jun. 2005	–[2]
2005	Lula	Aprovada rec. res. jun. 2006	–[2]
2006	Lula	Aprovada rec. res. jun. 2007	–[2]
2007	Lula	Aprovada rec. res. jun. 2008	–[2]

Fontes: Secretaria de Contas do Governo e Transferências Constitucionais (Secon), TCU.
[1] Inclui período de 1º de janeiro a 15 de março do governo Sarney.
[2] Contas não apreciadas até 31-12-2008.
[3] Itamar Franco assumiu provisoriamente a partir de 2 de setembro e, definitivamente, a partir de 27 de dezembro.

Verifica-se ainda que:

- as contas de Fernando Collor, aprovadas pelo TCU, não haviam sido julgadas pelo Congresso Nacional até 31 de dezembro de 2008;
- as contas de Itamar Franco, relativas ao ano de 1993, foram julgadas pelo Congresso nove anos depois;
- das oito prestações de contas de Fernando Henrique Cardoso, seis foram aprovadas cerca de 10 dias antes do final do seu governo, em dezembro de 2002, e outra em março de 2003. As relativas ao ano fiscal de 2002 ainda aguardam julgamento;
- as contas de Luiz Inácio Lula da Silva de 2003, 2004, 2005, 2006 e 2007, também aprovadas pelo TCU dentro dos prazos constitucionais previstos, ainda não foram julgadas pelo Congresso Nacional;
- Fernando Henrique Cardoso e Luiz Inácio Lula da Silva apresentaram-se aos eleitores para reeleição em 1998 e 2006, respectivamente, sem que nenhuma das suas contas do primeiro mandato tivessem sido julgadas pelo Congresso Nacional.[26]

Considerações finais

A influência do Poder Executivo nas instituições destinadas ao seu controle tem sido uma constante na história republicana, acentuando-se em períodos autoritários. O processo de redemocratização e a criação de instituições de controle modernas e independentes pela Constituinte de 1988 dotaram as instituições responsáveis pelo controle externo do que há de mais moderno e eficaz em termos de fiscalização financeira e orçamentária, equipando as instituições responsáveis não apenas para uma verificação de procedimentos, mas também para a avaliação dos resultados, mediante os princípios da economicidade e da legitimidade. Além disso, a responsabilidade do Poder Legislativo na composição do TCU

---

[26] A Resolução nº 2, de 15-9-1995, do Congresso Nacional (*DCN*, 15 set. 1995), regulamentadora da Comissão Mista de Planos e Orçamentos Públicos e Fiscalização (Cmof), criou uma série de procedimentos para a análise das contas presidenciais, entre os quais um cronograma de tramitação da prestação de contas, cujo objetivo era pôr fim à defasagem entre a apreciação pelo TCU e o julgamento pelo Congresso, o que obviamente não funcionou.

aumentou significativamente, em detrimento da diminuição de influência do Poder Executivo.

A contrapartida em termos de maior agilidade e transparência no controle externo, entretanto, ainda deixa a desejar. Ao optar por nomear ministros sem a necessária afinidade com as atividades-fim do controle externo, a Câmara dos Deputados e o Senado Federal deixaram de contribuir para o aprimoramento técnico do corpo deliberativo do TCU. Com a indicação preferencial de ex-parlamentares, o Congresso Nacional tornou redundante a dimensão política do controle.

Ademais, o controle exercido é prejudicado pela excessiva demora do julgamento pelo Congresso Nacional. A apreciação final das contas de governo, quando ocorre, se dá de forma descontextualizada, sem o devido debate por parte da opinião pública.

Ao abrir mão de um controle externo mais ágil e efetivo, o Poder Legislativo perde a oportunidade de exercer plenamente uma de suas funções primordiais e, com isso, aprimorar o processo de *accountability* no país.

Referências bibliográficas

BRASIL. Lei Complementar nº 101, de 4 de maio de 2000. (Lei de Responsabilidade Fiscal). Brasília: Senado Federal, 2002.

CAMPANHOLE, Adriano et al. *Constituições do Brasil.* 10. ed. São Paulo: Atlas, 2000.

CEE (Comunidad Económica Europea). *Tribunal de Contas de las Comunidades Europeas.* Luxembourg: Servicio de Publicaciones Oficiales de la CEE, 1989.

CORWIN, Edward Samuel. *A Constituição americana e seu significado atual.* Rio de Janeiro: Jorge Zahar, 1986.

EUROSAI. *Documentos.* Lisboa: Eurosai Seminar, 1998.

HOWELL, William G. *Power without persuasion:* the politics of direct presidential action. Princeton: Priceton University Press, 2003.

MACKENZIE, Kenneth. *The English Parliament.* London: Penguin Books, 1950.

MIRANDA, Jorge. *Constituições de diversos países.* Lisboa: Imprensa Nacional, Casa da Moeda, 1979. 2vs.

MONTESQUIEU, Charles. *O espírito das leis*. Brasília: UnB, 1995.

O'DONNELL, Guillermo. *Accountability* horizontal e novas poliarquias. *Lua Nova*, n. 44, 1998.

PESSANHA, Charles. *Relações entre os poderes Executivo e Legislativo no Brasil:* 1946-1994. 1997. Tese (Doutorado em Ciência Política) — USP, São Paulo, 1997.

_____. O Poder Executivo e o processo legislativo nas Constituições brasileiras: teoria e prática. In: VIANNA, Luiz Werneck (Org.). *Democracia e os três poderes no Brasil*. Belo Horizonte: UFMG, 2002.

_____. *Accountability* e controle externo no Brasil e na Argentina. In: GOMES, Angela de Castro (Coord.). *Direitos e cidadania*. Rio de Janeiro: FGV, 2007. p. 139-167.

POWER, Michael. *The audit society:* rituals of verification. Oxford: Oxford University Press, 1999.

SCHWARTZMAN, Simon. Da responsabilidade pública dos governantes: paradoxos e perspectivas. *Dados*, n. 12, p. 5-20, 1976.

SILVA, José Afonso. *Curso de direito constitucional positivo*. 18 ed. São Paulo: Malheiros, 2000.

TORRES, Ricardo Lobo. A legitimidade democrática e o Tribunal de Contas. *Revista de Direito Administrativo*, out./dez. 1993. p. 31-35.

TRATADO QUE Institui uma Constituição para a Europa. Luxemburgo: Serviço das Publicações Oficiais das CEE, 2003.

ZIMLER, *Relatório sobre as contas de gestão de 2005*. 2006. Disponível em: <www.tcu.gov.br>.

Sobre os autores

Bolívar Lamounier é bacharel em sociologia e política pela UFMG (1964) e PhD em ciência política pela Universidade da Califórnia, em Los Angeles (1974). Foi membro da Comissão de Estudos Constitucionais (Comissão Afonso Arinos), nomeada pela Presidência da República em 1985 para preparar o anteprojeto da Constituição. É atualmente assessor acadêmico do Clube de Madri, entidade integrada por ex-chefes de Estado e de governo, criada em outubro de 2002 com o objetivo de desenvolver esforços internacionais de apoio à democracia. Em 1997 foi eleito para a Academia Paulista de Letras. Seus últimos livros são *Conversa em família* (2004) e *Da independência a Lula* (2005).

Charles Pessanha é doutor em ciência política pela Universidade de São Paulo, professor de ciência política da Universidade Federal do Rio de Janeiro (UFRJ) e editor de *Dados – Revista de Ciências Sociais*. Atualmente, desenvolve projeto de pesquisa na área de política comparada no Programa de Pós-Graduação em Políticas Públicas, Estratégias e Desenvolvimento, da UFRJ.

Cláudio de Moura Castro é mestre em economia pela Universidade de Yale e doutor pela Universidade de Vanderbilt. Ensinou nos programas de mestrado da PUC-Rio, Fundação Getulio Vargas, Universidade de Chicago, Universidade de Brasília, Universidade de Genebra e Universidade da Borgonha. Foi diretor-geral da Capes, secretário executivo do CNRH/Ipea, chefe da Divisão de Políticas de Formação da OIT (Genebra), economista do Banco Mundial e chefe da Divisão de Programas Sociais do BID. Atualmente é presidente do Conselho Consultivo da Faculdade Pitágoras. Autor de quase 40 livros e monografias e cerca de 300 artigos científicos, é articulista da revista *Veja*.

Elisa Reis, doutora em ciência política pelo MIT e membro da Academia Brasileira de Ciências, é professora titular de sociologia política da UFRJ e coordenadora do Núcleo Interdisciplinar de Estudos sobre Desigualdade (Nied). Suas atividades de pesquisa contemplam questões teóricas e empíricas e têm-se voltado para as mudanças que se processam nos padrões de interação do Estado com o mercado e com a sociedade civil, bem como as implicações dessas para a implementação de políticas distributivas. É autora de mais de uma centena de trabalhos publicados no Brasil e em outros países.

Eunice Ribeiro Durham é professora emérita da Faculdade de Filosofia, Letras e Ciências Humanas da USP há quase 20 anos, pesquisando o ensino superior. Fundou, com Simon Schwartzman, o Núcleo de Pesquisas sobre Ensino Superior da USP. Foi presidente da Capes, secretária nacional do Ensino Superior. Atualmente é responsável pela área de políticas educacionais do Núcleo de Pesquisas de Políticas Públicas da USP e membro do Conselho Estadual de Educação do Estado de São Paulo.

Francisco Vidal Luna é professor aposentado da Faculdade de Economia e Administração da Universidade de São Paulo. Livros publicados: *Brasil desde 1980* (2007) e *Evolução da sociedade e economia escravista de São Paulo, 1750 a 1850* (2006), ambos em coautoria com Herbert S. Klein; *Minas Gerais: escravos e senhores* (1981) e *Minas colonial: economia e sociedade* (1982), em coautoria com Iraci del Nero da Costa.

Helena Bomeny é socióloga, professora titular de sociologia da Uerj, pesquisadora do Cpdoc e coordenadora da Escola Superior de Ciências Sociais da FGV. É autora, entre outros, de *Tempos de Capanema* (coautoria com Simon Schwartzman e Vanda Ribeiro Costa, 1984), *Guardiães da razão: modernistas mineiros* (1994) e *Darcy Ribeiro: sociologia de um indisciplinado* (2001).

Herbert S. Klein é professor emérito da Universidade de Colúmbia e diretor do Centro de Estudos Latino-Americanos da Universidade de Stanford. É autor de vários livros, incluindo *Escravidão africana: América Latina e Caribe* (1987); *Bolívia: do período pré-incaico à independência* (1991), *A imigração espanhola no Brasil* (1994) e *O tráfico de escravos no Atlântico* (2006). É coautor, com Francisco Vidal Luna, dos livros *Evolução da sociedade e economia escravista de São Paulo, 1750 a 1850* (2006) e *Brasil desde 1980* (2007). É também coeditor, com Edmar Bacha, do livro *Transição incompleta: Brasil desde 1945* (1986, 2vs.).

João Batista Araújo e Oliveira, PhD em educação, foi professor em todos os níveis do ensino e lecionou em universidades no Brasil e no exterior. Possui extensa experiência internacional, tendo trabalhado no Banco Mundial, em Washington, e na OIT, em Genebra. Foi secretário executivo do MEC. É autor de dezenas de artigos científicos e de mais de 30 livros técnicos e didáticos. Atualmente dirige o Instituto Alfa e Beto, uma instituição não governamental dedicada à alfabetização de crianças e programas para a primeira infância.

Jorge Balán é um sociólogo argentino formado nas universidades de Buenos Aires e Texas. Ensinou em várias universidades do continente, incluindo a Universidade Federal de Minas Gerais e as universidades de Chicago e Nova York, e foi o primeiro diretor executivo da agência argentina para avaliação da qualidade universitária, Coneau. Entre 1998 e 2006 foi *senior program officer* da Fundação Ford, em Nova York, onde era responsável pela área de educação superior. Entre suas publicações mais recentes, coeditou o livro *World-class worldwide: research universities in Asia and Latin America*, publicado pela Johns Hopkins University Press em 2007.

José Francisco Soares é pós-doutorado em educação pela Universidade de Michigan, em Ann Arbor, e professor titular da Universidade Federal de Minas Gerais. É membro do Conselho Consultivo do Inep (Pesquisas Educacionais Anísio Teixeira), da comissão técnica do Todos pela Educação e do Conselho Técnico do Instituto Nacional para la Evaluación de la Educación (Inee), do México. Sua atuação acadêmica está concentrada na área de avaliação de sistemas, instituições, planos e programas educacionais, com ênfase em medidas de resultados educacionais e cálculo e explicação do efeito das escolas de ensino básico brasileiras.

José Joaquín Brunner, sociólogo, realizou seus estudos de graduação na Faculdade de Direito da Universidade Católica do Chile e seus estudos de pós-graduação na Universidade de Oxford e na Universidade de Leiden, onde ob teve seu doutorado. Atualmente dirige o Centro de Políticas Comparadas de Educación (CPCE) da Universidad Diego Portales, em Santiago do Chile, onde também coordena a Cátedra Unesco de Políticas Comparadas de Educação Superior.

Maria Helena Guimarães de Castro, mestre em ciência política pela Unicamp, é docente nessa universidade desde 1984. No Ministério de Educação do governo Fernando Henrique Cardoso, presidiu o Instituto Nacional de Estudos e Pesquisas Educacionais, a Secretaria Nacional de Educação Superior e a Secretaria Executiva. No governo do estado de São Paulo, foi Secretária de Estado da Assistência e Desenvolvimento Social (2003-05), Secretária de Esta-

262 O SOCIÓLOGO E AS POLÍTICAS PÚBLICAS

do de Ciência, Tecnologia e Desenvolvimento Econômico (2006) e Secretária Estadual de Educação (2007-09). Atualmente preside o Conselho Superior de Responsabilidade Social da Federação de Indústrias de São Paulo (Fiesp).

Maria Helena de Magalhães Castro é doutora em ciência política pela Duke University (1993) e professora associada do Departamento de Sociologia do Instituto de Filosofia e Ciências Sociais da UFRJ. Foi assistente de pesquisa de Simon Schwartzman no Iuperj (1979-84) e colaboradora em diferentes funções e projetos no Nupes-USP (1990-94) e no IBGE (1996-97). Integrou o Fellows Program on Latin American Higher Education, em Harvard (1995), fez estudos para o BID sobre a experiência de autonomia da USP e da Unicamp (1996) e sobre o sistema de ensino superior da Nicarágua (2000); integrou a Consup, comissão que desenvolveu o sistema Sied-SUP para o Inep, e a Comissão de Coordenação do Programa de Avaliação Institucional (CCAV) do Conselho de Reitores (Crub).

Nelson de Castro Senra é doutor em ciência da informação pela Escola de Comunicação da UFRJ, mestre em economia pela EPGE, da Fundação Getulio Vargas, e economista pela Universidade Candido Mendes (Ucam). É pesquisador no Centro de Documentação e Disseminação de Informações do IBGE e professor de sociologia das estatísticas do Mestrado em Estudos Populacionais e Pesquisas Sociais da Escola Nacional de Ciências Estatísticas (Ence), do IBGE. É autor de *O saber e o poder das estatísticas: uma história das relações dos "estaticistas" com os Estados nacionais e com as ciências* (2005), e dos quatro volumes da coleção *História das estatísticas brasileiras: 1822-2002*, editada pelo IBGE.

Sônia Rocha é economista, doutora pela Université Paris I (Panthéon-Sorbonne), trabalhou no IBGE, no Instituto de Pesquisa Econômica Aplicada (Ipea) e na FGV. Vem realizando estudos sobre conceitos, medidas e caracterização da pobreza no Brasil, assim como avaliações de políticas públicas compensatórias e de transferência de renda, tendo publicado uma vasta gama de textos sobre esses assuntos no país e no exterior.

Vanda Maria Ribeiro Costa é doutora em ciência política pelo Instituto Universitário de Pesquisas do Rio de Janeiro (Iuperj) e professora adjunta do Departamento de Política Social da FSS, da Uerj. É autora, entre outros, de *A armadilha do Leviatã – a construção do corporativismo no Brasil* (1999).

Sobre os organizadores

Felipe Farah Schwartzman é bacharel em economia pela Universidade Federal do Rio de Janeiro e mestre pela London School of Economics and Political Science. No momento é doutorando em economia pela Universidade de Princeton. Sua pesquisa foca primordialmente a interface entre finanças e macroeconomia.

Isabel Farah Schwartzman é bacharel em sociologia e história social e econômica pela Universidade de York e mestre em *development management* pela Ruhr-Universität Bochum e em *development studies* pela Universidade de Western Cape. Atualmente é gerente de inovação e pesquisa na editora Moderna.

Luisa Farah Schwartzman é bacharel em economia pela Universidade Federal do Rio de Janeiro, mestre em estudos latino-americanos pela Universidade de Stanford e doutora em sociologia pela Universidade de Wisconsin-Madison. Sua tese de doutorado é sobre classificação racial, desigualdade e ações afirmativas no Brasil. Atualmente é professora assistente de sociologia na Universidade de Toronto.

Michel Lent Schwartzman é bacharel em desenho industrial pela PUC-Rio e mestre em telecomunicações interativas pela Universidade de Nova York. Pioneiro no mercado de comunicação interativa, foi professor de pós-graduação da ESPM e palestrante em diversas instituições acadêmicas no Brasil e no exterior. Atualmente é gerente geral da unidade brasileira da agência Ogilvy Interactive, do grupo WPP.

Esta obra foi Impressa pelo
Armazém das Letras Gráfica e Editora Ltda.
Rua Prefeito Olímpio de Melo, 1599 – CEP 20930-001
Rio de Janeiro – RJ – Tel. / Fax .: (21) 3860-1903
e.mail:aletras@veloxmail.com.br